# JESÚS DE NAZARET

*Ittenbach*

JESÚS

# JESÚS DE NAZARET

## HISTORIA DE SU VIDA CONTADA A LOS NIÑOS

POR LA

**MADRE MARÍA LOYOLA**

Religiosa del Convento de Sta. María de York

PUBLICADA BAJO LA DIRECCIÓN DEL

**P. THURSTON, S. J.**

VERSIÓN DIRECTA DEL INGLÉS

POR EL

**P. JUAN MATEOS, Agustino**

---

ILUSTRADA CON 31 GRABADOS

•

SEGUNDA EDICIÓN, CORREGIDA

---

ST. AUGUSTINE ACADEMY PRESS

HOMER GLEN, ILLINOIS

NIHIL OBSTAT

El Censor,
*Agustín Mas Folch*

Barcelona, 14 de febrero de 1924

---

IMPRÍMASE

El Vicario General,
*FRANCISCO DE P. PARÉS*

Por mandato de Su Sría.,
*Lic. Salvador Carreras, Pbro.,*
*Scrio. Canc.*

---

Este libro fue publicado originalmente en 1924
por Luis Gili, Barcelona.



ISBN: 978-1-64051-102-6

*A LOS NIÑOS*

*ESTA HISTORIA DE AQUEL QUE LOS AMA*
*Y MURIÓ POR ELLOS Y LOS INVITA A*
*GOZAR CON ÉL DE UNA FELIZ ETERNIDAD*
*ESTÁ DEDICADA AFECTUOSAMENTE*

## NOTA PRELIMINAR

La urgencia de una encarecida invitación, recibida de América, debe disculpar el hecho de haberme aventurado a añadir otra Vida de Jesucristo a las excelentes que ya existen.

Mi intento ha sido robustecer la fe en la Divinidad de nuestro Salvador y atraerle los corazones de los niños, por medio del amor a su sagrada Persona. Para conseguirlo, dentro de los límites asignados, he creído preferible omitir cierta parte de la materia, antes que sacrificar la descripción minuciosa de los hechos principales, que, hiriendo la imaginación, labran, al mismo tiempo, en el ánimo una viva pintura.

En ciertos puntos controvertidos y en cronología, etc., he seguido las opiniones que tienen en su apoyo el mayor número de autores católicos. Con suma complacencia hago constar que me reconozco especialmente obligada a las siguientes obras de consulta, puestas a contribución en mi trabajo :

*La Sainte Bible*, por el abate L. C. Fillion.—*The Christ the Son of God*, por el abate Fouard. —*Jésus-Christ*, por el P. Didon, O. P. —*Life of Jesus Christ*, por Fr. Maas, S. J. —*Life of our Life*, por Fr. Coleridge, S. J. —*The Passion*, por el P. Ollivier, O. P. —*Dictionnaire de la S. Bible*, por el abate Vigouroux. —*Cambridge Companion to the Bible.* —*Helps to the Study of the Bible.* —*St. Luke*, por el M. Rev. Mons. Ward. —*Jesus the Messiah*, por el Dr. Edersheim. —*Sketches of Jewish Social Life*, por el Dr. Edersheim. —*The Resurrection of Christ*, por G. W. B. Marsh, B. A. —*Holy Gospel According to St. John*, por el M. Rev. J. MacIntyre.

Si la presente obrita logra contribuir a que algunos niños siquiera resistan victoriosos los ataques de la incredulidad contemporánea, habrá llenado felizmente el fin que, al componerla, se propuso

*M. LOYOLA*

# PREFACIO

Apena el ánimo ver cómo en los países todos de lengua inglesa las influencias secularizadoras de la educación acrecientan incesantemente su fuerza y vitalidad (1). Por mucho que nos esforcemos, parece casi imposible conservar íntegra y pura, para nuestros niños, esa atmósfera de fe en que la vida católica halla la plenitud de su desenvolvimiento. Mas, a pesar de todo, nuestro deber es no desertar de la lucha. Si no podemos hacer desaparecer enteramente los venenosos gérmenes de profanidad y descreimiento, de decadencia moral e indiferencia religiosa, quizá podamos hacer algo para señalar un antídoto a todos esos males. *Si scires donum Dei* (¡Oh, si conocieras el don de Dios!).

Con tal que nos fuera dado siquiera conducir a esas almas rebosantes de fresca juventud a recibir las encantadoras lecciones del Maestro y Preceptor de todos los hombres; si consiguiéramos tan sólo revelar a esas miradas inocentes, donde brilla el asombro de lo desconocido junto con la ávida curiosidad de saber, algo de la belleza de Aquel que es su Divino Modelo, nos daríamos ciertamente por muy satisfechos de que nuestros esfuerzos no habrían sido del todo estériles.

Un santo religioso de nuestros días, que fué a la vez un gran poeta, ha dicho en sentidas estrofas, hablando de este *don de Dios,* de esa fuente de agua viva, que

(1) Esta observación es perfectamente aplicable a los países de lengua española, o, por mejor decir, a toda Europa y América. — *(N. del T.)*

fluye, tan despreciada como desconocida, al alcance de todos:

«—Oh moribundas y marchitas almas
Que el don de Dios ni a conocer llegaron!—
Tal es el grito que de nuestro pecho
La compasión arranca, contemplando
Cómo vagan errantes y perdidas,
Con inextinta sed agonizando
Al pie del Manantial, mientras escuchan
Nuestros oídos el rumor cercano
Que en lo profundo y a su lado suena,
Cual caudaloso río desbordado.
... ... ... ... ... ... ... ... ... ... ... ... ... ... ... ...
»De tan excelso bien—hay que decirlo—
¡Ni una débil vislumbre rastrearon!
De nuestro corazón la mejor sangre
Gota a gota corriera en holocausto,
Porque el don de los cielos entendieran,
Por deshacer el engañoso encanto,
Rasgar el velo que sus ojos cubre,
Y hacer brillar el eslabón dorado
Que daría a sus fauces abrasadas
Las aguas vivas del venero sacro.»

Sentimientos análogos a los que palpitan en los versos precedentes son—me complazco en imaginarlo así—los que han movido el corazón de la Madre Loyola a otorgar cariñosa acogida a una apremiante invitación que le fué enviada de allende el Atlántico, para que ensayara su acreditada pluma en trazar la Vida de nuestro adorable Redentor, con el fin de que sirviera de agradable lectura a los niños.

El intento de la benemérita escritora es—según me dice en una de sus cartas—*procurar robustecer la fe en la divinidad de Jesucristo, y atraerle los corazones de los niños por el amor a su sagrada Persona.* En qué grado lo haya conseguido, los lectores podrán juzgarlo por sí mismos; pero los propósitos en que se inspira su obra son, indudablemente, tan levantados como dignos de encomio.

Era preciso atender a la brevedad; mientras, por otra

parte, importaba sobremanera presentar los principales hechos de la Vida de nuestro Salvador con cierta plenitud de pormenores, aunque, sin aspirar a una completa exposición de todos los incidentes y enseñanzas contenidos en los evangelios. A no ser así, la imaginación del niño difícilmente podría conservar una vigorosa imagen del Redentor; y el designio de la autora era, antes que nada, hacer resaltar con vivo y fuerte realismo la persona augusta de Jesús, de suerte que se imprima indeleblemente en el entendimiento y corazón de sus lectores. Por la misma causa, la discusión de las diversas opiniones que existen sobre puntos controvertidos, o el aventurarse en prolijas explicaciones sobre las más difíciles enseñanzas del Divino Maestro, no cabían en la obra, sin evidente inoportunidad. Así, pues, incidentes como el de la plática con Nicodemo y el de la conversación con la Samaritana junto al pozo de Jacob han sido tratados, de intento, de una manera inadecuada. Sin embargo, no tememos que los niños sufran con esas omisiones ninguna pérdida irremediable; porque, seguramente, más tarde, cuando la razón haya alcanzado el desenvolvimiento conveniente, hallarán numerosas ocasiones de suplir las omisiones mencionadas estudiando por sí mismos el texto evangélico.

Fuera de esto, los que atentamente leyeren las páginas del presente libro verán con claridad que su autora ha tomado no pequeño trabajo en describir, con fuerza y propiedad de colorido, los lugares donde sucedieron los hechos principales de la historia del Redentor, así como también las costumbres y vida social del pueblo judío de aquel tiempo. Su propósito ha sido que los niños adquieran, desde luego, ideas exactas, al visitar con la imaginación las maravillosas regiones del Oriente,

> «cuyas campiñas las sagradas huellas
> guardan aún de las benditas plantas,
> que ante los siglos, por salvar al Mundo,
> en aspérrima Cruz fueron clavadas».

Muchos y diversos autores han sido consultados en la preparación de esta obra, en parte mirando a procurar la mayor corrección y exactitud, y en parte también por el deseo de presentar solamente aquellas opiniones y juicios que gozan de una especie de asentimiento general.

Innecesario nos parece descender a tratar menudamente de las referidas autoridades; pero haremos particular mención de las obras de los abates Fillion y Fouard, P. Didon, O. P., y P. Maas, S. J., entre los escritores católicos, y de la del Dr. Edersheim entre los protestantes, por ser los que con mayor frecuencia han sido utilizados.

Por último, séanos permitido advertir, antes de poner fin a este breve prólogo, que el presente libro ha sido objeto de preferente solicitud y amor por parte de su autora, no sólo a causa del asunto, tan caro a la piadosa Madre María, como habrán seguramente echado de ver los lectores de sus primeras obras, sino también porque al dirigirse a los niños diseminados en ambas regiones del globo, la de nuestro propio país y la de esa vasta extensión situada allende los mares, la escritora habla con las generaciones de mañana, llamadas a tener en su mano la llave de los futuros destinos de la humanidad (1). "Si este libro — me escribe — lograra contri-

(1) El florecimiento y preponderancia que en la actualidad disfrutan Inglaterra y los Estados Unidos dan motivo al prologuista para estampar una afirmación que algunos pudieran tildar de apasionada. Por nuestra parte, sin dejar de reconocer que en los futuros destinos del Mundo ha de caber no escasa participación a la influencia de germanos, eslavos y latinos, hallamos bien disculpable el patriótico desahogo del P. Thurston; y ciertamente que nada perdería el mundo porque esa raza tenaz y laboriosa, conservadora y progresiva, amante del orden y naturalmente dotada de hondo sentimiento de religiosidad, llegara a ser, como desea el autor del prólogo, instrumento de la Providencia para oponer una barrera infranqueable a la corriente de incredulidad e indiferencia de nuestros tiempos, al modo que la España del siglo XVI fué la salvaguardia del Catolicismo, amenazado de muerte por la herejía protestante y el fanatismo musulmán. Por lo demás, la virtuosa autora de la *Vida de Jesús de Nazaret contada a los niños* se goza en el alma — así podemos asegurarlo — de que su libro contribuya

buir a que nuestros niños de raza anglo-sajona, aunque fuese en corto número, se cimentasen en la verdadera religión de modo que llegaran a contrarrestar la creciente infidelidad de la época, me daría por muy satisfecha de que la obra había llenado su objeto." Y a la verdad, para cuantos tienen de algún modo a su cargo las almas de la juventud, es en cierto modo un deber el presentar a la consideración de los niños, desde que son capaces de aprender y de amar, el retrato fiel de nuestro adorable Guía y Modelo. ¡Cuántos de nosotros al fin de esta vida tendremos quizá ocasión de exclamar con el Guinevere de Tennyson, aunque en sentido diferente del intentado por el poeta!:

«¿Qué no pude haber hecho, Dios del alma,
Del bello mundo que creó tu mano,
Si a la más excelente criatura
Mi amor se hubiera sólo consagrado?
Mi deber fué el amar lo más excelso.
Si mis ojos lo hubieran contemplado,
Si mi mente lo hubiera conocido,
Allí encontraran su mejor regalo;
Que es ley incontrastable de las almas
El dirigir su amor a lo más alto.»

**Heriberto Thurston, S. J.**

---

a *cimentar la verdadera fe,* no sólo en el corazón de los pequeños anglo-sajones, sino también en el de los niños de lengua española, y aun en los de todo el mundo, ya que para todos salieron de labios del Divino Maestro aquellas tiernas palabras: *Dejad que los niños se acerquen a mí.* — *(N. del T.)*

# JESÚS DE NAZARET

## I

## ¿Quién eres tú, Señor?

Hace diecinueve siglos vino a la tierra un Hombre, cuya vida de treinta y tres años es el principal acontecimiento de la Historia del Mundo y — pensémoslo o no — el acontecimiento más importante de la historia presente y futura de cada uno de nosotros.

Este Hombre fué prometido cuatro mil años antes de aparecer. La raza, tribu, familia, época de su nacimiento, junto con los hechos más notables de su vida, fueron conocidos de antemano. Así, pues, en el reinado del emperador romano, César Augusto, cuando hubo llegado el tiempo predicho por los profetas, un sentimiento general de expectación dominaba al mundo, poseído de la esperanza en un gran Libertador; y las miradas de las gentes se dirigían ansiosas a la pequeña región de Palestina que debía verle nacer. Y allí, en Belén, en un establo, en una noche de invierno, se verificó la venida del Esperado de las Naciones. Los ángeles entonaron en los cielos cánticos de gloria, y anunciando a los pastores el feliz suceso los enviaron a la cuna del recién nacido, la cual era un rústico pesebre. Una estrella nueva apareció brillante en el Oriente, para conducir a los sabios a los pies del tierno Infante. Luego, se eclipsaron las prodigiosas manifestaciones que rodearon su nacimiento; y, mientras la humanidad continuaba esperando, sin poder explicarse la tardanza del Prometido, crecía Éste oculto, y pasaba de la juventud a la virilidad, dedicado al oficio de carpintero en la olvidada aldea de Nazaret.

A la edad de treinta años abandonó la humilde vivienda en que se albergaba y comenzó a mostrarse a los hombres. La majestad y gracia de su Persona, sus encantadores modales, el poder y dulzura de las palabras que salían de sus labios y las obras maravillosas que realizó llevaron pronto la fama de su nombre muy lejos de los estrechos límites de Palestina. Sus pies hollaron las olas embravecidas; su voz calmó las tempestades, ahuyentó a los demonios y llevó la paz a las almas turbadas. El contacto de su mano dió vista a los ciegos, oído a los sordos, habla a los mudos y vida a los muertos.

Las muchedumbres le siguieron a todas partes: a las calles colmadas de gentío, a las cimas de las montañas, a las soledades del desierto. Cuando predicó a orillas del mar, el pueblo se agolpó de tal modo a su alrededor, en el ansia de no perder ninguna de sus palabras, que se vió obligado a entrar en una barquichuela y separarse de la costa. Ningún hombre habló jamás como este Hombre. Sus predicaciones no se limitaban a herir los oídos, sino que penetraban el alma, despertando en ella levantados pensamientos y deseos, dolor de los pecados, engendrador de paz, y amor del sagrado Oráculo que, con elocuencia tan soberana, los atraía y acercaba a Dios. El leve roce de su mano curó heridas del cuerpo y del alma que otros no podían tocar sin exacerbarlas. Los pobres, los ignorantes, todos aquellos de quienes el mundo hace poco aprecio, le siguieron a millares, olvidándose del alimento, del albergue y de cuanto no era el rostro y la voz de JESÚS DE NAZARET.

Las multitudes se amontonaron en torno de Él; mas para sus ojos no hubo multitud: cada alma en particular compareció clara y distintamente en su presencia, con las necesidades, angustias, pecados y deseos de regeneración que sentía. El tierno niño, la desolada viuda, el joven impetuoso, el tímido pecador conocieron que aquel Hombre leía todo el fondo de sus corazones, los comprendía, los amaba y quería ser correspondido, deseaba ayudarlos, hacerlos felices; y podía además llevarlo a cabo.

Poco a poco se le unió un número considerable de discípulos, de entre los cuales eligió doce para ser sus íntimos amigos y compañeros. Desde entonces llevólos constantemente con Él; los instruyó y educó cuidadosamente; confióles sus secretos; y los hizo partícipes del milagroso poder que poseía, de modo que, a imitación suya, pudieran expeler los demonios y curar los enfermos. Dióles el nombre de *apóstoles,* que quiere decir *mensajeros* o *enviados;* porque ellos habían de representarle y continuar la obra comenzada, cuando llegara para Él la hora de abandonar la tierra.

Estos elegidos eran pescadores, la mayoría rudos e ignorantes; pero, al mismo tiempo, hombres de corazón sencillo y afectuoso, los cuales por amor a su Maestro abandonaron padre, madre, hogar y cuanto tenían en el mundo, prontos a seguirle a todas partes, aun a la prisión y a la muerte.

Empero, no todos los hombres le reverenciaron por la santidad y las obras admirables que en Él resplandecieron, ni tampoco le amaron por la bondad de que dió tantas pruebas; antes al contrario, tuvo fieros enemigos, envidiosos de sus virtudes, los cuales le odiaron por sus enseñanzas, amonestaciones y milagros. Por espacio de tres años le calumniaron y persiguieron; y, por último, pusieron en Él las manos, le azotaron como a esclavo, le coronaron de espinas como a rey de burlas, le clavaron en una cruz entre ladrones, y se gozaron en verle expirar tras prolongada agonía. Sepultado después, su tumba fué sellada y custodiada por centinelas.

Sus enemigos creyeron entonces haber librado de Él al mundo, y barrido para siempre el nombre y memoria de tal hombre de la sobrehaz de la tierra; pero, tres días después de haber sido crucificado, salió del sepulcro conforme había predicho y se mostró a sus amigos. Durante cuarenta días anduvo entre ellos entrando y saliendo; comió en su compañía; permitióles palpar las llagas de sus manos y pies, y les dió, por último, las postreras instrucciones. El día cuadragésimo después de resucitar condujo a sus discípulos a la cima del Monte Olivete, y, después de echarles la bendición, se elevó lentamente a los cielos, contemplándole todos los presentes, hasta que una nube le recibió y ocultó a sus miradas. Todavía continuaron los testigos de aquella escena con los ojos fijos en alto; pero dos ángeles de blancas vestiduras aparecieron de pie a su lado, y les dijeron: *Varones de Galilea, ¿por qué estáis ahí parados mirando al cielo? Este Jesús que separándose de vosotros se ha subido al cielo, vendrá de la misma suerte que le acabáis de ver subir allá.*

*Este Jesús.* ¿Quién era este Hombre prodigioso? ¿Era verdadero Hombre, y en este supuesto era también más que Hombre? Pilatos, el Gobernador romano que le condenó a muerte, quedó tan sorprendido de su tranquila majestad, imponente silencio e imperturbable paciencia en medio de las crueles injusticias y dolores de que estaba rodeado, que no pudo menos de preguntarle: *¿De dónde eres tú?* Y es que sintió la necesidad de saber si el que comparecía ante él en calidad de reo era puro hombre, o si más bien había algún fundamento en la creencia de muchos, que le tenían por más que Hombre, por el Hijo de Dios.

Jesús no respondió; porque no era necesario. En los treinta y tres años que había vivido en el mundo, la pregunta *¿De dónde eres tú?* había sido tan cumplidamente contestada por las portentosas obras de su poder, que únicamente los ciegos voluntarios podían preguntar quién era y de dónde venía.

Cerca de unos cinco años después de la ascensión de Cristo a los cielos, un joven se encaminaba apresuradamente a Damasco, llevando el propósito de prender y castigar a todos los que pudiere hallar, hombres y mujeres que creyeran en Jesús de Nazaret. De repente una luz de los cielos le deslumbró y postró en tierra, mientras sonaba en los aires una voz que decía: *Saulo, Saulo, ¿por qué me persigues?*—Y él respondió: *¿Quién eres tú, Señor?* Y la respuesta de la voz fué: *Yo soy Jesús, a quien tú persigues.*

Esta pregunta y su contestación hicieron del perseguidor Saulo el gran San Pablo, que llegó a conocer y amar tan de veras a nuestro adorable Salvador, que *ni la tribulación, ni los peligros, ni la espada, ni la muerte misma, ni criatura alguna* — son sus palabras — *fueron bastante poderosas a separarle de Él.*

Ahora bien; la pregunta de Pilatos y de Saulo fué de inmensa importancia, no sólo para ellos mismos, sino para cada uno de nosotros. Jamás se ha planteado una cuestión de mayor consecuencia, porque el fin para que hemos sido enviados a este mundo no es otro que el de conocer la verdad sobre Jesucristo y guiar nuestras vidas por lo que de Él sabemos.

Sin duda nosotros no vemos con nuestros propios ojos lo que diariamente vieron los moradores de Palestina contemporáneos del Salvador; pero en cambio tenemos la historia de su vida escrita por los que le conocieron íntimamente; y esta historia debería sernos familiar a todos. Hombres y mujeres, niños y niñas de todas las clases y condiciones deberían penetrarse de ella, puesto que, sin duda, sobrepuja en interés e importancia a cualquiera de las cosas que ordinariamente aprendemos. La Vida de Jesús ha sido escrita, no para la humanidad en general, sino para cada uno de nosotros, uno por uno, a fin de que podamos estudiarla y copiar sus lecciones en nuestra misma vida.

Corren tiempos en que nuestra fe en Jesucristo necesita arraigarse hondamente, si ha de resistir inconmovible los ataques de la incredulidad e indiferencia que nos rodean. Importa, de consiguiente, que nos esforcemos por introducir en el seno de nuestros hogares, y para nosotros mismos, el verdadero conocimiento de nuestro Salvador, es a saber: ¿quién es este Jesús?; ¿qué vino a hacer en este mundo?; ¿qué debemos practicar para que su venida no sea estéril para nosotros? Preguntemos, pues, con humildad y solicitud, a imitación de San Pablo:

## ¿QUIÉN ERES TÚ, SEÑOR?

## II

## En la prueba

Para hallar la respuesta a la pregunta con que termina el número anterior, necesitamos retroceder largo espacio, nada menos que unos seis mil años antes de esa época; necesitamos volver a los comienzos de la historia humana, llegando hasta la insondable inmensidad de los días eternos.

Desde toda la eternidad, Dios había vivido solo; solo, pero no en soledad; un Dios en tres personas, Padre, Hijo y Espíritu Santo. Ningún rumor extraño turbó el silencio del vivir eterno de la Divinidad; ningún oleaje de acontecimientos o cambios se alzó en aquel Océano sin fondo ni riberas. Dios era infinitamente feliz, porque dentro de sí mismo tenía todas las cosas. Si fuera de Él habían de existir, alguna vez, vida, belleza, alegría, de Él debían necesariamente salir.

Y Dios quiso que estas cosas fuesen. No le plació reservar siempre para sí solo la felicidad de que podía hacer partícipes a otros; antes bien prefirió derramarla sobre criaturas capaces de conocerle, amarle y gozar de Él.

Y así, creó los ángeles, espíritus nobles y bellos, no hechos para estar unidos a la materia; creó al hombre, ser más admirable que los ángeles en algunos aspectos, por razón de la unión de su espíritu inmortal con un cuerpo formado del polvo de la tierra. Y viendo Dios que no era bueno y conveniente para el hombre el estar solo, le dió una compañera digna de él. De la belleza de estas criaturas en su estado de inocencia difícilmente podemos formarnos idea nosotros, afeados y heridos como hemos sido por la culpa. Jamás hemos visto nada tan excelente y amable como Adán y Eva; pero la excelencia que residía oculta en su interior era todavía más noble y preciosa: en aquellas almas no había tinieblas, ni ignorancia, ni debilidad; comprendían las leyes por que se gobierna el mundo, los secretos de la Naturaleza que los sabios han venido descifrando después paso a paso; se hallaban exentos de pasiones desordenadas que los solicitaran al mal; sus corazones eran puros y amantes; sus voluntades fuertes y rectas.

Eran, pues, perfectos en los dones propios de la naturaleza humana; pero Dios no había quedado satisfecho todavía. Amólos tanto que los enriqueció con un presente, superior en absoluto a su natural condición, con una dote sobrenatural, denominada *gracia santificante,* que embellecía sus almas en un orden distinto y más elevado; y les daba, además, el derecho de contemplar algún día, cara a cara, a la misma Divinidad. Así engrandecidos, debían pasar de su deliciosa morada de la tierra a la que les estaba preparada en el cielo, no por el penoso sendero de la enfermedad y atravesando la áspera entrada de la muerte, sino con la dulce tranquilidad con que el niño es trasladado, de una habitación a otra, en los brazos de su padre.

Entretanto los colocó en *el paraíso de delicias,* vergel provisto y adornado de cuanto podía servir para su uso y recreación. Ninguna de las plantas y flores, ninguno de los pájaros y brutos de cuantos en nuestra vida podamos haber visto tienen comparación con los de aquel jardín amenísimo. Los animales grandes y pequeños los reverenciaban y obedecían, acudían a su llamamiento, jugueteaban a su alrededor y tomaban de sus manos la comida. El orden más perfecto reinaba allí en todas las cosas: las criaturas irracionales se hallaban sujetas a Adán y Eva y éstos a su vez rendían gozosos y agradecidos el tributo de su obediencia al Señor que les había dado todo cuanto poseían.

Pues bien: en este lugar afortunado, en este *paraíso de delicias* fueron puestos a prueba nuestros primeros padres. A prueba, sí; porque la voluntad del Todopoderoso dispuso que tanto los ángeles como los hombres gozasen de la felicidad que les estaba reservada, enaltecida con el brillo de sus propios merecimientos. Dotólos, pues, de libre albedrío, es decir, de la facultad o poder de elegir entre el bien y el mal.

Dios se complace en el homenaje que se le tributa con alegría y amor; y así determinó que sus criaturas racionales merecieran la posesión del premio eterno por un acto de obediencia. En qué consistiera la prueba a que fueron sometidos los ángeles es cosa que ignoramos; únicamente nos consta que una tercera parte de ellos fué infiel al Señor, y se rebeló contra Él con pleno conocimiento de la malicia de su pecado, por lo cual se perdieron para siempre.

De igual suerte que Adán y Eva, los ángeles fueron creados en el estado de gracia santificante, amables y preciosos a los ojos divinos; pero Dios detesta el pecado tan hondamente, que, por un solo acto deliberado de rebelión contra su infinita Majestad, los despojó del don inestimable de la gracia y los arrojó de los resplandores de su presencia a las tinieblas eternas del infierno. No los privó, sin embargo, de la clara inteligencia y poderosa voluntad que como bienes naturales poseían; y precisamente de estos bienes resolvieron valerse contra Dios, arrastrando a la desobediencia a las privilegiadas criaturas que moraban en el Paraíso. Así, pues, el odio a Dios, más que la envidia de la dichosa condición de herederos del cielo, que gozaban Adán y Eva, fué lo que inspiró a Satanás el proyecto de destruirlos. De habérseles manifestado a las claras, nunca hubiera conseguido inducirlos al mal, porque el pecado le afeaba de tal modo, que su presencia causaba espanto; y por esta razón se disfrazó, y tomó, al efecto, la forma de una serpiente.

He allí a Eva, en el esplendor de su belleza e inocencia, paseando sola por el huerto; es soberanamente feliz; se reconoce criatura amada de Dios y en posesión de todo lo que puede desear. De improviso se encuentra con la serpiente arrollada al tronco de un árbol, *el árbol de la ciencia del bien y del mal,* denominación misteriosa que recuerda a los poseedores del encantado vergel, que Dios, al dársele, no ha renunciado sus derechos de soberanía. Porque Él ha dicho: *De todos los árboles del Paraíso comerás; mas del árbol de la ciencia del bien y del mal no comerás. Pues, en cualquier día que comieres de él, morirás de muerte.* ¡Sencillo y solemne precepto! Desobedecerle equivaldría a perder la gracia y amistad de Dios, y hacerse acreedores al más terrible de los castigos en este mundo y en el otro. Ellos saben, pues, que toda su ventura se halla pendiente de aquel árbol; y no pasan nunca junto a él sin experimentar un sentimiento de secreto temor.

Eva queda sorprendida al ver a la serpiente en aquel lugar, y se detiene a contemplarla. La serpiente empieza a hablar, y Eva escucha:

—*¿Por qué* —pregunta— *no coméis del fruto de este árbol?*

Adviértase como Satanás da comienzo a su primera tentación en la misma forma que desde entonces lo ha venido haciendo muchas veces, es decir, procurando presentar a Dios como ser duro y riguroso.

Una niña española que oyó por vez primera referir esta historia, observó con viva ingenuidad: *Eva no debió dar oídos a semejante pregunta, sino hacer la señal de la Cruz y alejarse de allí, dando otro paseo.* Pero Eva escuchó; dirigió cautelosamente una mirada a lo alto, y otra llena de curiosidad al árbol, y respondió:

—*Dios nos ha mandado que no comiésemos, no sea que acaso muramos.*

—*¡Morir!* —replicó el tentador.— *No; seguramente no moriréis.*

Y, al acabar de pronunciar estas palabras, hizo ademán de confiarle un secreto. Un secreto lleva siempre consigo algo de fascinador. Eva es curiosa y se acerca más.

—*El Señor sabe bien*—continúa la serpiente—*que en el día que comieseis del fruto, vuestros ojos se abrirán, y seréis como dioses.*

Esta falsa promesa fué lo que sedujo a la primera mujer, cuya ruina se debió, no a la glotonería, sino a la curiosidad y a la ambición. Deseó ver lo que sucedería; ambicionó el endiosamiento que se le brindaba; y si la idea del castigo pasó por su mente, se decidió a arrostrarlo. Alargó, pues, la mano; tomó la fruta, y la comió. ¡Oh, qué cambio le sobrevino en aquel momento! Cuando Adán la vió poco después, el rubor del delito cometido teñía de carmín su semblante, y la paz y la dicha habían huído de su alma. Eva le refirió lo que había hecho, y Adán quedó sorprendido y aterrorizado en el primer momento. En el primer momento, repito; porque muy luego sintió también la tentación, aunque en forma distinta que su compañera. Ésta misma fué su tentador; valióse, para hacerle caer, de la influencia que en él ejercía y del amor que Adán le profesaba; y así le indujo al mal, revistiendo el hecho con las apariencias del bien. Dios, parece que le dijo, nos ha hecho el uno para el otro; juntos hemos sido felices, juntos debemos continuar y perecer, si es que en realidad el caso es de muerte. Y entonces le dió el fruto, y Adán lo comió. En aquel instante el primer hombre cayó de la gracia de su Creador, y todo el género humano cayó con él. Si Adán hubiera permanecido fiel, todos nosotros hubiéramos venido al mundo embellecidos con la gracia santificante y agradables a los ojos de Dios. Sin duda habríamos tenido que sufrir también nuestra prueba; pero en el caso de sucumbir, a nadie hubiéramos arruinado más que a nosotros mismos. De haber pecado Eva solamente, su culpa no nos habría producido ningún daño; pero al delinquir Adán, que es el padre, el origen y la cabeza de la especie, su delito nos arrastró a todos; y, por consiguiente, todos venimos a este mundo despojados de la gracia, *en desgracia,* hasta que por el Bautismo es borrado el pecado original.

Todo esto es tan fácil de decir, como difícil de sentir y comprender: sería preciso que Adán y Eva en persona nos lo explicasen haciendo ver cuánta fué su miseria e infelicidad después del pecado. El Señor se les aparecía frecuentemente, paseaba con ellos en el Paraíso al comenzar a soplar la fresca brisa de la tarde, y ellos solían acudir presurosos a su encuentro. Pero ahora temblaron al oir su voz que los llamaba. Es condición ordinaria de los que se han puesto de acuerdo para obrar mal, el echarse unos a otros la culpa cuando el crimen ha sido descubierto y comparecen a rendir cuenta de su delito. Lo propio ocurrió en este caso, en que Adán se disculpó con Eva, y ésta con la serpiente. Entonces fué cuando sonaron las terribles palabras de la condenación divina:

*Con el sudor de tu rostro comerás el pan hasta que vuelvas a la tierra, de la que fuiste tomado, porque polvo eres y en polvo te convertirás.*

¡Inocencia, felicidad, exención de dolores y de enfermedades, inmortalidad, posesión del paraíso de delicias... todo perdido, y perdido para siempre! Los sufrimientos, la muerte y todos los males de esta vida cayeron sobre la tierra atraídos por la prevaricación de los transgresores; las puertas del cielo quedaron cerradas por sus manos, y las del infierno abiertas de par en par: tales fueron las consecuencias de aquel único pecado. Porque el castigo que merecieron no consistía sólo en la muerte del cuerpo, sino en la muerte eterna del alma. Habían participado de la rebeldía de los ángeles malos; justo era que participasen también de su condenación.

Pero el Señor se compadeció de ellos y de nosotros; su pecado, aunque grande e inexcusable, fué menor que el de los ángeles. Verdad es que se habían rebelado contra Dios, Ser infinito, mas no con tan cabal conocimiento como los ángeles; y, además, lo habían hecho bajo la influencia de la tentación. Aparte esto, cada uno de los ángeles caídos había ejecutado por sí mismo el crimen, merecedor del justo castigo que recibieron. Pero los infelices descendientes de Adán lo perdieron todo por un acto que personalmente no ejecutaron.

¿No podrían ser estas las razones por las cuales se determinó Dios a salvar al género humano? Indudablemente el Señor tuvo en su mano llevar a cabo esta obra de salvación, concediendo generosamente el perdón de la ofensa recibida; mas, a fin de mostrar la odiosidad del pecado y el insondable exceso de amor que nos profesaba, quiso que fuéramos redimidos, esto es, *comprados de nuevo,* disponiendo, al efecto, que nuestro Redentor no fuera otro que su Eterno Hijo, la Segunda Persona de la Santísima Trinidad, igual al Padre en todas las cosas.

Así, pues, las tres Divinas Personas, Padre, Hijo y Espíritu Santo, decretaron que la Divina Majestad recibiera plena y perfecta satisfacción por el desacato con que había sido injuriada. Ahora bien, dos cosas eran necesarias para esto: la primera es que el encargado de rendir esta satisfacción fuera igual a Dios, sin lo cual aquélla no tendría las condiciones de infinita y suficiente; y la segunda, que el mismo Reparador fuera también hombre, porque habiendo pecado el hombre, a éste correspondía satisfacer por el pecado.

Ningún ángel, ni aun el más excelso, ni siquiera todos los ángeles y hombres juntos habrían podido ofrecer una reparación adecuada: era preciso que Dios mismo tomase por su cuenta la ejecución de esta gran obra. Y, en efecto, Dios estuvo pronto a realizarla. Sin parar mientes en lo mucho que había de costar, sin atender a otra cosa que a nuestra miseria y a su propio amor, la Segunda Persona de la Santísima Trinidad se ofreció a sí misma para satisfacer plenamente por nuestros pecados, es a saber, por el primero u *original,* que no fué acto propio nuestro sino del origen y padre de la especie humana, y también por los pecados que nos son imputables, como actos que libremente ejecutamos.

Toda esta enorme carga de delitos, acumulada por la malicia y debilidad humanas desde el principio del mundo contra la Majestad de Dios, y a la que cada uno de nosotros hemos allegado nuestra parte, el Hijo de Dios la tomó sobre sí, dispuesto a padecer en lugar nuestro por librarnos de ella; y así nos abrió de nuevo las puertas del cielo, que de otra suerte habrían permanecido eternamente cerradas para el género humano. En lugar de Adán, causa de nuestra ruina, se nos dió una nueva cabeza en la sagrada persona de Jesucristo Redentor. Él fué el destinado a restablecer el orden en todas las cosas; Él debía venir al mundo y vivir entre los hombres una vida de ásperos sufrimientos, y después expirar en una cruz por cada uno de nosotros. ¡Con cuánta razón exclama la Iglesia refiriéndose a este misterio!:

*¡Oh feliz culpa, que has tenido tan admirable Redentor!*

## III

## El Prometido

Personas hay que suelen proponer la siguiente cuestión: "¿Por qué causa sometió Dios a nuestros primeros padres a una prueba de tal naturaleza, sabiendo que habían de caer, y conociendo también las terribles consecuencias que de la caída habían de seguirse para ellos y para todos sus descendientes?"

La primera y principal razón es porque Dios, como Señor y Dueño del Universo, puede hacer lo que le place; y todo lo que Él dispone, no solamente es recto y bueno, sino lo mejor, conforme alcanzaremos a ver algún día.

Otra razón es la siguiente: Aunque Dios no puede jamás querer el mal, puede, sin embargo, y así lo hace continuamente, sacar bien del mal. La caída de Adán y Eva fué un mal espantoso; pero el Señor se ha servido de él para convertirle en origen de un grandísimo bien.

Porque al venir a la tierra y hacerse igual a nosotros con el fin de restablecer el orden en lo que estaba tan desordenado, ha llevado a cabo una obra más excelente que la de volver las cosas a su estado primero; nos ha devuelto inmensamente más de los que habíamos perdido, trayéndonos el don más precioso que cabe imaginar, cual es el de su misma Sagrada Persona.

Verificada la Encarnación, ya no tenemos que pensar en Él, concibiéndole muy lejos de nosotros, en lo más encumbrado de los cielos, allá donde con dificultad alcanza nuestra pobre inteligencia; sino que nos es dado considerarle como a uno de nosotros mismos, como a un Hombre que puede ser visto, oído y tocado; un Hombre que tiene su patria y familia de buenos o malos antecesores, con una Madre y un hogar; un Hombre con amigos y enemigos; un Hombre con carácter y modales bien determinados, con sus gustos y antipatías, con sus alegrías y tristezas; y este Hombre es nuestro Dios, el Dios a quien debemos adorar y amar. ¿No es verdad que ahora podemos hacerlo facilísimamente, teniendo al objeto de nuestra adoración y amor tan cerca de nosotros mismos, que nos hallamos en condiciones de estudiarle y conocerle, casi al modo que conocemos al vecino de la casa inmediata a la nuestra? ¡Verdaderamente que Dios sabe a maravilla sacar bien del mal!

Hemos de fijar la atención en las palabras con que el Señor mismo hizo la promesa del Redentor, ya que esas palabras son de altísima importancia.

Tan luego como Adán y Eva pecaron tuvieron miedo de Dios por la primera vez de su vida. *Y cuando oyeron la voz del Señor Dios que paseaba en el Paraíso al aire después del mediodía, Adán y su mujer se ocultaron en la espesura de los árboles del Paraíso.*

*Y el Señor Dios llamó a Adán y le dijo: ¿En dónde estás?*

*Y Adán respondió: Oí tu voz, y temí, y me escondí.*

*Y díjole: Tú has comido del árbol del cual te mandé que no comieras.*

*Y Adán repuso: La mujer que tú me diste por compañera me dió del árbol y comí.*

*Y el Señor Dios dijo a la mujer: ¿Por qué has hecho esto?*

*Y ella respondió: La serpiente me engañó, y comí.*

*Y el Señor Dios dijo a la serpiente: Porque has ejecutado esta maldad, maldita serás entre todas las bestias de la tierra. Yo pondré enemistades entre ti y la mujer y entre tu descendencia y la suya: ella aplastará tu cabeza y tú pondrás asechanzas a su calcañal.*

Así desde el principio, y en las palabras del mismo Dios, el Redentor y su Madre aparecen juntos, ni más ni menos que en nuestros cuadros y esculturas. Habría de existir enemistad, esto es, odio y guerra entre ella y su divino Hijo por una parte, y la serpiente junto con su descendencia, o sea, los malos ángeles por la otra. Ella, la mujer, por medio de su Hijo aplastaría la cabeza de la serpiente; y ésta, en venganza, acecharía en guerra contra los otros descendientes de la mujer, contra aquellos de quienes su mismo Hijo quiso hacerse hermano.

De igual modo que el Redentor tiene sus tipos y figuras que le anuncian, a través de las edades, al mundo que esperaba su venida, así la Madre de este Redentor tiene también los suyos. Y cuando, al cabo, llega el momento de nacer el Salvador, la palabra de Dios presenta de nuevo juntos a la Madre y al Hijo; los que le buscan hallan "al Niño con María, su Madre"; en las tristezas y en las alegrías, ambos están el uno al lado de la otra. *Toma al Niño y a su Madre,* dice el mandato que dispone la huída del tierno Infante para salvar su vida. En un convite de boda *se halló presente la Madre de Jesús, y Jesús fué también invitado.* Ella le siguió de cerca durante su predicación; y en la ocasión solemne de poner término a la obra de la redención derramando su sangre, *allí estaba de pie junto a la Cruz de Jesús su Madre dolorida.* No debemos, pues, nosotros separar lo que Dios mismo ha unido tan estrechamente.

¡Cuán áspera y miserable debió de ser la vida de Adán y Eva durante sus novecientos años de castigo! ¡Cómo habían de poder acostumbrarse nunca al destierro del mundo los que habían conocido las delicias del Paraíso! Dios había dicho a Adán: *Maldita será la tierra en tu labor; con trabajo y afán comerás de ella todos los días de tu vida. Espinas y abrojos te producirá. Con el sudor de tu rostro comerás el pan hasta que vuelvas a la tierra, de la que fuiste tomado, porque polvo eres y en polvo te convertirás.*

Pero el trabajo rudo era sólo una pequeña parte de su castigo. ¡Qué no debió ser el contemplar en todas partes, a medida que el tiempo fué pasando, los frutos lamentables de su pecado, la enfermedad y la muerte, y ésta no de cualquier modo, sino en la forma más espantosa, con la circunstancia de ver al mayor de sus hijos convertido en asesino, y asesino de su propio hermano! Podemos representárnoslos sentados tristemente, unidos en un mismo sentimiento después de la muerte de Abel, recordando el tiempo en que la maldad, el dolor y la aflicción eran cosas desconocidas.

Un solo consuelo les quedaba: la Promesa; aquella Promesa que, brillando como rayo de esperanza, había iluminado sus últimos momentos de vida feliz en el Paraíso, y que ahora derramaba sus vivificantes resplandores sobre las sombras de su destierro. Hasta dónde llegaron ellos a comprender los secretos encerrados en la promesa misteriosa no podemos precisarlo; pero sí cabe asegurar que en ella fundaron todas sus esperanzas, y que la comunicaron a sus hijos, y a los hijos de sus hijos para que la guardasen como el legado más precioso que podían recibir. Y cuando, por último, dejaron este mundo y pasaron al lugar de descanso llamado Limbo, donde las almas de los justos debían permanecer hasta que se abriesen de nuevo las puertas del cielo, fuéles preciso esperar con ansiosa expectación la venida del Reparador que había de remediar con exceso los daños causados por la culpa.

Siglo tras siglo fué pasando el tiempo; y el Esperado del mundo no llegaba; pero la Promesa se enriquecía y aclaraba cada vez más, a manera de un río que, naciendo arroyuelo, aumenta y ensancha su caudal con las corrientes que desaguan en él.

Diéronse a conocer la raza, tribu, familia, y, por último, el tiempo en que tendría lugar la venida del Redentor; sus caracteres personales, sus obras, sufrimientos y muerte fueron predichos, de un modo vago e indefinido, es verdad, y en diferentes ocasiones, pero sí con claridad suficiente para que los hombres pudieran reconocerle cuando llegó. La vida de los demás humanos se escribe luego de ocurrir su muerte; pero Dios, que todo lo sabe, y que ha dispuesto y ordenado hasta en sus menores detalles la vida de su adorable Hijo, quiso que los principales acontecimientos de su historia se escribiesen mucho antes de venir al mundo.

Salvador universal de todos los hombres, así de los anteriores como de los posteriores a Él, su sangre preciosa fluye hacia lo pasado como hacia lo por venir, y mediante ella entran en los cielos todos los que desde Adán y Eva han de alcanzar la eterna felicidad.

De consiguiente, aun antes de su venida, quiso Dios dar a los hombres algún conocimiento de Aquel a quien todo el género humano debe la felicidad que puede poseer en esta vida y la que espera gozar en la otra. Verdad es que las generaciones anteriores a Jesucristo no pudieron conocerle tan cumplida y cabalmente como nosotros, que tenemos a la mano la historia de su vida y podemos estudiarla cada día, si así nos place; pero es, no obstante, admirable lo mucho que el Señor reveló a los hombres por la voz de sus profetas. Fueron éstos ciertos varones santos, a quienes la Divina Sabiduría descubrió ora este acontecimiento, ora aquél de la vida del futuro Redentor del mundo. Bastaría presentar reunidas y convenientemente ordenadas las profecías mesiánicas, para demostrar que la vida del Prometido ha sido escrita muchos siglos antes de su aparición.

La humanidad supo que sería descendiente de Abrahán, de consiguiente, judío, y que pertenecería a la tribu de Judá y a la familia de David.

Su madre debería ser una virgen: *He aquí que una virgen concebirá y parirá un Hijo; y será llamado por nombre Emmanuel, que interpretado significa Dios con nosotros.*

Había de nacer en Belén: *Y tú, oh Belén, tú eres una ciudad pequeña respecto de las principales de Judá; pero de ti me vendrá el que ha de ser dominador de Israel.*

Sería manso y humilde de corazón, compasivo e inclinado a perdonar: *Yo buscaré lo perdido, y ligaré lo que estaba roto, y daré vigor a los débiles.*

Pasaría por el mundo haciendo bien: *Entonces se abrirán los ojos de los ciegos, y quedarán expeditas las orejas de los sordos. Entonces el cojo saltará como el ciervo, y se desatará la lengua de los mudos.*

A pesar de sus admirables obras y de sus benéficos milagros, sería odiado y rechazado por su mismo pueblo: *Despreciado y el desecho de los hombres, varón de dolores, y que sabe lo que es padecer.*

Uno de los amigos escogidos por Él le vendería a sus enemigos: *Y ellos me pesaron, o contaron, treinta siclos de plata por el salario mío.*

Había de ser azotado, escupido, abofeteado y crucificado: *Mis espaldas entregué a los azotes, y mis mejillas a las bofetadas; no retiré mi rostro de los que me escarnecían y escupían. Han taladrado mis manos y mis pies; han contado mis huesos uno por uno. Repartieron entre sí mis vestidos y sortearon mi túnica.*

Después de su muerte resucitaría de nuevo: *Porque yo sé que no has de abandonar tú, oh Señor, mi alma en el sepulcro; ni permitirás que tu Santo experimente la corrupción.*

Estas profecías fueron patrimonio del pueblo escogido de Dios, los judíos, quienes las guardaron celosamente y las estudiaron con asidua diligencia, en especial las que hablaban de la grandeza y poder del Mesías: *Y yo le constituiré el más excelso entre los reyes de la tierra. Siéntate a mi diestra, mientras que yo pongo a tus enemigos por escabel de tus pies.* Los judíos interpretaron estas palabras en el sentido de que el Prometido había de ser un gran rey de este mundo que engrandecería a su nación sobre todas las demás, y les daría en abundancia honores, riquezas y todo género de placeres sensuales. En cambio, las otras profecías, no menos claras, que le presentaban como *varón de dolores, manchado de lepra, castigado y afligido por la mano de Dios,* se les pasaron inadvertidas. Y cuando vino al mundo en estado pobre y humilde, despojado de las pompas y grandezas de la realeza terrena, no quisieron reconocerle por el Mesías de los profetas, sino que le persiguieron y quitaron la vida.

Otro medio hubo, por el que el mundo fué advertido y preparado para la venida del Redentor. Así como había sido predicho en las profecías, así también fué simbolizado en tipos o figuras, esto es, en ciertas personas o cosas que representaban en la Ley Antigua cosas o personas de la Nueva Ley.

Todos sabemos que nada hay tan a propósito como una pintura para hacer formar ideas exactas y corregir las erróneas. Un profesor que tropieza con alguna dificultad al exponer la estructura de una flor, el plan de una batalla, o la genealogía de un rey, se vuelve inmediatamente al encerado, y, con cuatro rasgos de tiza, aclara fácilmente lo que muchas palabras habrían dejado oscuro.

Dios enseñó a su pueblo valiéndose de ejemplos tanto como de palabras; y mediante cierto número de tipos o figuras bosquejó de antemano a los ojos del mismo el carácter del Mesías y los principales lineamientos de su obra futura. La semejanza dista, sin duda, mucho de la perfecta belleza del carácter de nuestro Salvador; mas, a pesar de todo, siempre es una semejanza. El inocente Abel, muerto a manos de su hermano por envidia, fué figura de Cristo condenado a muerte por el odio y envidia de sus hermanos, los judíos; Noé, constructor del arca, de la única arca destinada a salvar a todos los que entrasen en ella, prefiguraba al divino Fundador de la única Iglesia establecida para la salvación de los hombres; Isaac, el hijo entrañablemente amado de su padre, sometiéndose voluntariamente a la muerte, y llevando sobre sus espaldas la leña con que había de ser sacrificado, representó al Hijo bien amado de Dios, conducido sin resistencia al matadero, y llevando al hombro su propia cruz por el camino del Calvario.

Nadie puede tampoco desconocer cuán apropiados tipos de nuestro Salvador fueron los siguientes:

José, vendido por veinte monedas de plata, puesto en la cárcel con dos criminales, y más tarde elevado a los honores y llegando a ser el salvador de su pueblo; Moisés, salvado de la muerte en su infancia, enviado por Dios a libertar a los israelitas de una cruel esclavitud y guiarlos sin peligro, a través del desierto, a la tierra de promisión, ayunando cuarenta días, dando la Ley al pueblo de Dios, alimentándole con el maná del cielo, librándole de sus enemigos, obrando milagros en su favor repetidas veces, y, no obstante, contristado por sus murmuraciones e ingratitud; David, nacido en Belén, teniendo que sufrir las rebeldías de sus súbditos, insultado en su aflicción, seguido por un cierto número de partidarios fieles, benévolo, misericordioso y paciente.

Otros, como Josué, Sansón, Jonás, Salomón, simbolizan o prefiguran en sus acciones las del Mesías. En muchos de los actos que de ellos se refieren sólo puede verse una escasa semejanza de los de Jesucristo, y en algunos otros una gran desemejanza; mas no por esto dejan de ser sus proféticas figuras. Todos los mencionados tipos, y otros, como el Cordero pascual, la Serpiente de bronce, el maná, son a modo de trocitos de mosaico que deben ser colocados juntos y en el orden conveniente para formar un bello y acabado retrato. El Hijo de Dios no había de venir a la tierra entre deslumbrantes esplendores de grandeza, como los hombres pudieron imaginarse, sino en pobreza y humildad; así, pues, era preciso ayudarlos a reconocerle como Dios sin la gloria propia de la divinidad; y a este objeto fueron ordenados los numerosos tipos y profecías que le anunciaron...

Llegó, por fin, el tiempo. Cerca de cuatro mil años habían transcurrido desde que la gran promesa fué hecha en el Paraíso. Sucesivamente conquistadores y conquistados, los imperios habían venido desapareciendo unos en pos de otros; y, a la sazón, el mundo entero gozaba de paz, como consecuencia de la universal victoria obtenida por la poderosa Roma sobre todos sus rivales. Pero esta paz no significaba que la humanidad era feliz; antes al contrario, bien cabe asegurar que nunca se había sentido tan miserable. A tal estado de degradación la había llevado su desenfrenada idolatría, que los animales, los árboles, las piedras, y hasta los crímenes y actos inmorales, como el robo, la rebeldía a la autoridad paterna, la crueldad, el asesinato, las malas pasiones de toda especie... ¿qué más?; aun los diablos mismos fueron venerados como dioses. El poderoso oprimía al débil. Hombres y mujeres se habían entregado de tal modo a los placeres de una vida muelle y licenciosa, que sus corazones llegaron a endurecerse y perder en absoluto la sensibilidad para compadecerse de los dolores y miserias de sus semejantes. Los débiles y los desvalidos, niños, esclavos, pobres, ancianos y enfermos, eran tratados con refinada barbarie, que sólo es dable explicar por el espantoso egoísmo que dominaba en los espíritus.

¡Verdaderamente el mundo necesitaba la venida de su Salvador!

Las profecías judaicas se habían divulgado por doquiera, y en todo el Oriente reinaba la esperanza en un Libertador que debía aparecer en Judea. Nadie sabía con exactitud cómo había de cumplir su misión; pero sí era general creencia que reformaría de alguna manera el mundo, enderezaría lo que estaba torcido e inauguraría sobre la tierra una edad de oro.

Natural era que entre los mismos judíos dominase un sentimiento más vivo de ansiosa y vigilante expectación; porque ellos sabían de memoria las profecías, y podrían decir, mejor que los paganos, cuál había de ser la obra del Mesías. Además, ahora que parecía tocarse con la mano la llegada del tiempo predicho, los mejores de entre ellos oraban encarecidamente por que se apresurase la venida de los Prometidos, la Mujer vencedora de la serpiente y su Hijo el Redentor del mundo.

# LA NIÑEZ Y LA VIDA OCULTA

IV

## Alegre sorpresa

Antes de la venida del Salvador no había en el mundo lugar más santo que el Templo de Jerusalén. Allí solamente quiso el Señor permitir que se le ofreciesen sacrificios; y, en efecto, allí tenían éstos lugar dos veces al día, matando un corderito y quemando incienso, cuyas nubes de suave olor se levantaban del altar de oro llenando el *Lugar Santo.* A la hora del incienso el pueblo se reunía en la parte del Templo señalada al efecto, que eran los Atrios, y unía silenciosamente su oración a la del sacerdote que se hallaba en el interior.

Un día los asistentes experimentaron honda conmoción. El sacerdote de turno, llamado Zacarías, se había detenido largo tiempo en el desempeño de su ministerio, y, cuando salió de él, todos pudieron observar que se hallaba tembloroso y mudo. ¿Qué había ocurrido? Agolpáronse a su alrededor interrogándole; mas él indicó por señas que no podía hablar. Esparcióse en seguida la voz de que Zacarías había visto algún prodigio, y que parecía reflejar la alegría de quien ha recibido una fausta nueva.

¡Fausta nueva! ¡Oh, ciertamente que sí! Tan excelentes eran las noticias, que por creerlas demasiado buenas para que pudieran ser ciertas, había quedado mudo. Durante muchos años, él y su esposa Isabel habían anhelado tener un hijo, con la esperanza de que el Mesías, a la sazón tan próximo a venir al mundo, pudiera proceder de su familia. Dios, empero, no se había complacido en oir sus súplicas; y cuando la postrera esperanza de los ancianos esposos se desvaneció, éstos se conformaron con la divina voluntad, animándose mutuamente a soportar con valor su doloroso contratiempo.

Mas he aquí que hoy, precisamente en el momento de ir Zacarías a quemar el incienso, se le aparece un enviado celestial, un ángel del Señor, que se mantenía de pie al lado derecho del altar; y, al verle el sacerdote, se turbó, y el temor se apoderó de él. Pero el ángel le dijo:

—*No temas, Zacarías, porque tu oración ha sido oída.*

Y continuó luego el celestial mensajero anunciándole que Isabel tendría un hijo, que habría de ser para muchos motivo de gozo y regocijo. Aun siendo niñito, parecería grande delante de Dios, y, luego que creciese, convertiría a una gran parte de su pueblo y la prepararía para recibir al Mesías.

Aturdido con tan gozosa sorpresa, Zacarías pidió una señal que le permitiese reconocer la verdad del anuncio.

—*Yo soy Gabriel, respondió el mensajero, que asisto en la presencia del Señor, y he sido enviado para hablarte, trayéndote estas buenas nuevas. Y he aquí que perderás el habla y no la recobrarás hasta el día en que estas cosas lleguen a suceder, porque no has creído mis palabras, que se cumplirán a su tiempo.* Así, pues, Zacarías tuvo el signo que había pedido, si bien a la vez fué un castigo por su incredulidad.

Las noticias extraordinarias, buenas o malas, circulan con la rapidez del rayo; y cuando, una semana más tarde, regresó el sacerdote a su casa de Ain-Karim, en la región montañosa de Judea, halló que Isabel tenía ya conocimiento de todo lo que el pueblo sabía acerca de su visión en el Templo. Llena de ansiedad y regocijada esperanza, la santa mujer salió a recibir a Zacarías; pero éste, poniendo el dedo en los labios, hizo traer unas tablillas de escribir, y, con mano trémula, trazó la descripción de todo lo ocurrido. Con esto se llenaron ambos de gozo, dieron gracias a Dios por su bondad para con ellos y aguardaron tranquilos y felices el cumplimiento de las divinas promesas.

Pasaron semanas y meses. Los sacerdotes acudieron, uno tras otro, siguiendo su turno a ofrecer el incienso en el *Lugar Santo;* y la visión de Zacarías llegó a quedar olvidada. Pero no por todos. No por aquellos que iban notando las señales todas del Mesías, muchas de las cuales se tocaban con la mano.

Vivía en Jerusalén un anciano, a quien Dios había prometido conservarle la vida hasta haber contemplado con sus ojos al Cristo del Señor. Había también una piadosa mujer de avanzada edad, que no salía del Templo, sirviendo allí noche y día, para no perder la ocasión de hallarse presente a la venida del Prometido. Almas como éstas no echaban en olvido el anuncio de Zacarías. Y en toda la redondez de la tierra, dondequiera que se hallaban los judíos, latían corazones ansiosos que oraban por la pronta venida del Salvador.

Pero ¿en dónde se ocultaba el más fervoroso de todos esos corazones? ¿Por ventura en Jerusalén, entre los Doctores de la Ley, que pasaban su vida estudiando las profecías? ¿Sería acaso el corazón del Sumo Sacerdote, o el de aquel santo viejo favorecido con la divina promesa, o el de la piadosa anciana, tan asidua en asistir al Templo, o quizá más bien el de Zacarías o el de Isabel?

No: este corazón no palpitaba en Jerusalén, ni entre los sabios, ni tampoco entre los que habían envejecido en el servicio de Dios. ¿En dónde, pues?

V

## Santa María

¿Habéis observado alguna vez, en día de tormenta, cómo se levantan las nubes y se extienden por el firmamento, hasta ocultar los resplandores del sol? Muévense los vapores en obscuras y pesadas masas, abarcando la extensión entera del horizonte; y diríase al verlas que las guía el intento de arrebatar la claridad del día, dejando al mundo sumido en tinieblas y ansiedad. A veces, sin embargo, por entre los repliegues y hendiduras del nublado logran vuestros ojos percibir una fugaz vislumbre del sol; o quizá un reborde teñido de reflejos de oro os indica la presencia cercana del astro rey. Pensáis, sin duda, entonces que va a mostrarse en breve; pero no, todavía la obscuridad es demasiado densa. De pronto surge del fondo sombrío una nubecita blanquecina, que poco después se manifiesta vestida de tenue brillo; su resplandor crece y se aviva cada vez más; hasta que aparece al fin inundada de gloriosos arreboles. ¡Ciertamente!, exclamáis entonces: allí está el sol; él y sólo él puede comunicar tan deslumbrante resplandor. Algunos momentos después el astro aparecerá; unos instantes no más, y su fulgor barrerá la obscuridad y las sombras, derramando torrentes de luz sobre la tierra.

Escondida entre las montañas de Galilea, en una región poblada de flores silvestres, yace la olvidada aldea de Nazaret, cuyas pequeñas viviendas, de azoteas humildes y planas, semejan cajitas blancas colocadas en la falda de la colina. Aquella que parece medio choza, medio roca, la más baja de la hondonada de la calle, es la casa de José, el carpintero del lugar. Todo reposa en tranquilo silencio. La noche está en la mitad de su carrera. En ninguna parte hay luz alguna, como no sea la de las estrellas que brillan en el firmamento a través de una atmósfera transparente y fría, porque estamos en el mes de Marzo. Mas ved: ¿no parece divisarse a lo lejos una débil claridad? Sí: una lámpara arde en la pobre casita que ha llamado nuestra atención. ¿Quién puede ser el que vela allí, mientras la aldea entera duerme? Acerquémonos silenciosamente y veamos. Sola y arrodillada, una doncella de catorce años ora en su reducido aposento. ¡Qué rostro tan admirable, tan grave y a la vez tan dulce, tan infantil e inocente y tan lleno al mismo tiempo de soberana dignidad! Muy cerca de Dios debe de estar esta prodigiosa criatura. Apodérase del ánimo un sentimiento de profunda veneración al contemplarla; y, sin querer, caemos también de rodillas. Para averiguar hasta donde nos sea posible quién es esta doncella necesitamos retroceder catorce años.

Su nombre es Miriam o María, que significa *Señora,* y también *Estrella del Mar.* Los santos autores de sus días, Joaquín y Ana, habían orado y suspirado largo tiempo, pidiendo al cielo un hijo que fuera el consuelo y el regocijo de su ancianidad, mucho antes de que el Señor les concediera esta bendita niña. ¿Quién podrá jamás explicar lo que ella fué para sus padres?

Nunca se cansarían de contemplarla cuando se hallaba entregada a la oración o a los juegos propios de la niñez, o cuando permanecía absorta y ensimismada en sus propios pensamientos; pero bien pronto descubrieron que aquella tierna niña poseía un conocimiento de Dios y de las cosas santas muy superior al que ellos mismos podían comunicarle. Pareceríales, sin duda, que Dios era su Maestro, y la venerarían como criatura agradabilísima a sus divinos ojos. ¡Cuáles no debieron de ser su religioso temor y alegría, cuando supieron que estaba destinada para Madre del Unigénito del Padre! Sí; ella era la mujer prometida muchos siglos antes en el Paraíso; la que aplastaría la cabeza de la serpiente.

La construcción del Templo de Salomón duró muchos años, porque sus diversas partes debían ser de materiales de gran valor, tales como mármoles, cedro oloroso e incorruptible y piedras preciosas, todo artísticamente labrado y cincelado. El pavimento se hallaba guarnecido de oro en lo interior y exterior, y nada había en el Templo que no estuviera fabricado de oro o recubierto de lo mismo: el altar era de oro, y la mesa de oro, y los candelabros todos de oro acendrado con unas como flores de lis, y encima de los candelabros las lámparas y despabiladeras de oro, y los incensarios del oro más fino, y los goznes de las puertas interiores del *Santo de los Santos,* también del mencionado metal, oro sin mezcla, oro purísimo. ¿Por qué? Porque todo lo perteneciente a la casa de Dios debía ser, en lo posible, digno de la Majestad Suprema a la que estaba consagrada. Pero el Templo de Jerusalén, con su *Santo de los Santos,* su Arca de la Alianza y sus Tablas de la Ley, ¿qué comparación podía tener con la bienaventurada criatura, escogida por el Altísimo para ser su Madre? ¿Qué no correspondería a la Divina Omnipotencia hacer para ennoblecer a María, a fin de que fuera digna Madre de Dios?

Ante todo era preciso que se hallara exenta de la menor sombra de pecado. Si se trata de hacer un rico bordado sobre raso blanco, se procura que éste no tenga arruga ni tizne alguna. Emplear la seda y el hilo de oro en tela manchada, o que lo haya estado alguna vez, equivaldría a malgastarlos. Pues bien: Dios estima la limpieza más que nosotros; y si quiso enriquecer a la Madre del Verbo con sus dones más preciosos, el primero de todos debía ser una pureza inmaculada. Ni la más leve sombra de culpa había de afear a María, cuya deslumbrante blancura debía eclipsar la de los ángeles más cercanos al trono de Dios.

Pero ¿y el pecado original? ¿No era María hija de Adán? Sí, y la culpa de nuestros primeros padres la hubiera comprendido, de no preservarla el Todopoderoso acercándola tanto a su Santidad Infinita. La Virgen, pues, no necesitó ser libertada del yugo de la culpa de origen, como lo necesitan los niños, que por eso reciben el bautismo; porque jamás sintió la esclavitud del pecado la Madre de Aquel que venía a destruirlo.

Hay quien no alcanza a comprender cómo la Virgen pudo gozar del admirable privilegio que llamamos la Inmaculada Concepción. Con claridad meridiana aparecería a sus ojos esta verdad, si quisieran fijar la atención en que el Verbo Divino, que es la Santidad por esencia, no pudo jamás vestirse de carne inficionada por el hálito de la culpa. Así lo pide también la dignidad de Madre de Dios a que María debía ser elevada.

A cierta señorita protestante, que tenía dificultad en entender el dogma de la Pureza Inmaculada de la Virgen, le fué preguntado:

—¿Creéis, por ventura, que Jesucristo, hijo de María, es verdadero Dios?

—Sí, lo creo—respondió reverentemente.

—¿Y hay alguna cosa de cuantas Dios pudo hacer por su Madre, que el mismo decoro de la Majestad Infinita no le determinara a realizar?

La interpelada calló un instante, y después dijo:

—Pienso que, en efecto, Dios haría cuanto cabe en su poder para dignificar a su Madre.

La sangre preciosa del Redentor fué la que, aun antes de ser derramada, preservó a María por modo admirable, librándola de la culpa que manchó a todos los demás mortales. Por eso exclama ella transportada de júbilo: *Mi espíritu se regocijó en Dios, mi Salvador. Porque ha hecho en mí cosas grandes el que es Todopoderoso, cuyo Nombre es Santo.*

Imaginad un volcán en erupción, lanzando entre nubes de humo inmensas llamaradas. La ardiente lava desciende a torrentes por las faldas y se derrama en todas direcciones destruyendo sembrados, viñedos, cabañas y ganados. Un río de fuego se precipita vertiente abajo dejando su paso cubierto de negras ruinas; y sigue bajando y dilatándose por todas partes, hasta que de pronto se detiene ante un hermoso jardín que encuentra en su camino. Párase allí y tuerce su marcha, buscando salida por ambos lados del encantado vergel, sin ocasionarle el menor daño. Los árboles, flores y frutos del delicioso oasis parecen entonces más hermosos por el contraste con la desolación que le rodea.

Pues de un modo semejante sucedió con el torrente del pecado original, detenido al llegar a la Virgen María, vergel de santidad y de pureza resguardado por la mano del Omnipotente.

Cuando la Virgen era todavía una niña de tres años, sus padres la llevaron al Templo, para ser allí solemnemente ofrecida al Señor. A pesar de su tierna edad, comprendía ya perfectamente la significación de este acto; sabía que Dios había hecho grandes cosas por ella, y quería entregarse enteramente a Él, para que dispusiera de su persona como más le agradare, sin consultar para nada su propia voluntad. Con las manecitas cruzadas, y el rostro brillando de alegría, subió sola las quince gradas, contemplándola sus padres llenos de admiración y regocijo. Mas con pena también. Porque la dejaban en el Templo para permanecer allí con otras niñas, y consideraban cuán tristes y solos habían de sentirse sin aquella deliciosa compañía.

Crecía la Virgen empleando su tiempo en la oración, en el servicio de la casa divina y en el estudio de las Santas Escrituras. En ellas leía con especial complacencia los vaticinios referentes al Redentor prometido, y, entendiendo que era llegado el tiempo de su venida, quizá pensaba que viviría ya sobre la tierra, y que su Madre se hallaría acaso necesitada de la ayuda de una pequeña sirvienta para el servicio de la casa. ¡Oh, de qué buena gana se ofrecería ella para tal ocupación y empleo!

A la edad de catorce años abandonó el Templo para desposarse con el carpintero José y dedicarse a cuidar de su propia casita en Nazaret. Entonces cambió por completo el género de vida que hasta allí había llevado; cesaron los religiosos servicios de la mañana y la tarde en el Templo, para ser reemplazados por una vida afanosa y de humildísimo trabajo. Pero María se encontraba contenta, más que contenta, feliz pudiéramos decir,

¡SALVE, LLENA DE GRACIA!

*Fra Angélico*

NACIMIENTO DE NUESTRO SEÑOR JESUCRISTO *Lorenzo de Credi*

labrando al mismo tiempo la dicha de José, que contemplaba regocijado el natural despejo, la dulce ternura y la generosa abnegación de su compañera y esposa. A medida que el virtuoso menestral iba conociendo más perfectamente a su desposada llenábase de profunda reverencia hacia ella, no obstante su tierna juventud. José fué digno esposo de tan admirable criatura, porque llegó a imitar de cerca su santidad y acercamiento a Dios. Habíasele confiado el mayor tesoro que el Todopoderoso poseía sobre la tierra; y no lejos estaba el tiempo de que se le confiara otro tesoro más precioso todavía.

## VI

## Santa Madre de Dios

Volvamos ahora a la noche de Marzo, en que hemos visto a María arrodillada y orando en su pequeña estancia. Su corazón se halla poseído esta noche, como en ninguna otra ocasión, del pensamiento que de continuo la embarga: *¿Cuándo llegará el Prometido de las gentes? ¿por qué se prolonga tanto su venida? ¡Ojalá rasgara los cielos y descendiera!*

La lámpara ilumina débilmente el recinto en que ora la tierna doncella. ¡Cuán llena de reverencia está y cuán silenciosa! Sus fervientes súplicas no pueden menos de conmover al mismo Dios.

¡Ved! ¡Ved! Envuelto en deslumbrantes resplandores, un ángel aparece de pie ante la devota Virgen; se le acerca y la saluda con estas palabras:

*¡Dios te salve, llena de gracia, el Señor es contigo, bendita tú eres entre todas las mujeres!*

¡Qué magnífica alabanza, salida de labios de mensajero tan excelso y santo! Porque éste es Gabriel, uno de los siete que asisten en la presencia de Dios. ¿Cuál será la respuesta de la maravillada doncella?

No hay, por el momento, otra respuesta que un respetuoso silencio. El rubor y la turbación se reflejan en su bello rostro, mientras con el pensamiento se pregunta qué clase de salutación puede ser la que acaban de escuchar sus oídos. Ella sabe que no siempre podemos fiarnos de los que nos elogian; y las alabanzas que se le han prodigado son tan extraordinarias, que seguramente no se refieren a su persona. ¿Será el que las ha proferido un heraldo celestial? María guarda silencio hasta que el ángel hable de nuevo.

Gabriel advierte su turbación y añade:

—*No temas, María, porque has hallado gracia a los ojos de Dios. Sábete que tendrás un hijo, al que pondrás por nombre Jesús. Éste será grande, y recibirá el dictado de Hijo del Altísimo, al cual el Señor Dios dará el trono de su padre David, y reinará en la casa de Jacob eternamente, y su reino no tendrá fin.*

Contemplemos a la Virgen escuchando y haciéndose cargo de la noticia que la declara a ella, a la pobre esclava del Señor, encumbrada a la dignidad sublime de Madre del Mesías. ¿Prorrumpe, entonces, en expresiones de acción de gracias y de alabanza? No: tiene que hacer todavía una pequeña pregunta, porque no está segura de cuál es la voluntad de Dios. Largo tiempo ha que prometió pertenecer sólo al Señor, a título de humilde sierva suya, por el tiempo que le durara la vida; ignora si puede cumplir su promesa, aceptando la dignidad de Madre del Redentor de la humanidad; y no quiere quebrantar su voto por nada de cuanto existe. María permanece tranquila y dueña de sí misma. El celestial enviado le ha dicho que su Hijo será el Hijo del Altísimo, cuyo reino durará por toda la eternidad; y ella no se estremece de júbilo. Sabe por las profecías que el Redentor ha de ser varón de dolores, de los cuales participará la mujer que le concibiere, y tampoco tiembla de pavor. Lo único que desea es conocer la voluntad del Omnipotente.

El gran Arcángel la contempla poseído de profundísima admiración; no hay santidad en los cielos comparable a la de aquella maravillosa criatura. Creía él haber sondeado las profundidades que el amor de Dios y la negación de sí propio pueden alcanzar en los espíritus creados; pero la tierna doncella de Nazaret le descubre ahora abismos nuevos y ocultos a la penetración de su inteligencia. A la luz que reverbera de la conducta de María comienza a descubrírsele el cabal sentido de las palabras misteriosas que el mismo Dios ha puesto en sus labios: *¡Salve, llena de gracia!;* y esta ilustración le hace inclinarse con mayor reverencia ante la Virgen. ¿Quién diría, al observar tan rendido acatamiento, que este mismo es el Arcángel, cuyas palabras solemnes y augustas reprendieron la incredulidad del anciano sacerdote en el Templo? ¡Cuán diferente en presencia de María! Gabriel se dirige a ella como a un ser de categoría superior; aguarda con respeto a que juzgue de su salutación; se apresura a esclarecer sus dudas y espera humildemente su respuesta.

Cuando en el alma de María llega por fin a dominar la persuasión de que la voluntad divina ha decretado hacerla Madre del Mesías, para lo cual es necesario su consentimiento, no se detiene a pensar en la excelencia de tan sublime dignidad, ni tampoco en las asperezas de los sufrimientos que puede llevar aparejados, y sin vacilar un instante inclina la cabeza y dice:

—*He aquí la esclava del Señor; hágase en mí según tu palabra.*

Y en aquel augusto momento se operó el gran misterio:

Y EL VERBO SE HIZO CARNE Y HABITÓ ENTRE NOSOTROS.

VII

## Cántico de María

Acostumbra Dios a compartir sus secretos con aquellos a quienes ama. Por medio del arcángel Gabriel hizo sabedora a la Virgen de la felicidad que gozaban Zacarías e Isabel con el anuncio del hijo que el cielo les enviaba; y Él mismo descubrió en esta ocasión a la anciana esposa del santo sacerdote la dignidad a que María había sido elevada. Ambas eran primas; y María creyó oportuno emprender el camino de Ain-Karim con ánimo de visitar a sus parientes y ayudarlos en los quehaceres domésticos. Sin duda le hubiera sido más agradable permanecer en casa, sobre todo después de la aparición del Arcángel; pero no quiso mirar a la satisfacción de su gusto y conveniencia. La Virgen estaba habituada a someter los impulsos de su voluntad a las menores indicaciones del cielo. Así, pues, no considerando indigno de ella el servir a otros, ni el aplicar sus manos a las humildes faenas del arreglo y limpieza de la casa, se decidió a llevar a cabo su largo viaje.

Nadie, ni siquiera José, a quien tan tiernamente amaba, tuvo noticia de la visita del Arcángel, porque a la Virgen le desagradaba el propalar secretos sin motivo, en la misma medida que otras jóvenes suelen gustar de ser parleras; y, por otra parte, temía fundadamente ser objeto de honores y de alabanzas. *Mi secreto para mí, mi secreto para mí,* hubo de repetir muchas veces María en el curso de su vida.

No se nos dice en los Evangelios si la santa viajera caminó sola o acompañada, pero lo primero es lo más verosímil. Si José no la acompañó, no cabe otra suposición que la de que lo hicieran algunos parientes suyos, que por acaso se dirigieran a la Ciudad Santa. En fin, llegó la Virgen a las montañas de Judea, y, subiendo por sus escarpadas pendientes, se encontró, después de fatigoso caminar, a las puertas de la casa de Zacarías.

Allí tropezó con Isabel, que estaba de pie en el umbral como si esperara alguna visita. María se arrojó en sus brazos y la saludó con amorosas palabras. Pero ¡cuál no sería su asombro cuando la anciana, en vez de devolverle el abrazo, se postró de rodillas y exclamó:

—*Bendita tú eres entre todas las mujeres, y bendito es el fruto de tu vientre. ¿Y de dónde a mí tanto bien que la Madre de mi Señor venga a mí?*

Era evidente, pues, que el secreto de la Virgen había sido revelado: Dios mismo hubo de comunicárselo a Isabel. El corazón de María se llenó de júbilo hasta desbordarse; y, no pudiendo contener la efusión de los sentimientos de alegría y acción de gracias que la embargaban, dijo:

—*Mi alma glorifica al Señor, y mi espíritu se transporta de gozo en Dios mi Salvador. Porque ha puesto los ojos en la bajeza de su esclava; por tanto, he aquí que desde ahora me llamarán bienaventurada todas las generaciones. Porque ha hecho en mí cosas grandes Aquel que es Todopoderoso, cuyo nombre es santo, y cuya misericordia se derrama de generación en generación sobre los que le temen. Hizo alarde del poder de su brazo; deshizo los designios del corazón de los soberbios; derribó del solio a los poderosos y ensalzó a los humildes. Colmó de bienes a los hambrientos y dejó vacíos a los ricos. Acordándose de su misericordia, acogió a Israel su siervo, según la promesa que hizo a nuestros padres, a Abrahán y a su descendencia por los siglos de los siglos.*

Isabel, entretanto, escuchaba con silencioso temor, asombrada de la sublime elevación de aquel himno, muy superior al grandioso *cántico del Paso del Mar Rojo,* que ella sabía de memoria. La tierra no ha escuchado jamás una composición de tan suave y magnífico lirismo. Este cántico de María penetró en el corazón de la santa anciana, y, recogido luego en las páginas evangélicas, resuena en las iglesias desde los primeros días del Cristianismo, repetido a diario por millares de fieles. Entre otras cosas nos enseña que no es presuntuoso el reconocer los dones recibidos del Señor, sean éstos bienes de fortuna o personales de alma y cuerpo. No es, por tanto, ilícito el reconocer que se disfruta de holgada posición social, de agradable presencia, de talento o bondad de carácter; lo pecaminoso está en olvidar que todo lo que poseemos nos viene de Dios; que de todo tendremos que dar cuenta; y que, mientras llega ese momento, nuestro deber es hacer uso de los talentos recibidos en servicio del Supremo Dador de todos los bienes.

María entendió, como ninguna otra criatura, cuán *grandes cosas* había obrado Dios en su favor; tan admirables que, por ellas, todas las generaciones la llamarían bienaventurada. Pero la gloria se quedaba toda entera para el Todopoderoso; de sí misma reconoce la Virgen que nada era y nada tenía. *Ella se regocija en Dios su Salvador;* y lo hace en grado más eminente que nosotros, porque el Señor había derramado sobre ella sus larguezas con munificencia y prodigalidad especialísimas. Engrandeció al Creador, al modo que nosotros deberíamos hacerlo, mirando a la humildad, esto es, a la pequeñez de nuestra condición.

La humildad no consiste en fingir que se desconoce lo que Dios ha hecho por nosotros. El verdadero humilde, a manera de pobre agradecido, se apresura a reconocer las mercedes de sus favorecedores, mostrándoles por ellas el más sincero agradecimiento. La gratitud y la humildad son dos virtudes amigas que caminan asidas de la mano. No hay mejor escudo contra la vanidad y la estimación propia que las palabras de María: *El que es Poderoso ha obrado en mí grandes maravillas;* y, cuando nuestros corazones se muevan a ensalzar al Señor por su bondad para con nosotros, las mejores alabanzas que pueden proferir nuestros labios son las del inspirado cántico de la Virgen, las del bellísimo *Magníficat.*

Por espacio de tres meses María permaneció en casa de su prima; y en todo este tiempo, abundantes y riquísimas bendiciones del cielo descendieron sobre la familia de Zacarías, atraídas por la presencia de la excelsa visitante que se albergaba en la casa. Al resonar en ella por vez primera la voz de la Virgen, el Espíritu Santo se apoderó de Isabel, la cual, haciéndose eco de las palabras del Arcángel, repite el *Bendita tú eres entre todas las mujeres,* y las completa con la alabanza del Hijo de María: *Y bendito es el fruto de tu vientre.* Cuando, pues, recitemos el *Avemaría,* esta plegaria debe traernos a la memoria la reverencia con que fué pronunciada por un arcángel y una santa, postrados ambos a los pies de aquella a quien la misma Isabel llamó *Madre de mi Señor.*

## VIII

# La primera noche de Navidad

Por fin llegó el tiempo en que José debía saber también lo que el Ángel del Señor había declarado a su esposa. Un celestial mensajero, quizá el mismo Gabriel, vino a revelarle la altísima dignidad de que había sido investida aquella humilde criatura que barría, lavaba y preparaba la comida en su pobre vivienda, atendiendo a las demás faenas domésticas de cada día, lo mismo que la más pobre y ordinaria mujer del contorno. Díjole, además, que su Hijo se llamaría JESÚS, porque había de salvar a su pueblo del cautiverio del pecado.

Imaginad con qué nueva veneración miraría José desde entonces a su santa esposa, y cuán apacibles y altísimos serían sus coloquios. Ponderarían las palabras de la Sagrada Escritura relativas al Mesías, estudiarían los tipos que le prefiguraban y cotejarían unos con otros los vaticinios que le predecían; y, como los corazones de los benditos consortes eran tan puros, entenderían, mejor que los sabios doctores de la ley, el verdadero significado de las figuras y profecías bíblicas, maravillándose cada vez más y más de haber sido escogidos para tener tan cerca de sí al Redentor del mundo, que estaba ya próximo a venir.

Ambos habían aprendido de labios del Ángel el sacrosanto nombre de JESÚS, ante el que debería doblarse toda rodilla, según escribió más tarde San Pablo. ¡Con qué veneración tan profunda no pronunciarían ahora ese bendito nombre! Para el resto del mundo el Prometido, que todos esperaban, era el Mesías; sólo para María y José era JESÚS.

Los dos santos cónyuges entendieron, por la profecía de Miqueas, que el lugar del nacimiento del Mesías era Belén, ciudad situada seis millas al sur de la Ciudad Santa, y distante de su propia aldea unos cuatro o cinco días de viaje. ¿Cuándo llegaría el tiempo de ir allá? Y ¿cómo explicarían a sus vecinos la causa de abandonar tan inesperadamente su residencia ordinaria? La respuesta a tales preguntas era la misma en el corazón de los dos esposos: *Dejémoslo todo en manos de Dios: Él ve y dirige los acontecimientos; Él ha venido siempre en nuestra ayuda en todo el curso de la vida;* y con esta conformidad aguardaban tranquilos y confiados la señal de la Voluntad Divina.

Cierto día hubo gran alboroto en la plaza de Nazaret. El motivo era un decreto, llegado de Roma, ordenando un empadronamiento general. El emperador César Augusto, que gobernaba a la sazón la mayor parte del mundo conocido, deseaba averiguar el número de almas que reconocían su autoridad, y a cuánto ascendería el tributo que pensaba imponer a sus súbditos. En cumplimiento de esta orden, los judíos, sujetos al yugo de Roma, debían acudir a las ciudades o villas donde hubieran nacido sus antecesores para hacer registrar allí sus nombres y prestar juramento de fidelidad al César.

El vecindario de Nazaret se componía en aquel tiempo de un populacho rudo y pendenciero, fácil en entregarse a procedimientos de violencia. Tan mala fama le habían conquistado las mencionadas cualidades, que en todo el país se consideraba como un insulto la denominación de *nazareno.* El decreto del César llenó de indignación a aquellas gentes, las cuales prorrumpieron en quejas y gritos contra el mandato imperial.

—*¿Por qué* —decían— *se perturba la tranquilidad de tantas familias, obligándolas a salir de sus casas por mero capricho? ¡Lástima que no llegara cuanto antes el Mesías a romper las cadenas con que el malhadado Imperio tenía aherrojado al pueblo de Dios; y a poner por escabel de sus pies a todos sus enemigos, conforme había predicho David!*

Sin embargo, no quedaba otro remedio que cumplir, del mejor modo posible, una orden que no se atrevían a desobedecer. El oficial romano que recorría la ciudad llegó a la casita, situada en lo más bajo de una calle; y hallando que José pertenecía a la familia de David, le intimó la orden de partir para Belén, patria del Rey Profeta.

Esta era la señal que aguardaban José y María. Nada importaban los términos bruscos en que el mandato se les comunicaba, ni tampoco el que su viaje a Belén tuviera las apariencias de obedecer únicamente una disposición del César; Dios lo preparaba todo con admirable providencia. Terminados rápidamente los preparativos de viaje, y recogidas en un hatillo las cosas de imprescindible necesidad, subió María sobre un asno, después de cerrar y dejar bien aseguradas las puertas de su pobre vivienda; y, tomando José el ramal en una mano y el bordón en la otra, emprendieron el viaje.

Era entonces la peor estación del año; el camino estaba malo, el tiempo frío; y las comodidades y protección contra la intemperie faltaban en absoluto. Una vez y otra José tenía que apartar su cabalgadura a los lados del camino, a fin de dejar paso a otros descendientes de David, más ricos, que bien abrigados y en excelentes monturas se veían como ellos precisados a dirigirse a Belén. No había lugar para larga conversación; las circunstancias convidaban más bien a meditar y sufrir. Cada parada o descanso diario producía una nueva angustia a José; porque no había mesones en el camino, y los sitios destinados al descanso de las caravanas, llamadas *caravanserais* o *khans,* se hallaban desprovistos de toda comodidad. Reducíanse a porciones de terreno, cercadas de cuatro paredes lisas y cubiertas con una mala techumbre. La vieja estera que cubría el duro suelo constituía todo el ajuar; alimento, cocina, utensilios, ropa de cama eran cosas que los viajeros debían llevar consigo o pasarse sin ellas.

Caminaban los pobres esposos muy despacio; y hasta el caer la noche del quinto día no dieron vista a los muros de la ciudad de Belén, la cual, recostada en la falda de una colina, se presentaba a sus ojos como una mancha cenicienta. Grupo tras grupo de caminantes pasaban a su lado y los dejaban atrás, apresurándose a llegar a la ciudad antes que cerrase del todo la noche, con el fin de encontrar albergue en que hospedarse. José fijaba sus ojos en María, y procuraba avivar el paso de la cansada bestia. ¿Qué podría hacer en el caso de encontrar todas las hospederías ocupadas? Por fin llegaron al *khan* que había en la montaña, un poco más abajo de la ciudad; y una mirada bastó para llevar a su ánimo la evidencia de que era demasiado tarde: todos los sitios estaban ya tomados, y bestias y bagajes ocupaban en apretado montón la parte central. Por doquiera resonaba el murmullo de animadas conversaciones y disputas, mezclándose a la confusa algazara, propia de una multitud de viajeros, ocupados en prepararse a sí mismos todo lo necesario para pasar la noche. Nadie tenía tiempo de atender a los asuntos del vecino, hallándose cada cual bastante ocupado con los suyos propios; así que las preguntas hechas por José sólo tropezaron con ásperas y secas respuestas. Regresó, pues, al lado de María, a quien había dejado un poco atrás; y, tomando de nuevo el ronzal, volvió a seguir el camino de Belén.

La noche avanzaba cuando penetraron dentro de los muros de la ciudad; pero había luz bastante para ver que las hospederías estaban llenas de bote en bote, llenas hasta no poder contener más forasteros. Hacía mucho tiempo que, con mejor fortuna que José, los que le habían precedido se hallaban en posesión de todo lo que podía servir de alojamiento. Gente de tan pobre condición, como el carpintero de Nazaret y su esposa, no podían esperar grandes favores de la suerte. José inquirió con diligencia en todas partes, pero sin fruto. Dondequiera que veía una puerta abierta, allí se apresuraba a llegar señalando con una mano a María, y mostrando en la otra las pocas monedas que le habían quedado; pero todo inútil, en todas partes la misma respuesta:

—*¡No hay sitio!*

Subiendo y bajando calles, pasaron una buena parte

de esta amarga noche, sin dar con ninguna alma piadosa que, compadeciéndose de María, quisiera recibirlos en su casa. Levantó José los ojos anegados en lágrimas para fijarlos en el rostro de su esposa, y hallóla con señales de excesivo cansancio, pero sonriente, y reflejando una paz interior que ningún contratiempo de este mundo podía alterar. ¿Qué hacer en tales circunstancias? De nada servía continuar preguntando; así, pues, enjugóse los ojos con la manga de la túnica, y comenzó a guiar cuidadosamente la cabalgadura bajando de nuevo la colina.

La obscuridad se había hecho a la sazón más densa; y era necesario aproximar constantemente al suelo la linterna que los alumbraba, con el fin de asegurarse de las condiciones del piso. A poca distancia de Belén, y en un ribazo de greda, se abría una cueva cuya boca miraba precisamente al camino que seguían.

— *Penetremos aquí* — dijo José a su esposa.

La cueva se estrechaba en el interior formando una concavidad más reducida que parecía servir de establo, porque un buey pacía allí atado a un pesebre. Entraron los viajeros; María se apeó, e hincándose de rodillas en un rincón principió a orar. José colgó la linterna en la blanda tierra de la pared, y a su débil resplandor pudo verse la humedad goteando en todas partes, haciendo más intolerable la falta de limpieza y abandono propias de un establo de Oriente. Este era, sin embargo, el sitio escogido por Dios desde toda la eternidad para el nacimiento de su Unigénito. Y aquí, en la mitad de la noche, nació el Hijo de Dios: *El Verbo se hizo carne y habitó entre nosotros.*

María se postró en tierra y adoró al recién nacido: Él era el Mesías que sus ojos habían anhelado contemplar; allí estaba el Jesús que con sus dolorosos sufrimientos había de redimir al mundo. ¡Oh, cuán pronto daba principio a su obra!, pensó la Virgen al contemplar los menudos y delicados miembros del Niño temblando de frío sobre la paja que cubría el piso de la cueva. Él era, no obstante, Aquel que, según el anuncio del Arcángel, sería grande y llevaría el nombre de *Hijo del Altísimo.* Día llegará en que un juez romano, sobrecogido de asombro al ver su apacible majestad, le diga: *¿De dónde eres tú?* Durante toda la primera noche de Navidad, María le estuvo haciendo la misma pregunta; no porque ignorase el divino origen del tierno infante, sino porque no se cansaba de considerar las maravillas encerradas en la respuesta.

Bien sabía la Virgen que el recién nacido había venido de lo más encumbrado de los cielos, de la derecha del Padre, a quien es igual en todas las cosas; y, no obstante, era a la vez su propio Hijo que lloraba por ella, tendiéndole sus manecitas al igual que otro infante, incapaz de valerse por sí mismo.

María le adora como a su Dios; y luego le toma en sus brazos, le envuelve en pañales y fajas; y le coloca en el pesebre sobre una manada de heno, la más limpia que José ha podido hallar en el establo. Manifiesta con caricias su agradecimiento a los dos animales que comparten el pesebre con su Hijo, y que, echando sobre Él el aliento, procuran calentarle. Entonces recuerda las palabras de Isaías: *Hasta el buey reconoció a su dueño; y el asno el pesebre de su amo; pero Israel no me reconoció, y mi pueblo no entendió mi voz.* Nadie como la Virgen penetró y ponderó las Escrituras; y así las palabras proféticas acudían a su mente, una por una, al adorar los divinos misterios. Este tierno infante era el Caudillo del pueblo de Dios, del que Miqueas había vaticinado que saldría de Belén, y a quien Isaías había denominado *el Dios escondido,* y por quien cantó David: *Dios vendrá ostensiblemente; nuestro Dios vendrá.*

Los dos esposos se arrodillan luego a los lados del niño, y le miran y remiran sin cesar de maravillarse viendo la grandeza de Dios tan empequeñecida, y considerando la inmensidad del amor que a tal extremo de abatimiento le ha llevado.

Cerca de una milla distante de Belén, y enclavado al pie de la colina sobre que se levanta la pequeña ciudad, hay un campo que sirve de aprisco, adonde los pastores de las cercanías guían sus rebaños al caer la tarde. Durante el día, las ovejas se esparcen por los collados vecinos, paciendo libres y seguras; pero, al acercarse la noche, cuando las fieras merodean por los alrededores, todos los ganados buscan el refugio del mencionado lugar. Los pastores de Oriente pertenecen a la ínfima y más pobre clase del pueblo. Llevan una vida dura y penosa, guardando sus rebaños durante el día entero en todas las estaciones, y pasando las frías noches del invierno tendidos, como sus ovejas, sobre la húmeda hierba.

Cuando María y José buscaron refugio en la cueva una cuadrilla de pastores velaba en el referido campo. Y a la media noche, *he aquí que un Ángel del Señor apareció junto a ellos; y cercólos con su resplandor una luz divina, la cual los llenó de sumo miedo. Y el Ángel díjoles:*

*—No tenéis que temer; pues vengo a daros una nueva de grandísimo gozo para todo el pueblo; y es que hoy os ha nacido en la ciudad de David el Salvador, que es el Cristo o Mesías, el Señor nuestro. Y sírvaos de señal que hallaréis al Infante envuelto en pañales y reclinado en un pesebre.*

*Al punto mismo se dejó ver con el Ángel un ejército numeroso de la milicia celestial, alabando a Dios, y diciendo:*

GLORIA A DIOS EN LO MÁS ALTO DE LOS CIELOS, Y PAZ EN LA TIERRA A LOS HOMBRES DE BUENA VOLUNTAD.

*Y sucedió que luego de apartarse de ellos los ángeles y volar al cielo, los pastores se decían unos a otros: Vamos hasta Belén, y veamos este suceso prodigioso que acaba de suceder, y que el Señor nos ha manifestado.*

*Vinieron, pues, a toda prisa; y hallaron a María y a José y al Niño reclinado en el pesebre. Y viéndole se certificaron de cuanto se les había dicho de este Niño. Y todos los que supieron el suceso se maravillaron; y también de lo que los pastores les habían referido.*

¿Por qué fueron llamados estos hombres antes que todos los demás a adorar al recién nacido? Porque eran sencillos, dóciles y pacientes en medio de las duras penalidades de su rústica vida, y porque el Santo Niño quiso enseñarnos desde luego esta importante lección, es a saber: que la pobreza no debe ser objeto de desprecio, ni causa de vergüenza. La escasez de bienes materiales es, sin duda, penosa condición, porque pone fuera de nuestro alcance las comodidades, las conveniencias y las recreaciones que hacen agradable la vida. Pero nosotros solemos preocuparnos demasiado de estas cosas. Desde que una manzana fué gran cebo de tentación para Adán y Eva, sus hijos acostumbramos a conceder excesiva importancia a los manjares exquisitos, a los vestidos cómodos y elegantes, a los perfumes delicados y a los placeres materiales de toda especie. Verdad es que no siempre es pecado el amor de lo agradable; mas una vida de regalo y blandura en la que abundan las cosas destinadas a halagar los sentidos es una vida peligrosa; porque el apetito nunca dice: *basta.* El cuerpo se halla siempre pronto a satisfacer sus necesidades a expensas del alma, y a trueque de alcanzar lo que desea no se retrae de incitar al pecado. Debemos, pues, desconfiar de él y vigilar constantemente sus inclinaciones. Y he aquí una de las razones porque los pobres se salvan en mayor número que los ricos, sólo con llevar sus privaciones en paciencia.

Nuestro Redentor vino a la tierra para mostrarnos el camino más seguro que conduce a los cielos, y para mostrárnoslo con el ejemplo. Mucho le costó instruirnos en esta materia durante toda su vida; pero Él nunca hizo aprecio de los sacrificios, con tal que sirvieran para nuestro provecho. Por eso, desde el primer instante, la misma noche de su nacimiento comenzó a enseñarnos a estimar la pobreza y a socorrer las ajenas necesidades. ¡Cuán fácilmente, después de esta visita de media noche a la cueva de Belén, soportarían los pastores el frío, el hambre, el cansancio y la carencia de cosas delicadas, agradables y placenteras, tales como las que los ricos pueden disfrutar! — *Nada de eso tenía el pequeño Mesías* — se dirían más de una vez unos a otros; — *bien podemos también pasarnos sin ellas.*

Y nosotros que tenemos cómodas viviendas y abun-

LA ADORACIÓN DE LOS PASTORES *Murillo*

*Carpaccio*

PRESENTACIÓN DE JESÚS EN EL TEMPLO

dancia de satisfacciones, ¿qué enseñanza encontramos en el pesebre del pobrecito infante de Belén? A lo menos fijemos nuestra atención en lo siguiente: "Honrar a los pobres que imitan a Jesús y negarnos ciertos gustos en beneficio de las necesidades ajenas, son acciones gratas a los ojos divinos. Considerémonos felices en servir a los necesitados y trabajar en su obsequio con nuestras propias manos, porque ellos representan a nuestro adorable Salvador, el cual recibirá de igual modo que si fueran dirigidas a su misma Persona las bondades o rigores que les hubiéremos mostrado."

Ved ahora por qué los pastores fueron llamados los primeros a la cueva de Belén la noche del nacimiento del Mesías.

## IX

## En el Templo

Ocho días después de su nacimiento el Santo Niño derramó su primera sangre y recibió en la circuncisión el nombre de JESÚS, nombre del que dice San Bernardo que es *miel en la boca, melodía en el oído, gozo en el corazón;* nombre tan dulce para nosotros, y que tan caro costó al que le tomó por nuestra salud. Los niños ignoran el nombre que se les da, y la razón porque se les impone; pero el Niño Dios conoció perfectamente la gran carga de obras y sufrimientos que debía tomar sobre sí para llegar a ser nuestro Jesús, nuestro Salvador. Y, al pensar en ellos, temió, porque siendo verdadero niño se asustaba y estremecía de todo lo que produce dolor; pero la intensidad de su amor a los hombres era tan grande que se ofreció generosamente a padecer por ellos toda clase de penalidades.

Transcurrido un mes, José y María se dispusieron a subir a Jerusalén con motivo de la doble ceremonia de la *purificación* y *presentación* establecida en la ley judaica. Jesucristo era el verdadero Legislador, y, de consiguiente, no se hallaba comprendido en la ley; pero era necesario que se conformase con nosotros hasta donde era posible, a fin de ayudarnos mejor y servirnos de modelo en todo. Había venido para enseñar a los hombres, y de un modo especial a la Virgen, su Madre, que había de ser su más aventajada discípula. Nadie, como ella, le imitó jamás de modo tan perfecto; porque nadie tampoco le estudió tan de cerca. Desde el principio se nos dice que ponderaba en su corazón todo lo que acontecía a Jesús, y todo lo que decía y hacía; y así procuraba copiar discretamente sus acciones. Cuando, pues, le vió someterse a prescripciones que no le obligaban, hízolo ella también gustosamente; y el día de su Purificación subió al Templo a presentar la ofrenda propiciatoria por sí misma y por su divino Hijo. Los ricos ofrecían un cordero y un par de tórtolas o pichones; los que carecían de recursos para procurarse un cordero, satisfacían con el par de palomas. María era pobre, e hizo, en su consecuencia, la ofrenda del pobre. Pero al mismo tiempo presentó una ofrenda de valor infinito, la más preciosa que por aquel suntuoso Templo había pasado jamás.

La ley exigía que el primogénito de todas las familias judías fuera presentado y consagrado a Dios, precepto que se cumplía colocando al infante en los brazos del sacerdote, quien lo levantaba con solemnidad al cielo. Después de lo cual era rescatado por los padres, pagando cinco siclos de plata, esto es, unas veintitrés pesetas.

A los cuarenta días del nacimiento de Jesús, la Virgen tomó al Santo Niño en sus brazos y, envolviéndole cuidadosa y apretadamente en su manto, salió en dirección a Jerusalén, acompañada de su esposo, que llevaba el par de palomas y el precio del rescate.

El Templo de Salomón fué el monumento más grandioso que el mundo había conocido hasta aquella época. Destruído en la época en que los judíos fueron llevados cautivos a Babilonia por Nabucodonosor el Grande, los que regresaron del cautiverio lo reconstruyeron de nuevo; y, posteriormente, Herodes, apellidado *el Grande* en la Historia, lo restauró poco antes del nacimiento del Mesías. Este Herodes era un hombre egoísta y perverso, enteramente dominado por la ambición de conservar el trono de Judea que los romanos le habían entregado, y resuelto por lo mismo a condenar a muerte a todos los que pretendieran ser sus rivales. El pueblo le temía y odiaba a la vez; y precisamente con el objeto de borrar la nota de cruel que sobre él pesaba, emprendió la restauración del Segundo Templo, en condiciones tales de magnificencia y esplendidez que, a lo menos bajo algunos aspectos, la nueva fábrica no sólo igualaba, sino que excedía al erigido por Salomón.

Cuatro patios abiertos a la luz del cielo se alzaban uno sobre otro en el Monte Moria. El inferior y más amplio de todos se llamaba el *Atrio de los Gentiles,* por ser accesible a los paganos. Pero ninguno de éstos, bajo pena de muerte, podía pasar más allá; el resto del Templo se reservaba únicamente para el pueblo de Dios.

Una escalinata de catorce gradas conducía al *Atrio de las Mujeres,* denominado así porque éstas debían permanecer en él, sin serles lícito penetrar más adelante, excepto cuando la necesidad de presentar una ofrenda para el sacrificio les permitía la entrada en el *Atrio de Israel.* Por último, seguía el Atrio más elevado de todos, que era el de los sacerdotes, y en su recinto se levantaban el altar de los holocaustos, el lavatorio de bronce y una fábrica de mármol, blanco como la nieve, con techo de oro. Constaba esta última de dos compartimientos: uno llamado *Lugar Santo,* donde se hallaban el altar de los panes de la propiciación, el altar del incienso y el candelabro de siete brazos; y otro recinto situado a continuación del anterior, y separado de él por una rica cortina, que era el *Santo de los Santos.* Aquí estaba, en el primitivo Templo de Salomón, el Arca de la Alianza, donde se guardaban las Tablas de la Ley, la vara de Aarón, que había milagrosamente florecido, y un vaso con maná; pero después de la destrucción del primer Templo, el Arca de la Alianza se perdió, y en el segundo sólo una losa negra indicaba el sitio que debía ocupar. En el *Santo de los Santos* nadie, sino el Sumo Sacerdote, podía penetrar, y esto una sola vez al año, el día de los sacrificios, cuando, después de llenar el local de nubes de incienso, introducía en él la sangre de las víctimas, rogando a Dios que perdonara los pecados del pueblo.

Para todo verdadero israelita no había en el mundo lugar tan querido como este Templo del Señor. David había dicho: *¡Oh, cuán amables son tus moradas, Señor de los Ejércitos, mi alma suspira y padece deliquios.*

*ansiando estar en los atrios del Señor!* Orar en el recinto de los sagrados atrios constituía la mayor dicha del pueblo; y todo muchacho judío esperaba con avidez cumplir la edad de doce años, porque desde entonces tendría obligación de subir tres veces al año a rendir el tributo de su adoración en las grandes festividades. Cuando, tras prolongados días de penoso camino, ascendían los peregrinos al Monte Olivete, y desde su cima alcanzaban a divisar el *Moria* y las doradas techumbres del *Lugar Santo* brillando a los reflejos del sol, olvidaban todas las penalidades del viaje, y prorrumpían en cánticos fervorosos de alegría y alabanzas.

Verdad es que se echaba de menos en el Templo restaurado por Herodes lo que daba al de Salomón su gran esplendor y celebridad; faltaba *el Arca de la Alianza,* sobre la que aparecía la nube luminosa, indicando la presencia de Dios en el *Santo de los Santos.* Mas ¿no había el profeta Ageo consolado a su pueblo, diciéndole que el segundo Templo sería más santificado que el primero, porque el mismo Señor de los Tabernáculos le visitaría y santificaría? *Grande será la gloria de esta segunda casa, y mayor que la de la primera. Vendrá el Deseado de las Naciones; y Yo llenaré de gloria esta casa, dice el Señor de los Ejércitos.*

En las anteriores palabras del Profeta pensarían seguramente José y María cuando con el Niño se presentaron al pie de la escalinata que conducía al atrio más elevado. Un sacerdote bajó a recibir la ofrenda de los recién llegados. Entregáronle éstos las monedas prescritas por la ley; y entonces María le puso en los brazos a su Hijo, para que lo ofreciera a Dios. No fué este acto una mera ceremonia: el Divino Infante pidió sufrir por nosotros el castigo que nuestros pecados merecían; y su petición y ofrecimiento fueron oídos y aceptados. El sacerdote devolvió el Niño a su Madre; pero ésta le recibió ya como víctima, como inocente cordero que era necesario conservar para un sacrificio posterior.

Cumplida la ley en todos sus pormenores, los dos santos esposos se volvían, disponiéndose a dejar el

Templo, cuando un venerable anciano se adelantó hacia ellos, tomó en sus brazos al Santo Niño, y sonriéndole cariñosamente, estuvo largo tiempo contemplando con ansiedad el pequeño y bellísimo rostro de Jesús, mientras por sus mejillas resbalaban silenciosas lágrimas de gozo. María presenciaba con muda admiración la tierna escena, pensando en los medios de que el Señor se había valido para comunicar al santo anciano lo que ella guardaba como un secreto, moviéndole además a rendir aquel público testimonio de adoración a la Divinidad oculta bajo las débiles apariencias de un niño.

Aquella sonrisa de bienvenida, aquel abrazo tan entrañable eran señales manifiestas de que el autor de esas demostraciones había reconocido en Jesús al Mesías prometido y por tanto tiempo esperado. Y así era en efecto: porque aquella persona no era otro que el santo Simeón, favorecido con la promesa divina de no morir hasta haber visto con sus ojos al Cristo del Señor. Empero Dios, que da siempre más de lo que promete, además de la gracia de contemplar al Niño, concedió al anciano la de tenerle en sus brazos, estrecharle contra su corazón y conocer además todo lo que había de acaecerle.

El Señor gusta de poner a prueba nuestra confianza en Él; y por eso muchas veces nos hace aguardar por largo tiempo antes de concedernos lo que le pedimos. Día tras día Simeón había acudido al Templo a repetir sus fervorosas y confiadas plegarias; y día tras día había también salido sin ver satisfechos sus deseos y algo fatigado de tan prolongada dilación. Mas he aquí que hoy, precisamente en el tiempo y hora oportunos, el Espíritu Santo le inspiró la voluntad de ir allá y de fijar sus ojos en el Niño y en su joven Madre. Nada había en el exterior de la Sagrada Familia capaz de denunciar a los ojos de los circunstantes su carácter sobrenatural. Allí no se veía otra cosa que un pobre matrimonio en el acto de ofrecer su primogénito a Dios. Mas el santo sacerdote percibió con los ojos de la fe lo que los demás no podían ver; y, arrebatado de alegría, bendijo al Señor con estas palabras: *Ahora, oh mi Dios, podéis ya liber-*

*tar a vuestro siervo, dejándole ir a gozar de la paz y reposo de los justos; porque ya mis ojos han visto al Salvador, que has preparado a vista de todos los pueblos, para que sea luz brillante que ilumine a los gentiles y gloria de tu pueblo Israel.*

Y, volviéndose luego a María, díjole en tono de triste condolencia: *Mira, este Niño que ves está destinado para ruina y resurrección de muchos en Israel, y para servir de blanco a la contradicción de los hombres; lo cual será para ti una espada que traspasará tu alma; pero de esa contradicción saldrá el que sean descubiertos los pensamientos ocultos en los corazones de muchos.*

Las alegrías y los dolores andan siempre juntos y mezclados en la vida de María. Acababa de experimentar el gozo de haber presentado a Dios una ofrenda, digna de su infinita Majestad; no se habían extinguido aún los ecos de los saludos y loores prodigados a su Hijo, reconociéndole como verdadero Mesías; y de pronto, de un modo inesperado, cambia enteramente la escena, tornándose en noche obscura y tenebrosa el día que tan alegre y espléndido amaneciera. Aquel Hijo, a quien ama más que a su propia vida, será blanco de innumerables contradicciones y objeto de tratamientos tan inhumanos que al contemplarlos sentirá el alma traspasada de dolor como con una espada. Tal es el porvenir terrible que la Voluntad Eterna reserva a Madre e Hijo; mas, puesto que Dios así lo dispone, María inclina la cabeza y exclama una vez más: *He aquí la esclava del Señor; hágase en mí según su voluntad.*

Todavía faltaba otro encuentro que debía verificarse el día de hoy. Si Ana, la anciana profetisa, tuvo noticia de la promesa hecha a Simeón, y le siguió de cerca con la esperanza de participar de su alegría, o si recibió especial inspiración del Espíritu Santo, es cosa que no se nos declara; si bien sabemos que *no salía del Templo, sirviendo en él a Dios día y noche con ayunos y oraciones.* Y así aconteció que, cuando Simeón se adelantó a tomar en sus brazos al Divino Infante, ella siguió al anciano, incorporándose al grupo; y no contenta con adorar al Redentor en silencio, habló de Él a todos los circunstantes que esperaban su venida. Las únicas personas de quienes sabemos que predicaron y ensalzaron a Jesús en aquel su magnífico Templo fueron: esta anciana, cuando el Glorificado se hallaba todavía en los brazos maternales, y los niños que, con la ingenua intrepidez de su tierna edad, le vitorearon y aclamaron con sus *hosannas,* seis días antes de la crucifixión.

## X

# La Estrella en el Oriente

Cierto día un grupo de extranjeros, montados en camellos ricamente enjaezados, atravesó las calles de Jerusalén, excitando la curiosidad y el asombro de los moradores de la Ciudad Santa. Los jinetes, gente de noble apariencia, usaban altos tocados y amplios mantos sujetos a los hombros y echados a la espalda, manera de vestir que los denunciaba como persas.

Los viajeros contaban una extraña historia. Meses hacía, mientras estudiaban según su costumbre el cielo de la media noche, una estrella de extraordinario fulgor había aparecido repentinamente. Comprendieron entonces que este maravilloso fenómeno anunciaba algún suceso extraordinario. Ellos tenían noticia de que el mundo entero aguardaba ansioso la venida de un Libertador, y de que los sagrados libros de los judíos hablaban de una estrella que surgiría de Jacob; y creían, de consiguiente, que el nuevo astro era el celestial heraldo del gran Rey, enviado para intimarles que acudieran a rendirle acatamiento. Por esta causa se habían puesto en camino sin demora, trayendo consigo los dones más preciosos que pudieron hallar, a fin de ofrecer sus homenajes al anunciado Soberano. Nada les importaron las mofas y burlas de las gentes de su país, ni las instancias de sus familias para obligarlos a desistir del viaje: estaban decididos a buscar y hallar el Mesías a costa de cualquier sacrificio, y para eso habían venido los tres a Jerusalén, donde esperaban ver satisfechas sus aspiraciones.

—*¿En dónde está, pues, preguntaron, el que ha na-*

*cido Rey de los judíos? Porque hemos visto su estrella en el Oriente y venimos a adorarle.*

Los que oyeron semejante relación y la pregunta con que terminaba movieron la cabeza y se alejaron murmurando frases de compasión y lástima de los pobres viajeros. Ignoraban éstos por fuerza qué clase de gobernante era Herodes, pues nadie que estimara en algo su vida podía soñar siquiera con hablar en Jerusalén de otro monarca.

Pronto llegaron a palacio noticias de los recién llegados y de su misión; con lo cual, grandemente alarmado Herodes, convocó a los Sumos Sacerdotes y Escribas para que le dijeran el lugar en que debía nacer el Cristo. Contestaron los interrogados a una voz, que en Belén de Judá, conforme a lo escrito por el profeta: *Y tú, Belén, tierra de Judá, no eres la menor entre las principales de Judá, porque de ti saldrá el Jefe que capitaneará a mi pueblo Israel.*

Entonces los extranjeros reciben una cortés invitación para visitar al Rey, asegurándoles que éste no escatimaría nada de cuanto estaba en su poder para ayudarlos en sus investigaciones. Sencillos y ajenos a toda sospecha, presentáronse los Magos a Herodes, que los recibió vestido con magnífica pompa y recostado en espléndido lecho. Hizo el monarca repetidas preguntas sobre la estrella, inquiriendo cuál era su aspecto y cuáles el lugar y fecha de su aparición; enteróse también de la duración y otras circunstancias del viaje realizado por los diligentes astrólogos; y éstos, gozándose en ver al soberano tan interesado en favor de su proyecto, le refirieron toda la historia. Herodes, entonces, les mostró gran afabilidad y les prometió que se complacería en proporcionarles la información que necesitaban. Belén, que dista seis millas al sur de Jerusalén, es el lugar donde ha de nacer el Mesías; su escaso vecindario facilitará a los Magos el hallazgo del Rey que buscan. —*Id, pues, añade, e informaos puntualmente de lo que hay de cierto, y, en habiéndole hallado, dadme aviso para ir yo también a adorarle.*

A lo cual respondieron los Magos significándole su

agradecimiento; y, sin más dilación, salieron del palacio y se alejaron. Nadie se cuidó de acompañarlos; los sacerdotes y doctores de la ley, que habían indicado el lugar donde hallarían al Cristo, no se dieron la menor pena por buscarle ellos mismos. *Herodes se llenó de turbación y con él toda Jerusalén;* de modo que el pueblo judío, interesado, como ningún otro pueblo, en la venida de Jesús, comienza por acoger las noticias traídas por los extranjeros acerca del Mesías con turbación y recelo.

Sorprendidos, pero no desalentados, los Magos prosiguen su viaje, cuando de pronto la misma estrella que habían visto en el Oriente se les muestra de nuevo y les precede en su camino, guiándolos hasta llegar y detenerse sobre el lugar donde se hallaba el Niño. El gozo que los fervorosos y diligentes viajeros experimentarían al divisar y reconocer el astro milagroso excede sin duda a lo que podemos imaginarnos. Siguieron, pues, con nueva confianza el rumbo que la luz del cielo les trazaba; y cuando suspendió su marcha fijándose sobre el establo, penetraron en él, y allí encontraron al Niño con María, su Madre. Bien podemos pensar que la misma luz que guió sus pasos ilustró además su inteligencia para reconocer al Salvador del mundo en medio de la miseria y abandono de que le vieron rodeado; porque sólo así se explica que, conforme nos dice el sagrado texto, luego de haber hallado al Niño se postraran en tierra y le adoraran.

Sin duda esperarían hallar al Rey de los reyes aposentado en espléndido palacio y en un círculo de cortesanos; mas, en lugar de esto, sólo encuentran una miserable choza y un débil niño sin servidores ni comodidades de ningún género. Los únicos que están presentes para atenderle son la Madre del Niño, que es una joven delicada, y un humilde artesano. ¿Es posible que tan desvalida criatura sea verdaderamente Rey? ¿Es posible que tales apariencias sean las del Gran Libertador, esperado de las gentes? Sí: la fe de los Magos cree sin vacilaciones en ambas cosas. Tienden, por tanto, una alfombra a los pies de Jesús al estilo oriental, arrodillanse humildemente en su presencia y, abriendo sus cofres, le ofrecen presentes de oro, incienso y mirra. Es costumbre del Oriente no visitar jamás a ningún soberano sin llevarle algunos regalos; y los Magos, siguiendo esa práctica, ofrecen a Jesús los más preciosos productos de su país y también los más acomodados a las circunstancias presentes; porque el oro es tributo que se paga a los reyes, el incienso se quema en los altares en honor del Ser Supremo, y la mirra, resina aromática, cuya virtud preserva los cadáveres de la corrupción, es donativo apropiado a la naturaleza humana sujeta a las enfermedades y a la muerte.

El Evangelio nos llama la atención sobre la circunstancia de la compañía de la Virgen, diciendo que los Magos *hallaron al Niño con María, su Madre.* Por María nos vino el Redentor: en la Sagrada Escritura el Hijo y la Madre aparecen siempre juntos, y en la Iglesia Católica tampoco se nos presentan separados. El tesoro más precioso que Jesucristo tuvo en este mundo fué su Madre, y este tesoro lo conservó hasta el fin en medio de su pobreza. ¡Qué consuelo tan grande no fué para Jesús, al venir a este mundo indiferente y pecador, donde no hubo para Él sitio que ocupar, hallar los amorosos brazos de María que le sirvieran de sostén y su purísimo corazón por almohada de su cabeza!

El niño Jesús no hablaba, en los primeros meses, mientras reposaba en el regazo maternal. ¿Acaso no era como los demás niños? —*¿De dónde eres tú?,* le preguntarían los Magos al arrodillarse ante Él. María contestaría, en lugar de su Hijo, que este delicado Infante era el que les había enviado la estrella para conducirlos a aquel lugar; y que, a la vez que verdadero niño, era el Dios de los cielos y de la tierra, por lo cual debían adorarle. Luego les explicaría cómo se juntaban en Él, de modo admirable, dos naturalezas: la humana, que estaban contemplando, y la divina, que era invisible, pero unidas ambas en una sola Persona, que era la Segunda de la Santísima Trinidad, el Hijo. Ellos recibirían con humildad estas altísimas enseñanzas; se inclinarían con profunda reverencia ante la Divinidad que se ocultaba en Jesús, y besarían su piececito en señal de adoración. La Virgen les daría, después, a besar su mano, y les despediría con bendiciones y palabras de agradecimiento.

Al fin llegó el momento de partir. ¡Cuán felices se considerarían por haber emprendido este viaje! Ahora regresarían a su tierra y referirían a sus compatriotas todo cuanto habían visto y oído. ¿Cómo no habían de conservar en su memoria por toda su vida el recuerdo de esta visita a Belén junto con el de las benditas imágenes de la Madre y el Hijo?

Disponíanse ya a volver por el camino de Jerusalén, cuando, advertidos por Dios de que no se presentaran a Herodes, mudaron de ruta y regresaron apresuradamente a su país.

Entretanto Herodes aguardaba con impaciencia, extrañándose de la tardanza de los viajeros en venir a darle cuenta del resultado de sus averiguaciones. ¿Cómo no volvían? ¿Serían capaces de haber descubierto sus ocultos propósitos y hecho mofa de su astucia, tan hábil en prender en sus redes a los más sagaces y burlarse de ellos? ¡Oh, qué imprudente había sido en no designar al mejor de sus espías para que los siguiera y vigilara de cerca! Persuadido al cabo de que su ingenio se había estrellado contra la superior perspicacia de aquellos hombres, al parecer tan sencillos, se puso furioso; y envió a sus soldados con la orden de pasar a cuchillo a todos los niños varones, de la edad de dos años abajo, que hubiera en Belén y su comarca. En vano las atribuladas madres tratan de ocultar y defender a sus pequeñuelos; sorprendidas las inocentes criaturas en sus juegos, en la cuna, en los brazos mismos de las que les dieron el ser, son arrebatados y muertos, mientras el aire se llena de lamentos y gritos de dolor.

Y, entretanto, ¿dónde se escondía Aquel cuya vida buscaba con tanta saña el cruel tirano?

La noche siguiente a la partida de los Magos, mientras José dormía, un ángel del Señor se le apareció y le dijo: *Levántate, toma el Niño y su Madre, y huye a Egipto. Porque sucederá que Herodes buscará al Niño para perderle.*

Sin hacer ninguna pregunta se levantó José; fué adonde estaba María y le comunicó la orden que acababa de recibir. Tampoco la Virgen indagó ni puso reparo alguno; sino que, imitando a su esposo, se levantó con presteza, puso en un saquito algunas provisiones, y tomando luego al Pequeñuelo le envolvió en las pobres ropas que tenía. Entretanto José había recogido sus herramientas y ensillado el asno; ayudó en seguida a la Virgen a colocarse sobre la cabalgadura; puso al santo Niño en sus brazos; cerró la puerta de su casa y emprendió de noche la fuga.

El viaje duró días y semanas, primero a través de una región salvaje y montañosa, y después por un desierto solitario que no contenía rutas ni caminos. Allí no había albergue donde guarecerse contra los rayos del sol, que caían como lluvia de fuego durante el día, ni contra los húmedos y frescos rocíos de la noche. Un día y otro vieron extenderse sin límites delante de sí aquella desolada inmensidad de arena; los manantiales en que apagar la sed eran raros, y sufrían por esta causa lo que no es decible. Cuando avanzaban afanosos a la luz de la luna, o se detenían y recostaban para descansar, oían el aullido salvaje del chacal o el rugido lejano del león; el abrasador aliento del siroco levantaba nubes de arena que amenazaban sepultarlos; de un momento a otro podía caer sobre ellos alguna banda de foragidos; mas nada les intimidaba; porque sabían que el Niñito que tenían consigo era Dios. Al fin rompióse la árida y monótona amarillez del desierto, apareciendo en lontananza islas de refrigerante verdor, y poco después penetraban en una fértil campiña, poblada de humanas viviendas, entre las que José comenzó a buscar una casa donde establecerse. Pero los moradores de la región, que eran idólatras, miraron con recelo la llegada de aquella gente extranjera y judía; y como de nadie eran conocidos viéronse precisados a vagar de un punto a otro en busca de asilo, hasta que José logró alquilar una modesta y pobre casita. Luego vino la dificultad de hallar trabajo, la falta absoluta de lo más necesario; pues aunque los dos esposos se sometían a todo género de privaciones en beneficio del Niño, la escasez de recursos que padecían era tal, que muchas veces el tierno Infante dió muestras de necesitar alimento, y no tuvieron siquiera un pedacito de pan con que acallar su hambre.

La muerte de Herodes parece haber ocurrido poco después de la matanza de los Inocentes; de cualquier modo que sea, al ambicioso y cruel tirano le llegó la hora de comparecer ante el Supremo Tribunal. ¡Qué espantosa cuenta tendría que rendir allí! ¡Por conservar un trono, del que la muerte tan pronto había de despojarle, no haber tenido reparo en asesinar a sus parientes más cercanos, a los sacerdotes del Templo y, por último, a toda una generación de inocentes criaturas, entre las que esperaba comprender al mismo Salvador del mundo!

Después de la muerte de Herodes no existía ya razón que motivase la permanencia de la Sagrada Familia en el destierro; y el mismo ángel que había comunicado la orden de huir a Egipto se le apareció en sueños a José y le dijo: *Levántate, toma al Niño y a su Madre, y regresa a la tierra de Israel; porque han muerto los que buscaban al Niño para quitarle la vida.*

Levantóse José, tomó al Niño y a su Madre, y se dirigió al país que se le había mandado; pero habiendo tenido noticia de que Arquelao reinaba en Judea, en lugar de Herodes, su padre, temió ir allá, y decidió por tanto volver a Nazaret de Galilea y establecerse en su primera residencia.

## XI

# Jesús de Nazaret

Por muy querida que les fuese a María y José su pobre casa de Nazaret, antes de abandonarla para dirigirse a Belén, ¡cuánto más no les sería ahora que comenzaban a resonar en su recinto las menudas pisadas y la voz infantil de Jesús que pronunciaba las dulces palabras: *padre* y *madre!* Los quehaceres del oficio, que obligaban a José a estar fuera de casa mañana y tarde, parecíanle más insoportables que nunca, a pesar de que el santo varón procuraba consolarse pensando que sus trabajos y mortificaciones cedían en beneficio de su esposa, la cual ganaba otro tanto de lo que él perdía en sus penosas ausencias.

Porque, en efecto, María disfrutó sola el cuidado y regalo del Niño durante el período de los primeros años; a sus pies se sentaba el tierno Infante, mientras ella hilaba o cosía, y a su lado permanecía de pie, mientras amasaba y cocía el pan o lavaba la ropa. Cuando se le caía de las manos alguna cosa, el Niño se apresuraba a recogerla y entregársela; muchas veces conocía Jesús lo que su Madre necesitaba, antes de que ella misma se diera cuenta de ello, y corría a procurárselo; y tan luego como la edad se lo permitió comenzó a prestar su ayuda en las faenas domésticas. Las vecinas se quedarían frecuentemente paradas a las puertas de sus casas para contemplar a la joven Madre y a su bellísimo Niño cuando ambos iban juntos a la fuente del lugar a proveerse de agua. Como Madre e Hijo eran enteramente el uno para el otro, y como el trato de Jesús con María era tan reverente y tierno, sin duda

ADORACIÓN DE LOS SANTOS REYES *Conca*

*Fra Angélico*

LA HUÍDA A EGIPTO

que serían deliciosas de presenciar las escenas que entre ambos debían de ocurrir.

¡Qué dicha tan grande la de los santos esposos, cuando sentados a la mesa para tomar sus frugales y sencillas comidas tenían en medio de ellos al pequeño Jesús! Y ¡cuán felices también cuando, arrodillados junto a Él para rezar las oraciones de la mañana y de la tarde, pensaban que Aquel cuyas plegarias subían al cielo con las suyas era el mismo Dios a quien iban dirigidas! Helos allí los tres en oración, ¡cuán reverentes! ¡cuán silenciosos! ¡cuán atentos! ¿Pudo haber jamás en la tierra una escena más delicadamente sublime que aquellas oraciones de la mañana y de la tarde, tenidas en la casita de Nazaret?

Sin embargo, no por eso dejaba de ser para ellos la vida, como para los demás mortales, una continuada alternativa de alegrías y dolores. Cuando iban a la sinagoga para escuchar la lectura de las profecías que hablaban del futuro Libertador de Israel, allí inundaban de amarga tristeza sus almas las palabras de Isaías que le vaticinaban *despreciado y sumido en la más profunda abyección, varón de dolores y afligido por todo género de penalidades... que no volvería su rostro ante los que le escupían.* ¡Qué pena tan inexplicable no afligiría el corazón de María, al contemplar entonces el rostro grave y tranquilo de su Hijo, y al pensar en los vilipendios y crueldades que le esperaban!

Los sábados por la tarde salían a pasear juntos por los floridos campos o las verdes laderas de Nazaret, escuchando José y María con ávida atención las palabras del Niño, que hablaba del Dios Creador de todas las cosas para nuestro uso y recreación, y cuyo amor a la humanidad llegó al extremo de dar por ella a su propio y único Hijo.

Cuando Jesús creció en edad comenzó a trabajar, no sólo en el arreglo y limpieza de la casa, sino en las labores del campo, y, por último, acompañó a José al taller, aprendiendo allí el rudo oficio de carpintero, único que su padre adoptivo podía enseñarle. Ninguna ocupación, ninguna faena del oficio mencionado fué demasiado baja ni vulgar para que la considerase indigna de sí el que sacó de la nada todas las cosas. José y María no se hartaban de contemplarle, ni de admirar el esmero con que ejecutaba y terminaba los trabajos; y esto no una vez ni dos, o cuando la obra ofrecía el aliciente del agrado o la novedad, sino día tras día y año tras año, aunque siempre fuera la misma labor pesada y fatigosa. Pero en medio de esta voluntaria humillación y constante abatimiento, los santos esposos nunca dejaron de ver al Dios Humanado; nunca se apartó de su espíritu el pensamiento de que Aquel que obedecía sus mandatos, acudía a su llamamiento y llevaba recados, y traía a casa la paga que merecía el trabajo de José, era el Señor de los ángeles y de los hombres.—*¿De dónde eres tú?* es el grito que saldría constantemente de sus corazones, al ver la prontitud con que atendía sus menores deseos y el alegre y gracioso desembarazo con que los servía.

Todo cuanto sabemos acerca de la prolongada permanencia de Jesús en Nazaret, período que hemos denominado *La Vida Oculta,* nos lo refiere el evangelista San Lucas, quien sin duda no lo recogió de otra fuente que de los labios mismos de María. Así lo deja entrever suficientemente la insistencia del escritor sagrado en repetir, dos veces en el mismo capítulo, que la Madre de Jesús acostumbraba a ponderar las palabras, las acciones y los pormenores más menudos de la vida de su divino Hijo. Esta afirmación del santo evangelista, fundada, a no dudarlo, en las referencias que la Virgen le comunicó, corrobora nuestra suposición y le añade una probabilidad rayana con la certeza. *María conservaba todas estas cosas dentro de sí, meditándolas en su corazón.* Después de lo cual insiste el escritor sagrado en el rasgo más admirable y conmovedor para el corazón de la Virgen, es a saber, que les estaba sujeto. —¡ÉL A ELLOS!

Con razón, pues, puede llamársele el Dios oculto de Nazaret. Sus primos, Santiago, Juan, Simón y Judas, bien lejos andarían de pensar, casi todos, que su compañero de juegos y dulce pacificador de sus contiendas era el Deseado de las Naciones, el Mesías prometido largos siglos atrás, a quien el mundo entero esperaba con ansiedad. Y de igual modo los niños mayorcitos, que más de una vez dirían en sus apuros y contratiempos de muchachos: "Vamos a tener un rato de conversación con el hijo de María", bien ajenos estarían de sospechar que, si Él sabía enjugar sus lágrimas y disipar sus pesares, es porque era Dios.

Acaso no aciertan muchos a comprender por qué pasó el Redentor tanto tiempo — veinte años y más — en el silencio de la Vida Oculta, o más bien, por qué quiso vivir oculto y desconocido un solo momento. Si su permanencia en la tierra únicamente había de durar treinta y tres años, y si tantas cosas tenía que enseñar y hacer, ¿por qué no comenzó desde luego? La razón es porque nuestro divino Salvador quiso enseñar a los hombres con el ejemplo, que es el medio más eficaz y poderoso. Para aprovechar en las lecciones que recibimos, sean éstas de pintura o de música, de natación o de labores, lo que necesitamos con preferencia a largas explicaciones es que el profesor nos muestre prácticamente lo que debemos hacer. Jesús tenía que enseñar a todos, hombres, mujeres y niños; pero se complació en hacerlo por el método más perfecto, que es el del ejemplo. Así, pues, su labor de Maestro de la humanidad no se retardó un solo instante: comenzó con su existencia humana en el acto de incomprensible humillación que lleva consigo el descender de la derecha del Padre para tomar nuestra flaca y miserable naturaleza; prosiguió con los desprecios y abandono que rodearon su nacimiento; y se continuó en sus primeros años, sirviendo de modelo a los niños. Éstos son hasta cierto punto sus discípulos predilectos. Invítalos a que acudan en torno de Él, y sus palabras se dirigen a todos los niños de Europa y América, de Asia, África y Oceanía.

—*Contempladme*—les dice—*en mi casita de Nazaret. Yo pude habitar en magníficos palacios provistos de toda clase de comodidades y conveniencias. Mas, porque la mayor parte de mis discípulos habrían de ser menesterosos e incapaces de adquirir y poseer tales regalos, sintiendo, no obstante, dentro de sí una vehemente inclinación a los goces materiales, por eso elegí nacer y vivir en pobreza. En nuestra casita de Nazaret no se conocía lo superfluo, ni en su pequeño recinto brillaban elegantes y curiosos adornos ni ostentosos muebles. Una sencilla mesa, cuatro rústicos asientos, una estera sobre que descansar durante la noche, pocos utensilios caseros y unas pobres ropas: he aquí todo nuestro ajuar. — El que fué mi padre adoptivo necesitaba levantarse temprano para trabajar; mi Madre cosía y lavaba nuestra ropa, y preparaba los sencillos alimentos que tomábamos, porque en la casa no había otra sirvienta. Para todos había trabajo rudo, desde por la mañana temprano hasta bien entrada la noche. Los que entre vosotros son pobres, ¿no querrán consolarse y cobrar ánimo y resignación viéndome a mí en su compañía? Los que gozan de abundancia de bienes materiales, ¿no querrán, a su vez, por amor de mí, cercenar algo de lo superfluo y sufrir algunas privaciones en beneficio de los que son pobres como yo? ¿Y no querrán todos los niños, sin excepción, contrariar su propio querer y someterse con alegría a los mandatos de sus superiores, reverenciando y amando a sus padres, al modo que yo lo hice por tantos años en mi vivienda de Nazaret?*

## XII

# Otra vez en el Templo

El día que un adolescente judío cumplía los doce años era celebrado en el seno de su familia como un gran acontecimiento. Hasta alcanzar aquella edad los niños recibían el apelativo de *muchachos,* ni más ni menos que entre nosotros; pero después de ese tiempo se les llamaba *adultos,* y comenzaban a ser *hijos de la Ley.* Desde esa época debían abandonar los juegos y entretenimientos de la niñez para conducirse y ser tratados como hombres. Ya no se les exigía, como antes, la misma estricta sujeción a sus padres; se les consultaba sobre el oficio o profesión que deseaban seguir; podían usar en las sinagogas *filacterias,* esto es, bandas estrechas de pergamino, escritas con textos sacados de los Libros Santos; y, por último, tenían obligación de subir al Templo en las tres grandes festividades del año.

La primera de éstas era la Pascua, en la que se conmemoraba la liberación de los primogénitos hebreos la noche en que perecieron los de los egipcios. Esta festividad duraba siete días y en ella se ofrecían a Dios las primicias de la cosecha de cebada. Siete semanas o cincuenta días después venía la *Fiesta de Pentecostés,* conmemorativa de la promulgación de la Ley al pueblo israelita en el Monte Sinaí; y en ella se hacía la oferta de las primicias de la cosecha de trigo. Por último, en otoño, cuando había terminado la recolección de la uva y del grano, se celebraba la *Fiesta de los Tabernáculos,* en memoria del tiempo que el pueblo de Dios pasó en el desierto habitando en tiendas: ésta era además fiesta de acción de gracias por los beneficios recibidos durante el año. Todos los judíos que tuvieran la edad prescrita debían ir a Jerusalén y hallarse presentes en cada una de las festividades mencionadas. Tan considerable llegó a ser el número de los que afluían a la Ciudad Santa en esas épocas, que frecuentemente excedieron de dos millones.

Luego que Jesús cumplió los doce años, conformándose con lo establecido, subió a Jerusalén en compañía de sus padres, para asistir a la Fiesta de la Pascua, uniéndose a la caravana que iba de Galilea. Para mayor seguridad contra los posibles asaltos de bandoleros los peregrinos viajaban reunidos en multitudes de muchos miles de personas, yendo los hombres en un grupo y las mujeres en otro, e incorporándose los niños con el padre o la madre. A medida que se acercaban a Jerusalén y se agregaban a otras caravanas, el concurso crecía cada vez más; y en las inmediaciones de la Ciudad Santa la muchedumbre hacía alto para reunirse los esposos con sus esposas y terminar juntos el viaje.

Allí se hallan también, entre los peregrinos de Galilea, José y María, llevando en medio a Jesús. El bullicio de la turba ingente que los rodea no altera el piadoso recogimiento de los dos santos viajeros; sus ojos no se apartan un instante del Niño; sus oídos no pierden ninguna de sus palabras. Dícesenos de Jesús a esta edad que "crecía en sabiduría y gracia en presencia de Dios y de los hombres", es decir, que se hacían cada vez más visibles la sabiduría y gracia que desde el primer instante de su vida poseyó con plena perfección. Y es natural que si los vecinos y conocidos apreciaban este crecimiento, ¡cuánto más patente se haría a sus padres, que tan de cerca le trataban! Cada día era más bello y atrayente, más amable y amoroso. El Templo, adonde se encaminaban, no contuvo nada tan santo como aquel peregrinito de doce años. Cuando desde la cima del Olivete se presentó a la vista de la multitud la deslumbradora techumbre del *Santo de los Santos*, y un grito de júbilo salió de todos los pechos, José y María se volvieron hacia el Niño, que entre los dos estaba, y le tributaron desde el fondo de su alma la más fervorosa y rendida adoración. No obstante, siguieron el camino del Templo con indecible gozo, y, en el espacio de los siete días que duraron las funciones religiosas, aquella Trinidad bendita asistió sin interrupción a los oficios.

El cordero pascual era cuidadosamente escogido de modo que no tuviera mancha ni defecto alguno. Se le sacrificaba por la tarde, y era preparado en seguida para la cena, cuidando de no romper ninguno de sus huesos. Conforme a lo prescrito, debía ser comido con pan sin levadura y lechugas silvestres. El más joven de la familia debía preguntar a su padre la significación de este rito sagrado; y el padre entonces le explicaba que esa ceremonia recordaba al judío la noche en que sus antepasados quedaron libres de la esclavitud de Egipto, donde cada familia sacrificó un cordero y tiñó con su sangre los postes de las puertas de su casa, a fin de que el ángel exterminador, que debía pasar en las tinieblas, dando muerte a los primogénitos de los egipcios, dejase inmunes las viviendas marcadas con aquella señal. El Señor había mandado que todos los años se celebrase el aniversario de tal noche, con las prácticas antes expresadas, hasta que viniera el "Cordero de Dios", cuya sangre borraría los pecados del mundo, y a quien los corderos pascuales simbolizaban.

Cuando la Sagrada Familia se dispuso a cenar, Jesús preguntó el significado de las ceremonias que acompañaban al acto; y José refirió la historia del Ángel Exterminador, mientras el Hijo y la Madre escuchaban. Ved en esta ocasión a María mirando con ternura al Niño, que tiene a su lado. Los ojos de Jesús miran ora al cordero puesto sobre la mesa, ora al pan sin levadura: su pensamiento parece vagar por lejanas regiones.

Terminada la fiesta, la caravana de Galilea emprende la vuelta a su país. José viaja con los hombres; María con las mujeres, en la misma forma que a la venida. — "El Niño ha debido partir con su Madre" — piensa José. — "Irá con su padre" — repite María en su pensamiento una y cien veces durante todo el largo y triste día, ansiando la llegada de la noche para ver y tener de nuevo junto a sí a su amado Hijo.

Suena, por fin, la señal de *alto;* y la gran multitud detiene su marcha y se dispone a acampar durante la noche. Imagínese la escena de confusión que entonces se desenvuelve. Allí principia el descargar las cabalgaduras, el tender las tiendas de campaña y el hacer los preparativos para la cena y el descanso. Los maridos van en busca de sus mujeres; los muchachos corretean de un lado a otro, gozando del tumulto y de la vista que ofrece el inmenso campamento. José y María se encuentran, no sin dificultad, en medio de aquella confusión; pero cada uno de ellos está solo. Con los ojos más que con las palabras se preguntan llenos de ansiedad y turbación: *¿Dónde está Jesús?* Ninguno de los dos le ha visto desde el principio de la partida. Indagan entonces con afán, preguntando a todo el mundo; pero ninguna noticia reciben.

Vagan contristados de una parte a otra entre los varios grupos, que se hallan ocupados en poner en orden sus cosas para pasar la noche; pero nadie tiene tiempo ni humor para atender a sus preguntas, y no logran recibir más que respuestas ásperas o indiferentes. La obscuridad se hace cada vez más densa; la noche cierra por completo; y al fin queda todo en silencio. —¿Quién sabe si llegará ahora?—piensan los dos atribulados esposos, mientras se sientan a los lados del camino y aguardan orando. Pasan horas y horas: es preciso guardar silencio, no gritar ni hacer ruido, para no perturbar el sueño de los que duermen, ni sembrar la inquietud en el campamento. Pero, seguramente, el Niño no está allí; porque hubiera acudido en su busca y los hubiera encontrado; debe de haberse quedado atrás, en Jerusalén. José dirige una mirada a María y la halla rendida de cansancio con la marcha del día y la prolija exploración llevada a cabo durante la noche; pero la Virgen sonríe a través de sus lágrimas y trata de reanimar y alegrar a su esposo.—*Sí*—dice,—*es seguro que Jesús se hallará en el Templo; vamos a buscarle allí.* Y partieron en efecto.

Cuando llegaron a Jerusalén, María había agotado todas sus fuerzas, pero no podía haber descanso para ella hasta haber encontrado a Jesús. Encamínanse al Templo; registran los patios y las columnatas; preguntan a los que encuentran; y, por último, pasan revista a los adoradores. No, Jesús no está allí. Salen y empiezan a discurrir por las afueras del edificio, subiendo y bajando por las calles de la Ciudad Santa, atestadas aún de forasteros, sufriendo mutuamente en cada desengaño y esforzándose cada uno por sostener las esperanzas del otro.

Tres días de inútiles indagaciones: el mercado, los bazares, las tiendas, las sinagogas, todo es visitado, incluso el Templo, adonde vuelven una vez y otra. José no acierta a explicarse cómo su delicada esposa puede tenerse en pie: la angustia del corazón de María vese retratada en su semblante, pero de sus labios no brota la queja más leve, el tono de su voz no expresa otra cosa que paciente sufrimiento y resignación con la divina voluntad.

Al tercer día, al pasar junto a un grupo de rabinos o doctores de la Ley, reunidos, según su costumbre, para discutir algunas cuestiones arduas de la Escritura, María se estremece al percibir el timbre de una voz juvenil que sale del centro de la atenta reunión. Ella reconoce al punto esta voz, porque no hay otra en el mundo que se le parezca; apoya entonces su mano en el brazo de José, y ambos se quedan parados escuchando. Poco después el cerco se aclara y deja ver al que está en su interior. Allí, en el centro de la reunión, se sienta el hijo del carpintero, y todas las miradas se clavan en él con asombro. Aquel muchacho ha formulado preguntas a las que nadie puede responder; cuestiones sencillas, en apariencia propias de sus pocos años, y presentadas con el respeto que corresponde a un adolescente que se dirige a personas mayores de edad; y, sin embargo, Jesús aguarda en vano la respuesta. Ancianos hay allí que han gastado su vida en el estudio y exposición de la Ley; pero hoy han tropezado con su Maestro, y se ven forzados a guardar silencio en su presencia.

—*¿Quién es este muchacho? ¿Hay alguien que sepa dar razón de él?*— se preguntan unos a otros.

María y José aguardan; no deben interrumpirle en la obra que aquí tiene que hacer; y así esperan pacientemente y se deleitan en oirle satisfacer a sus mismas preguntas y exponer los pasajes difíciles de la Escritura, disipando las dudas y dificultades en el ánimo de los doctores. Él les hace ver que ha llegado el tiempo del Mesías predicho por los profetas, y que deben estar prestos a recibirle. Las afirmaciones de Jesús no dan lugar a discusión, porque la autoridad y sabiduría con que habla dejan atónitos a los circunstantes. Cuando el divino adolescente termina, los que le han escuchado se alejan silenciosos y pensativos. Queda entonces solo el tierno Maestro, y sus padres se llegan a Él.

—*Hijo*—le dice María,—*¿cómo te has portado así con nosotros? Mira como tu padre y yo, llenos de aflicción, te hemos andado buscando.*

Y con estas palabras se desahogó, al fin, su corazón oprimido; en ellas no se contiene la menor queja contra José; la queja de María es sólo para Aquel que conoce sus penas y su conformidad en todo con la divina voluntad, sólo para Aquel que no puede interpretar torcidamente la amorosa querella contenida en la expresión: *¿por qué te has portado así con nosotros?*

Jesús levanta los ojos para mirar el rostro de su Madre, donde las lágrimas han marcado su huella, y contesta cariñosamente:—*¿Cómo es que me buscabais? ¿No sabíais que yo debo emplearme en las cosas que miran al servicio de mi Padre?*

María comprendía a su Hijo, y penetraba el fondo de sus palabras y modales mejor que ninguna otra criatura; pero Jesús era Dios, y por eso sus dichos y hechos no siempre se le manifestaban con entera claridad. El Evangelista nos asegura que esta vez sus padres no alcanzaron el sentido de su respuesta.

Para darles ocasión de practicar muchas virtudes es para lo que les ocultó su permanencia en Jerusalén. Pero había además otra razón: Jesús quería enseñar a la Virgen por experiencia las penalidades y miserias que la esperaban al separarse de Él, a fin de que supiera compadecerse de los que le pierden por el pecado e intercediera por ellos alcanzándoles que vuelvan a encontrarle. Y, además de esto, quiso dejar ejemplo a sus numerosos discípulos e imitadores de cómo deberán pasar por el trance de abandonar padre y madre para ocuparse en el servicio de su Padre celestial, trabajando en la salvación de las almas. De este modo el Salvador los consuela y anima, sometiéndose Él mismo a prueba tan dolorosa. Digo dolorosa porque el corazón de Jesús, que es el más tierno y sensible de los corazones humanos, no podía menos de sentir, a par de muerte, el contristar a los que le eran más queridos que el resto del mundo, siendo por otra parte tan dignos de su amor.

Suele Dios poner a prueba a sus siervos por breve tiempo para remunerarlos después; y así llenó de superabundante gozo los corazones de María y José cuando en compañía del Santo Niño partieron para su casa. ¡Con qué aflicción tan honda no habían hollado tres días antes este mismo camino! Pero ¡cuán dulce lo hace ahora la presencia de Jesús! Llévanle asido cada uno de una mano, y estréchanle cariñosamente, como si temieran que se les ausentara de nuevo. Ahora disfrutan a solas de su presencia, porque la caravana va delante un gran trecho, y Jesús los consuela con tiernas frases y amorosas caricias por las penas que han experimentado.

Luego que llegaron a casa diéronse a conjeturar si la conducta del Niño para con ellos cambiaría; si habría llegado el tiempo de estarles menos sujeto; si los abandonaría en breve para continuar empleándose en las cosas del servicio de su Padre. No: Jesús continuará siendo el mismo que anteriormente; su entrada en el duodécimo aniversario no alterará en nada su comportamiento, en el que habrá siempre la misma pronta obediencia, la misma solicitud para satisfacer sus deseos, para ahorrarles molestias, en una palabra, para hacerles dichosa la vida del hogar.

XIII

## La vida oculta

La primera vez que volvieron a reunirse los doctores en el Templo se preguntaron interiormente si vendría de nuevo a ilustrarlos aquel Niño extraordinario, que de tal modo los había asombrado con su sabiduría. Pusieron a discusión las cosas todas que Jesús les había dicho; y cuando de nuevo se hallaron perplejos y confundidos como anteriormente, se lamentaron de no haberle preguntado quién era y dónde residía. El muchacho parecía de muy corta edad para ser un profeta; pero indudablemente ninguno de los profetas se había expresado con tan soberana inspiración. Ellos, que se daban a sí propios la denominación de *Maestros en Israel,* no pasaban de la categoría de niños al lado del milagroso adolescente. Para él no había sombras ni dificultades en los ocultos sentidos de la Escritura; y lo más admirable era que, conforme algunos pudieron ver con entera claridad, leía el fondo de los corazones y penetraba los más secretos pensamientos. Trataron de indagar el paradero de criatura tan extraordinaria, y, por algún tiempo, no supieron hablar de otra cosa; pero en vista de que nada lograban averiguar fuése debilitando en su memoria el recuerdo del admirado niño, y la mayoría de ellos se olvidó de él enteramente.

Y, entretanto, ¿qué hace el que en tales cavilaciones había puesto a los Doctores de la Ley? Permanecer al lado de José en el taller, contemplar los yugos y arados que allí se construyen, observar cómo se emplean el mazo, la sierra y el escoplo, guiar con insegura y débil mano el cepillo o el barreno, y aprender, en fin, el oficio de carpintero.

No mucho después comienza a trabajar bajo la dirección de José; y un día y otro véselos a ambos ocupados en su ruda labor, durante las horas calurosas de la mañana y de la tarde. En esta época Jesús barre los residuos inútiles que dejan en el taller las herramientas, asea el local y lleva las piezas terminadas a las casas del vecindario. Cuando ocurre esto último aguarda a ver si los dueños quedan complacidos, y tiende su mano para recoger el precio de la obra.

Al llegar la hora de la refección nocturna destinada a restaurar las fuerzas perdidas en el áspero trabajo del día, las alegrías y tristezas de aquellas tres santas almas son las mismas para todos y cada uno. Tan unidos se hallan sus corazones, que jamás acontece cosa alguna capaz de turbar su concordia y paz inalterables. Contrariedades las tienen a cada momento, y molestias siempre, por lo mismo que son gente pobre; pero Jesús consuela a María, y José sirve de escudo y amparo al Hijo y a la Madre.

Las alegrías maternales de la Virgen aventajaron incomparablemente a las de las otras madres, porque ninguna tuvo jamás un hijo tan perfecto y amable como Jesús; pero también es cierto que los dolores y sufrimientos de María estuvieron revestidos de circunstancias especialísimas que los agravaban en términos difíciles de apreciar debidamente. Sin duda uno de los tormentos que más debieron afligir el corazón sensible y amante de la Madre de Jesús fué la manera irrespetuosa y desconsiderada con que trataban al Redentor del mundo los vecinos de Nazaret, ignorantes del soberano secreto de Dios que la Virgen no debía revelar.

Todos sabemos la suma reverencia con que la Iglesia manda tratar al Santísimo Sacramento. Sólo a los sacerdotes está permitido tomarle en sus manos; custódiase en vasos de limpio y precioso metal; el corporal, donde se coloca, no debe tener mancha alguna; un velo pende de la puerta del tabernáculo, donde se le reserva, y una lámpara arde día y noche delante de él. Adórnase con flores el trono en que se le expone a la adoración de los fieles o para dar la bendición; ordénase quemar incienso aromático en su honor y cantar himnos sagrados en su alabanza; y al elevarle a la vista del pueblo, éste debe inclinarse en señal de adoración. Todo esto y más cumple hacer en honra y gloria del Dios oculto, que tanto se humilla y empequeñece por nuestro amor.

Ahora bien; la Virgen sabía bien quién era el que salía al trabajo por la mañana y regresaba cansado a casa por la noche; quién el que recibía órdenes y encargos de los vecinos de la villa y ayudaba con el sudor de su rostro a ganar el pan de cada día. Nosotros llegamos a familiarizarnos con el milagro de la Eucaristía, conforme lo demuestra la misma ligereza y descuido con que hacemos las genuflexiones al pasar por delante del Tabernáculo; pero la presencia real del Verbo Humanado en Nazaret conservó siempre a los ojos de María toda su admirable sublimidad. Por esta causa la amorosa adoración tributada por la Virgen a su divino Hijo, lejos de amenguar con el transcurso del tiempo, crecía en fervor e intensidad. María hablaba a Jesús con la suave autoridad de madre, mas sin olvidar su condición de criatura y humilde esclava. Ella sabía que mientras el adorable adolescente reposaba sobre una dura estera durante la noche, o cuando trabajaba de día en el taller, legiones de ángeles asistían en su presencia postrados en humilde acatamiento.

Y en vista de esto, ¡qué incesante motivo de pena no hallaría la Virgen en las diarias desconsideraciones e insolencias con que veía tratado al Verbo Divino! Durante la permanencia en Egipto las vecinas penetraban en su casa; y deseando mostrarse benévolas y afectuosas tomaban a Jesús en brazos y le mecían y se divertían con Él, como si se tratara de cualquier niño ordinario. Pero, sobre todo, cuando el populacho de Nazaret le hablaba con rústica grosería, poniendo faltas a su trabajo, ordenándole con malos modos hacer esto o aquello, dura cosa era para María haber de presenciarlo todo sin proferir una palabra. Empero así lo exigía el secreto ordenado por el Todopoderoso. Hasta que llegara la hora de que su Hijo se mostrara al mundo como Dios, la Virgen debía contentarse con adorar en silencio y tratar de desagraviar a la Majestad Infinita, supliendo con su ferviente reverencia los desprecios y desacatos de los que no le conocían.

El tiempo pasaba: pasaba rápidamente en aquella santa casa, donde reinaban la paz y suprema dicha de la gloria. El Salvador creció y llegó a la edad viril, ejercitándose desde entonces en todos los trabajos de fuerza que se ejecutaban en el taller, porque la resistencia de José comenzaba a flaquear. El anciano carpintero gustaba en aquella época de ir al lugar en que se preparaban las maderas y en el que trabajaba Jesús, para tener el consuelo de contemplarle sentado, ya que su debilidad no le permitía ayudarle. Y allí permanecía horas y horas con los ojos fijos en su hijo adoptivo, observando en silencio y admirando las trazas de la Providencia en designarle a él para guardián y protector de María y tutor del que las gentes llamaban "Hijo de José", siendo en realidad el Primogénito y Único Hijo de Dios.

No mucho después la debilidad del anciano aumentó en términos de no permitirle encaminarse al taller y ocupar allí el asiento acostumbrado; y por último le llegó el instante de salir de este mundo. Allí no hubo enfermedad: José parecía sumirse lentamente en un suave deliquio, en un dulce desmayo. El mismo Redentor le preparó a morir, haciendo con él los actos de fe, esperanza y caridad. El santo moribundo había siempre ajustado su voluntad a la de Dios; habitualmente se reflejó en su semblante una tranquilidad tan firme y constante, que sus vecinos no alcanzaban a comprender cómo los contratiempos eran impotentes para turbar su ecuanimidad. Sin embargo, a veces la voluntad de Dios ordenaba cosas ásperas y penosas. Y así acontecía en la ocasión presente.

Cuando otros santos mueren se sienten dichosos, porque van a unirse con el Dios a quien aman, van a gozar para siempre de la vista y presencia de Jesús y María; mas con José sucedía lo contrario. Él había pasado con ellos la mayor parte de su vida; por ellos y para ellos había trabajado proveyéndolos del pan de cada día y yendo y viniendo en su compañía adondequiera que fué preciso. Contemplar el rostro de Jesús, ser objeto de la confianza y amor de María: he aquí lo que había constituído la felicidad de toda su vida.

Y ahora llegaba el momento de abandonarlos para descender al Limbo, al tenebroso y triste lugar donde los justos aguardaban su redención. Jesús veía cuán dura era para el amante protector de su niñez esta separación; pero le confortaba y consolaba, dándole a entender el escaso tiempo que había de durar y encomendándole consoladores mensajes para las almas que aguardaban su venida. Sólo tres años más, y el mundo quedaría redimido; y tan luego como el precio de su rescate fuera satisfecho en el Calvario, Él mismo descendería a libertarlos y convertir el Limbo en Paraíso.

Así terminó la admirable vida de José: su cabeza se inclinó sobre el pecho de Jesús; su mano estrechó efusivamente la de María, y expiró. ¡Oh, cómo le habían amado Madre e Hijo, y cuán hondamente sentían su ausencia! Presenciando esta separación al pie de aquel santo lecho mortuorio y contemplando a cada instante el sitio que José había dejado vacío en su pobre casa, Jesús y María dieron ejemplo de llorar con los que lloran y de sentir, con los corazones heridos por la tribulación, el dolor que produce la ruptura de los lazos con que el mismo Dios une a los que, según el orden por Él establecido, han pasado juntos la vida.

Esta feliz muerte de San José, ocurrida en los brazos de Jesús y de María, que le asistieron y confortaron en sus últimos momentos, es la razón de que pidamos al bienaventurado custodio del Redentor que nos acompañe en la hora postrera con su Hijo adoptivo y su santísima esposa, recabándonos la fe, esperanza, caridad, contrición y conformidad con la voluntad divina, que tan necesarias nos serán en aquel terribilísimo trance.

*¡Jesús, María y José! ¡Asistidme en mi última agonía! ¡Jesús, María y José! ¡Concededme expirar en paz con Dios y en vuestra dulce compañía!*

Desde esta época el carpintero de Nazaret fué ya el mismo Jesús. Mañana y tarde resonaba el golpear del

*Gagliardi*

LA SAGRADA FAMILIA

JESÚS DISPUTA CON LOS DOCTORES

*Veronés*

mazo en su taller. Los transeuntes miraban una y otra vez al pasar, miraban maquinalmente atraídos por el ruido. Nadie se detenía a observar con atención; mas por mucho que hubieran observado, ¡nadie podía imaginar siquiera que el que allí trabajaba era Dios!

Se le encargaba que construyese y reparase los sencillos muebles y aperos de la aldea; se le exigía agradecimiento por los encargos recibidos y que los ejecutara bien y por poco dinero. Debía atender las indicaciones de todo el mundo, trabajar durante horas, interrumpir su labor para comenzar otra más urgente, y oir a cada instante quejas infundadas sobre la condición y precios de los arreglos y obras salidos de sus manos. El Divino Menestral escucha con paciencia inalterable todo género de reparos; se acomoda a todos los genios y se esfuerza por complacer a sus pobres parroquianos; los trata con respeto y los obedece con alegría.

¡Y esto, día tras día, durante el curso entero de su vida oculta! ¿Qué necesidad había de pasar tantos años en esa condición humillante? ¿Acaso no pudo proporcionarse otra ocupación más honrosa, enseñando en la sinagoga, o escribiendo libros, o educando jóvenes? Y aun suponiendo que prefiriera el trabajo manual, ¿por ventura no pudo escoger labores más fáciles y agradables? Seguramente. Si se hubiera propuesto buscar el bienestar de su persona las cosas habrían sucedido de manera bien diferente. Pero nos dice la Escritura que *no se complació a sí mismo.* Él sabía que la mayor parte de sus discípulos consumirían su vida en trabajos penosos y amargos, sin preocuparse de molestias de ningún género, ni de la carga monótona de quehaceres diarios, siempre idénticos; y era necesario que el recuerdo de Nazaret y del Hijo de Dios, ganando el pan con el sudor de su rostro, sirviera de consuelo fortificante a esas abrumadas criaturas. He aquí una de las principales razones porque pasó la mayor parte de su vida en una miserable vivienda y en un humilde taller. Hay, además, otra no menos importante.

Los objetos usados por alguna persona real, o fabricados por ella, o que le han pertenecido, adquieren por tal circunstancia un valor que antes no tenían. Cuando el Hijo de Dios vino al mundo halló que el trabajo manual era objeto de desprecio y aversión. Quiso, pues, consagrarlo con el contacto de sus divinas manos, y, de esta suerte, hoy es considerado entre los cristianos como honroso y estimable. Debemos, por tanto, concederle el aprecio que le dispensaron los santos. ¡Cuánto mejor es una vida de trabajo que otra de regalo y holganza! Demos gracias a Dios y no nos impacientemos por vernos obligados a trabajar asiduamente con la inteligencia o con la mano: esto nos preservará de los peligros que el ocio lleva consigo; y si a imitación de nuestro Señor Jesucristo hacemos nuestras obras por amor de Dios, ellas serán agradables a sus ojos y nos merecerán una gran recompensa.

En las últimas horas de la tarde nuestro Jesús y su bendita Madre tomaban su frugal cena, y, terminada ésta, recitaban juntos las oraciones de la noche. Jesús hablaría entonces a la Virgen de la rapidez con que se acercaba el tiempo en que debía abandonarla para salir al mundo a salvar las almas de los hombres. Por ese tiempo María podría verle alguna que otra vez, durante el período de su predicación; mas las cosas de su Padre Celestial reclamarían su atención en las horas todas del día, y la oración debería absorber las de la noche. Forzoso le sería, pues, contentarse con seguirle en compañía de las santas mujeres que le asistieran, contemplándole y oyéndole desde lejos, mezclada con la multitud.

En sus tiernas y amorosas pláticas de estos últimos días de Nazaret, Jesús referiría a la Virgen multitud de cosas sobre el reino de la Iglesia que iba a fundar, y le confiaría numerosos secretos que la Virgen, por ser tan santa, merecía conocer. Cuando el Salvador se mezcló más tarde con el pueblo quejóse repetidas veces de la falta de fe que encontraba en los hombres, de la torpeza de su entendimiento, de la dureza e insensibilidad de sus corazones. En cambio, ¡qué gozo no sentiría ahora de tener una discípula como María, y cuán sin reserva le abriría su pecho durante los años de vida oculta que pasó con ella!

Al fin llegó el momento de la partida, y, saliendo juntos Madre e Hijo hasta la puerta, se despidieron ternísimamente. Jesús dejaba el humilde hogar en que Dios había sido servido de modo tan perfecto, y entraba en un mundo donde el Ser Supremo apenas era conocido y amado; detrás de Él quedaba el único corazón que le había comprendido, la Madre en quien depositara sus alegrías, sus tristezas y sus designios de salvar las almas de todos los hombres. Con el tiempo hallaría muchos que le siguieran y algunos amigos afectuosos, pero ninguno como los que habían hecho de Nazaret un pequeño cielo en la tierra.

Rompíase de dolor el corazón de María con la partida de su Hijo. Nadie tan bien como ella conoció jamás a Jesús, y por eso no es posible tener idea del encendido y entrañable afecto con que le estaba unida por el amor. Madre única entre las madres, a quien fué dado, mejor diré, a quien fué preciso adorar a su Hijo con la más alta y perfecta de las adoraciones, María había tenido en Jesús por espacio de treinta años la vida de su propia vida. Separarse de Él era mil veces más horrible que la misma muerte; pero la gran obra de la Redención no había de perder por su causa ni un instante siquiera. Ella se preciaba de ser la primera y más fiel de todos sus discípulos, y había aprendido a estimar el valor de las almas; sabía cuán tiernamente las amaba Jesús, cuán ardientemente suspiraba por derramar su sangre a fin de librarlas del pecado y del infierno, y a trueque de conseguir este fin no vacilaba en aceptar y aun desear con ansia el tremendo sacrificio. Su Hijo va en busca de los tormentos y de la muerte, y, sólo al pensarlo, la espada del dolor traspasa su alma; pero inclina la cabeza y dice: *He aquí la esclava del Señor, hágase en mí según tu palabra.*

# LA VIDA PÚBLICA

## XIV

## Palestina y sus moradores

*Muy largo ha sido vuestro silencio, oh Señor Jesús; larguísimo tiempo habéis callado; comenzad, por fin, a hablar,* dice San Bernardo en uno de sus sermones. Difícilmente podemos imaginar un contraste mayor que el existente entre los treinta años primeros y los tres últimos de la vida del Salvador. Hasta aquí Jesús ha permanecido oculto bajo las apariencias de carpintero en una obscura aldea, desconocido de todos, a excepción de sus pobres parientes, y aun de éstos muy imperfectamente conocido. Al presente comienza a mostrarse acompañado de un grupo de fieles discípulos, recorriendo los caminos del país, figurando como un personaje popular en el Templo por el tiempo de las grandes festividades del año, como Maestro en las sinagogas de toda la región, como ilustre huésped de los fariseos más distinguidos. Nutrido séquito, compuesto de gentes de todas clases, edades y condiciones, le acompañará en su paso a través de las ciudades y de los desiertos, y en sus ascensiones a las cimas de las montañas. Verásele entre amigos y enemigos, en festivas reuniones, a la cabecera del lecho del enfermo y en el solitario tugurio del pobre. Para conocerle mejor, trataremos de formarnos alguna idea del país adonde se encamina como Maestro de su pueblo.

Si echamos una mirada sobre un mapamundi, hallaremos en él que la pequeña región de Palestina se halla situada precisamente en el corazón del hemisferio oriental. Forma esta región parte del Asia; se halla próxima al África, y el mar que baña sus costas baña también las del Sur de Europa, como para demostrar, por su especial situación, que el país de donde había de salir la salvación para todos los otros debería ser el centro adonde convergieran con amor y agradecimiento las miradas de los hombres todos, sin distinción de edades, razas ni países. Palestina parece pertenecer a todos los climas, porque participa de cuanto les es peculiar. En ninguna parte, fuera de la citada región, se hallan reunidas tan opuestas condiciones naturales, ni fauna y flora tan variadas y comunes a las diversas regiones del globo.

En una extensión tan reducida como la de Suiza, poco más o menos, hay montañas de nevadas cimas, abrasados desiertos, lagos de sin par belleza, fértiles llanuras donde bermejea la encendida escarlata de la amapola, yermos eriales de desnuda roca y bosques de penachudas palmeras, robles, castaños, pinos y abetos. En ella la vid, el melón, el granado y la caña de azúcar alternan sus frutos con los del nogal y del manzano y con las plateadas espigas que ondulan en sus sembrados al blando soplo de la brisa.

Hoy no se encuentran ya en sus desiertos el león, ni en sus bosques el rinoceronte, el toro salvaje ni el bisonte; pero sí se crían aún camellos, osos, lobos, hienas, chacales, monos y, además, caballos, asnos, ovejas y cabras, liebres y zorros como los de nuestra tierra.

Palestina tiene también nuestras aves, todos los pájaros cantores de los bosques y setos de Europa: el mirlo, el zorzal, el cuclillo, el gorrión, la corneja y el grajo. El petirrojo pasa en ella el invierno; en los alrededores de Belén es común el jilguero; los patos salvajes abundan en el valle del Jordán, y el águila y el buitre se ciernen sobre las altas y peñascosas quebradas. ¿Por qué no hemos de pensar que esta gran variedad de criaturas, diseminadas en distintas regiones del planeta, se hallan reunidas en *Tierra Santa* para ser allí benditas en beneficio de todos los demás países?

A fin de que nuestras ideas sobre la vida terrena del Salvador sean lo más exactas posibles, y con objeto de que lleguemos a conocerle tan detalladamente como las cosas de nuestra propia casa y familia, conviene fijar un poco la atención sobre las condiciones y particularidades de la tierra y parajes recorridos por el Señor, así como también sobre los animales y plantas que en ellos se crían, y las costumbres del pueblo allí establecido. Así podremos formar en nuestra imaginación una pintura exacta de los sucesos; podremos figurarnos las casitas blancas con sus planas y bajas techumbres, con sus ventanas, que aparecían a lo lejos, a manera de ojos de las viviendas, abiertas para ver acercarse a ellas al Redentor del mundo; nos será dado conocer y tratar al pueblo entre quien anduvo Jesús y observar sus costumbres, maneras y vestidos. No debemos, pues, considerar inoportunas, insípidas y faltas de interés las noticias referentes al estado de Palestina en la época de Jesucristo. Las molestias que de aquí se nos originen podremos darlas por bien empleadas si logramos conocer mejor al Salvador; si conseguimos sentir y palpar lo que fué su vida sobre la tierra, y lo que padeció por nuestro amor, no sólo sin quejarse, sino de buen grado y con extremada generosidad. Diremos también cuatro palabras sobre el gobierno del país.

Cuando Abrahán, el padre del pueblo judío, fué conducido a Palestina desde la Mesopotamia halló establecida en la región a la feroz y corrompida raza de Canaán, que le dió la primera denominación con que se la conoce. Dios prometió esta tierra a Abrahán y a sus descendientes, los cuales, por esta razón, la denominaron *Tierra Prometida.* No llegaron, sin embargo, a tomar posesión de ella hasta más de quinientos años después de Abrahán. Entonces reinaron allí los reyes judíos, por espacio de cinco siglos, hasta que el pueblo fué llevado cautivo por los asirios, y luego otra vez durante cien años, antes de caer bajo la dominación de Roma. Sobrevino ésta con motivo de disputarse la corona dos hermanos de la familia real judía. Los romanos pusieron fin a la contienda convirtiendo el país en provincia del Imperio, obligando al pueblo a satisfacer un tributo anual, y dándoles por soberano a un extranjero,

Herodes, en cuyo reinado tuvo lugar el nacimiento del Salvador.

Odiaban los judíos todo lo que les recordara el yugo de Roma; así que no podían sufrir la vista de las águilas alzadas sobre los lugares y edificios públicos, ni la de los soldados del Imperio distribuídos en retenes aquí y allá para atender al sostenimiento del orden, ni la de las monedas romanas con que debían pagar el tributo. Odiaban además y despreciaban a sus compatriotas, *los publicanos,* que cobraban los impuestos para sus dominadores. En tal situación de ánimo, hallábanse siempre prontos a provocar sublevaciones, siempre dispuestos a seguir a cualquiera de los impostores que, en aquella época de expectación universal, se presentaban atribuyéndose la misión del Libertador del Pueblo, por tanto tiempo esperado. Así, pues, volvían sus ojos hacia el Mesías Prometido y deseaban ardientemente su venida, pero considerándole como a Jefe que había de librarlos del yugo extranjero, como a Rey magnífico que los colmaría de honores y riquezas, y haría de su nación la primera del mundo, más bien que como a enviado de Dios para sacarlos de la cautividad del pecado y trazarles la vía que conduce al cielo. Conviene tener presentes las observaciones que acabamos de exponer, a fin de comprender cómo más adelante pudo el pueblo levantarse contra Jesús y entregarle a los romanos y a la muerte.

Jesucristo vino precisamente a la tierra cuando las cosas se hallaban en el peor estado, no sólo en el inmenso mundo pagano, que se extendía sin límites fuera de Palestina, sino en este mismo país, que de una manera tan particular había sido favorecido por Dios. Los ministros del culto, sin excluir a los Sumos Sacerdotes, eran hombres conocidos por su mala vida y por todo género de escándalos públicos; de aquí que ellos fueran con el tiempo los enemigos más encarnizados del Salvador, y los que excitaron y levantaron contra Él a la multitud.

Los judíos, en lugar de unirse en fervorosa preparación para recibir al Mesías, andaban divididos en sectas y banderías que luchaban entre sí con odio implacable. Una de ellas era la de los fariseos, clase de gente que se preciaba de cumplir la Ley mejor que los demás, verdaderos *sepulcros blanqueados,* como el Señor los llamaba, vistosos por fuera y repugnantes por dentro. Otra secta influyente era la de los saduceos, ricos epicúreos que negaban la existencia de los ángeles y la resurrección de la carne, hombres dados a gozar de este mundo, por lo mismo que no creían en otro alguno, y nada ganosos de que el Mesías viniera a trastornar una situación que les era bien halagüeña. Además de éstos había también los herodianos, que profesaban la adulación de los poderosos, valiéndose de ella como de instrumento para lograr sus fines y procurarse una vida fácil y regalada.

Los fariseos aparecen con tanta frecuencia en la historia evangélica que nos parece conveniente tratar de ellos en especial, con objeto de darlos a conocer más perfectamente a nuestros lectores. Su mismo nombre los define bien, porque significa *los separados,* los santos únicos segregados de la multitud. Miraban con altivez desdeñosa a los pobres e ignorantes que no habían estudiado la ley de Moisés, denominándolos *malditos* y *execrables;* se gloriaban de conocer y observar estrictamente todos los preceptos: ayuno, purificación, pago de diezmos y particularmente la guarda del sábado. En este día consideraban ilícito el hacer un simple nudo, el matar un mosquito o el estrechar la mano de un amigo. Su rigor era aún más extremado en lo concerniente al lavado de la vajilla y a la limpieza del cuerpo. Todo, por supuesto, sin cuidarse para nada de la limpieza y santificación del espíritu. Según ellos, el mayor santo no era el que amaba más a Dios y a su prójimo, sino el que usaba filacterias más anchas y fimbrias de mayores adornos, y el que mostraba el rostro más demacrado y tétrico en los días de ayuno. Estos hombres ejercían gran influencia en el pueblo, el cual los miraba con respetuoso temor y les daba el tratamiento de *Rabbi,* que significa *Maestro,* demostrándoles además su veneración tocando respetuosamente las borlas de sus mantos.

El Salvador, que siempre se mostró dulce y afable con los demás, trató a los fariseos con inflexible dureza. Verdad es que soportó con mansedumbre su grosera altanería y hasta sus blasfemias; consintió en acudir a sus casas, a pesar de saber que le invitaban con el único fin de espiar sus acciones y hacerlas objeto de sus maledicencias; pero, cuando después de ejercer en ellos el ministerio de la predicación vió que permanecían obstinados y continuaban sus ocultas intrigas para prevenir en contra de Él al pueblo sencillo, increpólos con terrible severidad y les echó en cara, sin consideraciones ni eufemismos, su orgullo y doblez. Llamólos públicamente hipócritas, que quizá lograsen engañar a los hombres con sus aparentes virtudes, pero sin que por eso escapasen a la divina mirada que todo lo penetra. La valiente divulgación que Jesucristo hacía de las maldades de los fariseos los llenó de un secreto deseo de venganza, llegando al colmo su envidia y rencor cuando vieron la admiración que el pueblo le profesaba. Ellos eran los consejeros y directores de la nación; ¿cómo habían de sufrir que un triste carpintero de Galilea tratara de derribar su prestigio? No vieron, ni lo desearon tampoco, la suprema belleza del carácter, enseñanza y obras de nuestro Salvador; para ellos no era más que un rival, de quien era urgente librarse a toda costa; y como ese rival les inspiraba tanto miedo como odio, se coligaron con sus enemigos los saduceos para llevar a cabo la ruina del común adversario de unos y otros.

Tales eran los maestros de quienes el pueblo tenía que esperar luz y ejemplo; tales los hombres con quienes hubo de tratar Jesús, después de abandonar el retiro y dar principio a la predicación.

Por entonces se hallaba dividida Palestina en seis distritos: tres al occidente del Jordán, es a saber, Galilea al norte, Samaria en el centro y Judea al sur; y otros tres al oriente del mencionado río, llamados Ituria, Traconítide y Perea.

Herodes el Grande había imperado sobre toda la Palestina en calidad de rey sometido a Roma. A su muerte se dividió el reino entre sus tres hijos, Arquelao, Herodes Antipas y Herodes Filipo, los cuales gobernaron sus respectivos territorios con el título de tetrarcas. Arquelao reinó en Judea y Samaria; pero a los diez años de su cruel gobierno fué condenado a deposición y destierro, quedando convertido su tetrarcado en provincia romana regida por un procurador o gobernador. Herodes Antipas gobernó Galilea y Perea con el título de rey, aunque en realidad era sólo un tetrarca. Su reinado duraba aún en la época en que el Salvador dió comienzo a su público ministerio. Poncio Pilato desempeñaba el cargo de Procurador de Judea y Samaria. Tiberio César era el Emperador de Roma.

Las escenas de la vida de Jesucristo se desarrollan ocasionalmente en Samaria; con mayor frecuencia aun en las ciudades y vías públicas de Judea y, sobre todo, en Galilea, en las ciudades y pueblos esparcidos a lo largo de las márgenes occidentales del lago que baña esta región y en las verdes laderas que se levantan por la parte de oriente.

XV

## Las riberas del Jordán

Jesús salió de Nazaret y se encaminó a las riberas del Jordán, y siguiendo el curso de este río hacia el mediodía, a través de Galilea, Samaria y Judea, llegó por fin a un vado cerca de Jericó. En el camino había tropezado con grupos de gente de todas clases, los cuales llevaban la misma dirección y llegaron a reunirse al pie del vado, formando una gran multitud que se extendía por ambas riberas. Todas las miradas se dirigían a un mismo punto. De pie, a la orilla del río, está un hombre de aspecto rudo y selvático. Su rostro, a consecuencia de haber sufrido por largo tiempo los rigores de la intemperie, presenta el color de tostado pergamino; en sus ojos brilla el fuego de una mirada penetrante; su cuerpo enjuto y enflaquecido ostenta los rigores del ayuno; sus largos cabellos caen en desordenado abandono sobre los hombros, y sus carnes se hallan cubiertas por un vestido áspero, tejido de pelo de camello, y sujeto a la cintura por ancho ceñidor de cuero crudo.

¿Quién era este hombre extraordinario? Según el pueblo era el hijo del sacerdote Zacarías, aquel que, treinta años antes, estando en el Templo ocupado en el desempeño de su ministerio vió, en el acto de ofrecer el incienso, un ángel y quedó mudo a consecuencia de tal visión. Su nombre era Juan. Desde sus más tiernos años había vivido en el desierto, alimentándose de langostas y miel silvestre; y ahora aparecía inesperadamente, saliendo de su retiro y predicando a los que acudían a oirle arrepentimiento de los pecados y penitencia como preparación para recibir al Mesías, porque decía que el reino de los cielos se acercaba.

*¡El Mesías llega por fin! ¡Se aproximan los gloriosos días de su Imperio!* Tales eran las voces que comenzaron a resonar y difundirse por todos los ámbitos de la región de Palestina, arrebatando de entusiasmo al pueblo. Al cabo llegaba el Gran Libertador a destruir los hados adversos de Israel; el que conduciría sus invencibles huestes contra las gentes del paganismo, conquistaría toda la tierra e inauguraría un reinado de mil años en que la prosperidad y la gloria brillarían constantemente sobre el pueblo de Dios. Hombres, mujeres y niños, procedentes no sólo de Jerusalén y de la comarca del Jordán, sino de las más apartadas ciudades y aldeas, afluían a millares al desierto. Fariseos y saduceos, sacerdotes y publicanos, soldados y agricultores; en suma, todas las clases de aquella sociedad daban, por el momento, de mano a sus mutuos odios y rivalidades, para acudir a escuchar la predicación del maravilloso misionero.

Pero éste no anunciaba pompas y placeres, sino penitencia; no adulaba; a todos dirigía las mismas exhortaciones, recomendando la confesión de los pecados y el bautismo en las aguas del Jordán. En frases aceradas y duras increpaba a los soberbios, a los crapulosos y a los pecadores empedernidos. Al divisar entre la multitud a los fariseos y saduceos les gritó:

—*¡Raza de víboras! ¿quién os ha dicho que así podréis escapar de la ira de Dios que os amenaza?*

En cambio, para los pobres y humildes no salían de sus labios más que palabras de consuelo y alivio.

Un día especialmente se presentó el orador del desierto erguido en lo alto de una roca y desde allí tronó su voz con acentos ardientes y amenazadores, haciendo resonar los ecos de aquellas yermas soledades.

—*La segur* —dijo— *está ya puesta a la raíz de los árboles. Todo árbol que no da buen fruto será cortado y arrojado al fuego.*

—*¡Dinos, pues, lo que debemos hacer!* —exclamó el pueblo atemorizado.

Y él respondió:

—*El que tiene dos vestidos cubra la desnudez del*

*que no tiene ninguno; y haga otro tanto el que tiene medios sobrados con que sustentarse.*

Y los publicanos que habían venido a recibir el bautismo le interrogaron:

—*Maestro, ¿y nosotros qué debemos hacer para salvarnos?*

Y Juan respondió: —*No exijáis más de lo que está ordenado.*

Es de advertir aquí que los cobradores de los tributos acostumbraban a gravar al pueblo con injustas exacciones.

Preguntábanle también los soldados: —*¿Y nosotros qué haremos?*

A los cuales dijo: —*No hagáis extorsiones ni violencias a nadie, ni uséis de fraude, y contentaos con vuestras pagas.*

No les mandó abandonar su profesión, sino guardar los mandamientos de Dios y mantenerse fieles al cumplimiento de sus deberes. Así podrían también disponerse a recibir al Mesías.

La tosca apariencia y austero lenguaje del orador, muy lejos de ahuyentar al pueblo, le atraía con creciente entusiasmo. Los anuncios de la próxima venida del Mesías, repetidos sin cesar por el Profeta del Desierto, se esparcieron rápidamente por el país, sembrando en todas partes la alarma; las multitudes acudían en tropel a recibir el bautismo del Jordán y confesar sus pecados; y, en breve, se formó alrededor del Bautista un grupo nutrido de discípulos fervorosos. Y como el pueblo dió en pensar que tan austero penitente y celoso misionero acaso pudiera ser el mismo Cristo, cuando el Precursor entendió tales discursos les dijo: —*Yo en verdad os bautizo con agua; mas está para venir otro más poderoso que yo, al cual no soy digno de desatar la correa de su zapato; Él os bautizará con el Espíritu Santo y en el fuego de la caridad.*

El Cristo que estaba a punto de manifestarse a los hombres: tal era siempre el tema de sus discursos; la idea que hacía fulgurar su ardiente mirada; el anuncio que revestía de enérgico vigor su continente. Los que

*Veronés*

BAUTISMO DE JESÚS

*Scheffer*

JESÚS TENTADO POR EL DEMONIO

escucharon sus austeras predicaciones pudieron admirar el amor encendido que, subiendo del corazón a los labios, caldeaba sus palabras al hablar de Aquel cuyo mensajero y heraldo era.

Día tras día sus proféticas palabras adquirían mayor distinción y claridad, y acrecentaban la expectación de las muchedumbres que le escuchaban. El Mesías estaba cerca; aparecería de un momento a otro. Juan lo decía, y todos sabían que sus anuncios eran los de un vidente, los de un profeta inspirado por Dios. El Esperado de Israel iba ya a llegar; pero ¿cuándo y en dónde se mostraría a los que tan ansiosamente le esperaban?

Predicaba el Bautista un día, como de costumbre, y, como de costumbre, el silencio del numeroso auditorio indicaba que las palabras del orador llegaban a todos los corazones. De pronto el discurso se interrumpe, y los ojos del Profeta se fijan con asombro reverente en algo o en alguien que se halla a distancia. Las miradas de la multitud se vuelven hacia el lugar que la expresión y actitud del Bautista señalan, y allí ven un Hombre que avanza atravesando los grupos de oyentes colocados en aquella parte; avanza con aire majestuoso y tranquilo hacia la pequeña eminencia en donde se halla de pie el orador. Aquel desconocido vestía pobremente; pero cierta augusta grandeza resplandecía en todo su exterior, mezclándose con una sencillez bondadosa y noble que atraía. Parecía un extraño, un innominado; pero Juan le conoció a la primera ojeada, y su corazón latió con violencia al darle la bienvenida.

Los pintores se han complacido en presentarnos al pequeño Bautista formando grupo con el Niño Jesús y apoyándose en las rodillas de la Virgen. Jesús y Juan eran primos; pero en ninguno de los escritores sagrados leemos que se hayan visto jamás uno a otro con anterioridad a este encuentro del Jordán. ¿Cómo, pues, conoció Juan a nuestro adorable Salvador? El mismo Precursor nos lo dice: *Yo vi al Espíritu Santo descender de los cielos sobre Él en figura de paloma.*

El santo misionero del Jordán dió entonces por terminada su obra; el Señor había llegado, y al siervo sólo le restaba retirarse. ¡Cuáles no serían el asombro y pasmo del austero y humilde penitente al ver al Salvador acercársele confundido con los pecadores que bajaban a recibir el bautismo en el río, penetrar en el agua cuando le llegó el turno, y, colocándose de pie en su presencia, pedirle con rendida sumisión ser también bautizado!

—*¡Oh Señor!* —le dijo temblando, —*yo debo recibir de tu mano el bautismo, ¿y tú vienes a que yo te bautice?*

—*Consiente en que así sea* —replicó Jesús en voz baja, —*porque así nos conviene para cumplir toda justicia.*

Entonces el Bautista con mano reverente vertió agua del Jordán sobre la sagrada cabeza de Jesús; y quedó así consagrado por el bautismo de Cristo el elemento que había de servir después para hacernos hijos de Dios y herederos del cielo.

Al salir el Señor del agua ofrecióse a los circunstantes un espectáculo magnífico: abriéronse los cielos, y en medio de una luz deslumbradora vióse la figura de una paloma que con las alas tendidas cobijaba a Jesús, mientras llenaba los aires el sonido de una voz como de blando trueno que decía: *Tú eres mi hijo amado, en quien tengo todas mis complacencias.*

Ésta es la primera vez que la Santísima Trinidad, un Dios en tres Personas, se mostró a los hombres: el Padre en la voz de los cielos, el Hijo en la naturaleza humana de Jesucristo y el Espíritu Santo en la figura de la paloma.

Aquí puede decirse que terminó la vida oculta del Redentor, y dió principio la pública con los actos de humillación y engrandecimiento que acabamos de referir. *El que se humillare será ensalzado;* así sucedió siempre, y así se cumplió también ahora en las riberas del Jordán. Cristo, que era la santidad por esencia, se humilló a confundirse con los pecadores, y su Padre le glorifica declarando ante una inmensa muchedumbre que no era pecador, sino su Hijo bien amado.

Después de esto podríamos figurarnos que al fin había llegado la oportunidad de dar principio a la predicación. El Salvador estaba entonces en los treinta años de su edad; el pueblo, preparado por el Bautista, ardía en deseos de recibir las enseñanzas del Prometido; acababa, además, de verle proclamado por los cielos Hijo de Dios. ¿Qué ocasión más favorable podía presentarse para que las gentes se agruparan en torno de Jesús, le dieran la bienvenida entre hosannas y aclamaciones y le rogasen que comenzara desde luego a difundir entre ellos las luces de sus enseñanzas?

Empero, los caminos y trazas de Dios no se regulan por los dictados de la prudencia humana. Jesucristo iba, en efecto, a dar una hermosa y brillante lección, mas no para los moradores de su país exclusivamente, sino para cuantos quisieran seguirle en todos los países y épocas. Debía dirigirse a un campo de batalla, al encuentro de un adversario astuto y poderoso. ¿Cuál fué esa lección? ¿Dónde estaba ese campo de batalla? Sigámosle y lo veremos.

XVI

## En el Desierto

Cuando la multitud, después de salir del asombro que le produjeron las extraordinarias manifestaciones del cielo en las márgenes del Jordán, buscó al milagroso forastero, cuya presencia las había motivado, no le halló en ninguna parte. El desconocido había abandonado tranquilamente el lugar de su glorificación, y ascendiendo por la escarpada pendiente de una montaña se había internado en un paraje solitario, cubierto de áridos peñascales y tenebrosas cuevas, región salvaje y triste sobre toda ponderación. Allí pasó cuarenta días y cuarenta noches sin comer ni beber, y sin otra compañía que las fieras y alimañas del desierto. Las tortugas asomaban sus cabezas al pasar el solitario junto a las guaridas que aquéllas tenían en las rocas, y los lagartos se deslizaban como flechas atravesando el sendero por donde paseaba. A la caída de la tarde oía resonar a lo lejos el lastimero aullido del chacal; los leones y leopardos pasaban, a veces, corriendo en dirección a la corriente más próxima, y subían otras por la noche, al sitio donde oraba arrodillado, y fijaban en Él sus enormes y encendidas pupilas. Él era su Señor y Dueño; en Él no había la más leve sombra de pecado, y por esto se le mostraban sumisos e inofensivos.

Después de ayunar cuarenta días y cuarenta noches, el espíritu de las tinieblas, que había estado espiándole con cautelosa sospecha, se le acercó. Satanás necesitaba averiguar quién era este hombre extraordinario; él sabía que estaba cercano el tiempo de la venida del Redentor del humano linaje. ¿Sería quizá este solitario, o no sería más que un nuevo profeta? Si no pasaba de la categoría de puro hombre, podría él tentarle e inducirle a pecar como a los demás hombres.

Hay en nuestra naturaleza tres deseos que, de no ser enérgicamente combatidos, precipitan inevitablemente en el pecado. Son éstos: el deseo de placeres materiales, tales como el apetito desordenado de comer y beber; el deseo de nombradía y aplauso, y el deseo de riquezas junto con el de los regalos, poderío y ostentación que consigo llevan. Conviene, sin embargo, tener presente que estas tres cosas — placer, abundancia y honor — no son malas en sí mismas, ni tampoco es pecado el desearlas moderadamente. La ilicitud está en el deseo inmoderado y en el incesante uso de ellas, sin otra consideración que la de gozar el deleite que proporcionan. Sabe bien el demonio que la naturaleza humana, viciada por la culpa, tiene cierta como nativa inclinación a precipitarse en pos de los goces por los goces mismos; y así se vale de ellos, a guisa de cebo, para prendernos en sus redes y arruinarnos. Hombres, mujeres y niños, todos son tentados, unos por un aliciente y otros por otro; nadie se libra de este trabajo, y los santos menos que nadie. Estos últimos, de ordinario, no se contentan con ganar la gloria para sí solos, sino que suelen procurar la salvación a otros muchos; y de aquí que el enemigo de las almas los odie y tema mucho más que a los demás. ¡Con qué odio, pues, no miraría al bendito Solitario del Desierto, que podía muy bien ser, no ya un santo, sino el Santo de los santos y el Redentor del mundo!

Transcurrieron los cuarenta días, y Jesús, que los había pasado sin tomar alimento, se sentía desfallecer de sed y debilidad sobre una roca en medio de aquella desolada región. Allí esparcidas en torno suyo había grandes piedras, algunas de las cuales tenían la forma de panes. Y el tentador acercándose le dijo: *Si tú eres el Hijo de Dios, manda que estas piedras se conviertan en pan.*

Con tales palabras intentaba descubrir lo que principalmente deseaba conocer; porque sólo Dios puede cambiar las piedras en pan, a la vez que ocultaba en las mismas palabras la tentación de instigar a Jesús a que satisficiera su hambre antes del tiempo señalado por el Padre, y a verificarlo por medio de un milagro. Pero Jesús había venido a la tierra para sufrir, no para emplear su divino poder en evitar los sufrimientos. Sus milagros debían obrarse en beneficio de los demás y no de sí mismo, y, además de esto, tenía que ocuparse entonces en otro asunto, más importante que el de proveer a sus necesidades corporales. Así, pues, respondió sin dilación:

—*Escrito está: el Hombre no vive sólo de pan, sino de toda palabra que sale de la boca de Dios.*

El Redentor quería sufrir la privación de alimento y esperar pacientemente a que su Padre celestial le enviara el alivio y remedio. Quedó, pues, el demonio sin resolver su duda, y su primera tentación se estrelló en el desprecio del tentado. Satanás tenía aún otras dos de reserva.

Tomó entonces a Jesús en sus repugnantes garras y le trasladó a la santa ciudad de Jerusalén. Púsole allí sobre uno de los más encumbrados pináculos que dominaban los atrios del Templo, y le dijo:

—*Si eres el Hijo de Dios arrójate de aquí abajo, porque escrito está: Él mandó a sus ángeles que te guarden y que te lleven en las palmas de las manos para que no tropiecen tus pies en alguna piedra.* Como si dijera: *A la vista de los coros angélicos que se congregarán en torno tuyo, los adoradores que están abajo en los atrios del Templo caerán postrados en tu presencia y te adorarán como a Hijo de Dios.* Ved cuán determinado se halla el tentador a descubrir el secreto de la divinidad de Jesús, cuán hábiles son sus artificios y con qué facilidad aplica a sus torcidos propósitos las palabras de la divina Escritura. Jesús le contesta con imperturbable tranquilidad:

—*Escrito está además: No tentarás al Señor, tu Dios.*

¿Quería decir que Él mismo era el Señor Dios?

El taimado espíritu no pudo saberlo: su segunda tentación fracasaba como la precedente. Faltaba, no obstante, la tercera prueba, y bien pudiera lograr en ella el triunfo. Aquel hombre, si era puro hombre, presentaba las señales de un profundo cansancio y abatimiento; sufría espantosamente; estas circunstancias quizá le doblegarían, moviéndole a comprar la paz a cualquier precio.

De nuevo tomó el diablo al Señor, lo transportó a una altísima montaña y le mostró desde allí los reinos y magnificencias del mundo, diciéndole:

— *Todo esto te daré, si postrado me adorares.*

Al oir estas palabras respondió Jesús:

— *Apártate, Satanás, porque escrito está: Al Señor, tu Dios, adorarás y a Él sólo servirás.*

Como rayo que estalla en la serenidad de un cielo despejado, así cayeron las enérgicas palabras del Salvador sobre el Ángel de las tinieblas. Jesús estaba débil hasta el agotamiento; pero, tratándose del honor de su Padre, aún le quedaban acentos poderosos y capaces de aterrar al cobarde que pretendiera sacar partido de su postración. El imperioso mandato encerrado en la palabra: *¡aléjate!* llenó de terror a Satanás, obligándole a huir. Entonces aparecieron los ángeles y le sirvieron. Allí estaban revoloteando invisiblemente alrededor del Señor y contemplando con asombro y adoración la escena maravillosa, y, terminada ésta con la fuga vergonzosa del espíritu maligno, se mostraron en regocijado tropel, prontos a ofrecer sus servicios al que, no obstante su debilidad y sufrimientos, era verdadero Dios de Dios verdadero. Trajéronle con qué saciar el hambre y la sed; y formaron a su alrededor un vistoso grupo de brillantes y bellísimas formas.

Quizá preguntaréis, queridos lectores, cómo pudo nuestro Señor ver desde una montaña todos los reinos del mundo, y cómo siendo Satanás tan sagaz y hábil no supo descubrir la divinidad de Jesús.

Satisfácese a esas dos cuestiones observando que los ángeles malos no perdieron en su caída los dones naturales ni, de consiguiente, la inteligencia y conocimiento que poseen de los agentes físicos y la virtud de aplicarlos para producir efectos maravillosos. Así, pues, el demonio pudo valerse de tal conocimiento y virtud para modificar convenientemente las condiciones de la visión, de modo que ésta abarcara, como en un vasto panorama, las grandezas todas de la tierra. Eso por una parte; por otra, también es cierto que la ciencia y poder del demonio son limitados, y que el Todopoderoso tiene en su mano el ocultar lo que le place a las indagaciones y designios del espíritu del mal; y tal fué lo ocurrido en este caso con Jesús, cuya divinidad no le fué dado descubrir.

Por lo demás, ¡cuántas otras cosas hay en la vida del Salvador y en la revelación entera que nosotros no podemos comprender! Aun en el orden natural, ¡cuántos agentes y fenómenos, de cuya existencia no cabe dudar, carecen hasta hoy de explicación satisfactoria! Bien claramente lo vemos en estos tiempos de descubrimientos e invenciones maravillosas. Hace un siglo el telégrafo sin hilos, los rayos X, las operaciones quirúrgicas sin riesgo de infección y sin dolor por parte del paciente, se habrían calificado de imposibles si alguien las hubiera predicho; y cualquier genio que en los siglos medios hubiera hecho uso de los descubrimientos mencionados, sin duda habría sido tratado como hechicero.

Los sabios se van haciendo cada vez más cautos en calificar de imposibles ciertas cosas. Una consideración muy propia para humillar nuestra soberbia es la de que acaso estamos comenzando en el siglo veinte a descubrir las posibilidades que encierra este maravilloso reino de la naturaleza colocado *debajo de nosotros.*

Y esa misma consideración debería suministrarnos también la creencia de que, en el mundo espiritual que está *sobre nosotros,* hay una infinidad de cosas que no podemos entender. Por el testimonio de nuestros sentidos sabemos que la electricidad y el cloroformo son hechos; pero nadie sabe dar explicación *satisfactoria* y *cumplida* de la naturaleza íntima de tales hechos, y de los sorprendentes fenómenos a que dan lugar: las ideas y las palabras faltan al intentarlo. Y hay que añadir que, por las mismas razones, difícilmente lograríamos entender a quien poseyendo ese conocimiento tratara de comunicárnoslo, aunque se esforzara todo lo posible por expresarse con sencillez y claridad, valiéndose de los términos que nos son familiares.

¿Qué tiene, por tanto, de extraño que no alcancemos a comprender las cosas espirituales, que ni podemos ver, ni oir, ni tocar, ni percibir, en fin, con los sentidos corporales? El mismo Dios, si no fortalece e ilustra nuestras facultades cognoscitivas con auxilios sobrenaturales, no puede hacer que entendamos cosas que están fuera y por encima de nuestros medios de conocer. Aunque más propiamente debería decirse que esa inteligencia y comprensión no pueden ser concedidas. Somos demasiado ignorantes, y las palabras de nuestro lenguaje harto débiles y pobres para significar multitud de cosas que los bienaventurados ven con claridad, como también las ven las inteligencias angélicas, muy superiores a las nuestras.

Cuando Dios nos habla en las Sagradas Escrituras tiene que valerse de nuestro imperfecto lenguaje, a fin de darnos a entender de algún modo su divino pensamiento. Es como un padre que, al responder a las preguntas de sus niños sobre elevadas cuestiones astronómicas, se ve en la precisión de explicarse con palabras y comparaciones infantiles.

Mientras vivimos en el mundo todos somos niños; y aun los más doctos deben contentarse con decir, cuando tratan de los misterios de la fe: *Conozco que es así porque Dios lo ha dicho, y no sé cómo ni por qué es así, porque soy un ignorante. No quiere el Señor darnos ahora la comprensión de esas altísimas verdades para que le sometamos nuestro entendimiento; mas algún día lo hará, y entretanto... esperemos.*

Hay, sin embargo, en la Sagrada Escritura muchas cosas que, a pesar de nuestra débil razón, podemos entender en la medida que exigen nuestras necesidades, y Dios nos invita a aprender cuanto podamos en la vida de nuestro adorable Salvador. El hecho admirable de su lucha con el demonio tuvo lugar en beneficio nuestro, a fin de que aprendiéramos cómo debemos conducirnos en el tiempo de la tentación. Nuestro enemigo nos aventaja en poder; pero, vencido por Jesús, Guía y Maestro de los hombres, éstos han adquirido por esta circunstancia un poderoso recurso para prevalecer contra sus ardides. El enemigo, que ha sido derrotado repetidas veces, se presenta en el campo de batalla con muy diferentes alientos de los que animan al que jamás ha sufrido derrota alguna. El adversario a quien tenemos que vencer es el mismo que huyó aterrorizado al oir la palabra de Jesús: *¡apártate!;* y el Señor está siempre a nuestro lado sugiriéndonos la misma frase de repulsa, y asegurándonos la victoria con sólo que se lo pidamos y procuremos hacer lo que está de nuestra parte. Él nos ha enseñado con su ejemplo que las tentaciones no son pecados, sino ocasiones de merecer. No nos extrañemos ni acobardemos cuando la tentación venga; y aunque se repita con insistencia y en diversas formas, nuestro deber es resistirla con serenidad y paciencia, confiando en la fortaleza de nuestro caudillo Jesús.

XVII

## Los primeros discípulos

Volvamos ahora, mis amados lectores, a contemplar a Jesús, a quien dejamos en el desierto rodeado de ángeles. Hele allí bajando la falda de la montaña y dirigiéndose otra vez a las riberas del Jordán, donde el Precursor continuaba ejerciendo el ministerio de la predicación y del bautismo. Las multitudes eran, a la sazón, más numerosas y más entusiastas que nunca. —*Juan*—decían,—*o es el mismo Cristo, o si no, es Elías que anuncia la venida del Cristo.* Por fin el gran Consejo de la nación, llamado *Sanedrín,* acordó que debía ponerse en claro la verdad. Envió, pues, este Consejo al Bautista una diputación de sacerdotes y levitas con objeto de preguntarle:

—*¿Quién eres?*

—*Yo no soy el Cristo* — respondió Juan.

—*¿Eres por ventura Elías?*

—*No lo soy* — replicó.

—*¿Eres el Profeta?*

—*No* — contestó el Bautista.

—*¿Quién eres, pues, para que podamos comunicarlo a los que nos han enviado?*

—*Yo soy* — dijo entonces Juan — *la voz del que clama en el desierto. Enderezad el camino del Señor, como lo tiene dicho el profeta Isaías.*

Y los enviados le dijeron:

—*Pues ¿cómo bautizas si no eres el Cristo, ni Elías, ni el Profeta?*

Respondióles Juan, diciendo:

—*Yo bautizo con agua; pero en medio de vosotros*

*está uno a quien no conocéis. Él es quien ha de venir después de mí y a quien no soy digno de desatar la correa de su zapato.*

Si deseamos ver el modelo de un perfecto siervo de Dios bastará que miremos a San Juan. Por espacio de meses una procesión interminable de gente de todas clases, ricos y pobres, instruídos e ignorantes, había desfilado por delante de él; su nombre andaba en boca de todo el mundo; todos necesitaban verle, oirle y reverenciarle, y, no obstante, el santo Precursor no da importancia alguna a tales homenajes. Su único pensamiento era el Mesías; y por eso procuraba siempre que el pueblo apartara la atención de él para fijarla en Jesús, y aguardaba la primera oportunidad de mostrarle a sus propios discípulos. Esta ocasión se presentó al fin.

Un día vió a Jesús que se dirigía hacia él; y volviéndose entonces a los que le rodeaban les dijo: *He ahí el Cordero de Dios; ved ahí al que quita los pecados del mundo. Ése es el Hijo de Dios.*

Al día siguiente, estando el Bautista con dos de sus discípulos, pasó Jesús cerca de allí; y Juan repitió de nuevo, señalándole con el dedo a los discípulos: *He aquí el Cordero de Dios.*

El cordero es un animal tan inocente, puro y sencillo que a todos deleita y atrae, y sin duda por esa razón San Juan, que deseaba ganar para el Salvador los corazones de sus discípulos, le designa a éstos con ese nombre.

Pero fijaos bien: no sólo le llama *Cordero,* sino *Cordero de Dios,* a fin de que así conocieran quién era, y le adorasen, e igualmente le amasen.

*He aquí el Cordero de Dios.* El sacerdote nos dice estas palabras inmediatamente antes de la sagrada Comunión, para que no nos aterroricemos al considerar la majestad de Aquel que viene a nosotros, y, por otra parte, para que no olvidemos irreflexivamente cuánta es su grandeza y santidad. La Iglesia repite en todas las misas la misma exclamación; y al final de las letanías implora la misericordia de Jesucristo nuestro Señor con este bello y poético dictado: *Cordero de Dios.* Los nombres y títulos de Jesús son numerosos (1), pero algunos parecen serle preferidos: JESÚS, que significa Salvador, *Jesús de Nazaret, Hijo de David, el Cordero.* Con este último nombre le designa San Juan Evangelista, cuando, arrebatado en éxtasis, le contempla en la gloria. Dícenos, en efecto, que vió una multitud innumerable de todas las naciones, tribus, pueblos y lenguas, que estaban ante el trono de Dios y *delante del Cordero;* y añade que algunos bienaventurados, especialmente favorecidos, *siguen al Cordero* adondequiera que va.

Estas palabras: *he aquí el Cordero de Dios* fueron las que conquistaron para Jesús los corazones de los discípulos que rodeaban al Precursor; su acción fué a modo de irresistible conjuro que los forzó a fijar ávidamente los ojos en el Salvador, y los arrastró a seguirle, movidos por un secreto impulso. Volvióse entonces el Salvador hacia ellos, y, viendo que le seguían, les dijo con afabilidad:

—*¿Qué buscáis?*

—*Maestro, ¿en dónde moras?* —respondieron tímidamente, no sabiendo qué decir.

—*Venid y vedlo* —respondió Jesús.

Siguiéronle entonces gozosos, y Jesús los llevó a una pequeña choza que le servía de albergue en las riberas del Jordán. Serían cerca de las cuatro de la tarde, *y estuvieron con Él el resto del día,* según nos refiere uno de ellos. Era éste Juan el Evangelista, llamado más tarde el *Discípulo amado de Jesús;* el otro era Andrés, un pescador que vivía en las riberas del lago de Genesaret.

A lo que parece, ambos estuvieron con el Señor, no sólo el resto del día, sino también la noche del mismo. No sabemos qué asuntos tratarían en sus pláticas; pero, a la llegada del día siguiente, Jesús había ganado sus dos primeros discípulos, el más viejo y el más joven de los doce Apóstoles. Sin duda, lo que vieron y oyeron

---

(1) La exposición mística y teológica de los mismos constituye el asunto de una de las obras maestras de la literatura castellana, *Los Nombres de Cristo,* de Fr. Luis de León, Agustino. —*N. del T.*

fué bastante para cerciorarlos de que habían encontrado al Mesías; porque al salir a comunicarlo sin dilación a sus familias, Andrés encontró a su hermano, que luego había de ser superior suyo, y exclamó lleno de gozo:

—*¡Hemos hallado al Mesías!*

Y en seguida le condujo a presencia de Jesús.

San Juan parece haber estado presente a la entrevista, porque nos refiere minuciosamente lo acaecido. Jesús, fijando su mirada en el recién venido, le dijo:

—*Tú eres Simón, el hijo de Jonás, tú serás llamado Cephas* (que se interpreta Pedro).

Harto significativa debió de ser la mirada que el Salvador clavó en aquel rostro curtido por la intemperie, donde se pintaba una expresión de ansiedad, mezclada con un sentimiento de ardiente esperanza. Aquel viejo pescador sería su primer Vicario en la tierra, la *Roca* sobre que había de levantarse el edificio inconmovible de la Iglesia. Al fijar en él sus ojos el Señor, pensó sin duda en todo lo que Él sería para Pedro, y Pedro para Él; en la prolongada serie de sucesores que el Pescador de Galilea debía tener; y en todos los que salvaría en sus redes ayudándoles a arribar a las playas eternas de la gloria.

Los que oyeron las anteriores palabras de Jesús debieron de quedar sorprendidos. Los nombres judaicos no se imponían de cualquier modo y sin razón y fundamento, como ocurre muchas veces con los nuestros, en que sólo se atiende al sonido material o a la circunstancia de pertenecer a algún individuo de la familia. En el pueblo de Dios los nombres designaban el carácter o la representación de las personas que los llevaban. Cambiar el nombre a una persona implicaba mudar su posición o su empleo; y de aquí que ese cambio se considerara como un acto importante y permitido solamente a las autoridades judías.

Mas al presente, he aquí un individuo particular que, al ver por vez primera al viejo pescador de Galilea, no solamente le dice cómo se llaman él y su padre, sino que le muda el nombre de Simón, que quiere decir *Hijo de Paloma,* por el de Pedro, que significa *Piedra.* Andrés y Juan se miraron llenos de asombro: no se explicaban la significación encerrada en aquel cambio; pero el hecho se les grabó hondamente en la memoria. Aprendiéronle luego los nuevos discípulos a medida que fueron congregándose, y Pedro comenzó en seguida a ser considerado como el más digno y el jefe de todos. Los evangelistas le nombran siempre el primero en la lista de los apóstoles; y, aunque ni era el más anciano, ni el que acudió antes que todos al llamamiento de Jesús, recibió, sin embargo, la denominación de Pedro, que designaba en él la piedra fundamental de la futura Iglesia.

Simón, Andrés y Juan habían abandonado sus casas, como tantos otros, para descender a Judea y poder oir las predicaciones del Bautista. El cuarto discípulo, Felipe de Betsaida, era otro pescador de Galilea que vino del pueblo de Simón y Andrés a las márgenes del lago.

El día después de haber dirigido el Señor a Pedro las palabras antes citadas, regresaban Maestro y discípulos a Galilea, cuando Jesús halló a Felipe — dice San Juan. — A los discípulos estos encuentros, primero con uno, luego con otro, pudieron parecerles casuales, pero para Dios no hay casualidad. Cada miembro del grupo elegido fué buscado cuidadosamente por el Maestro y hallado por Él en el momento oportuno.

Mirando a Felipe le dijo: *Sígueme.*

Una sola palabra fué bastante. Felipe le siguió, sintiéndose tan feliz en la compañía de su nuevo Señor, que no pudo resistir el deseo de comunicar su determinación a un amigo llamado Natanael. Hallábase éste recostado solo, bajo una higuera, cuando Felipe interrumpió su soledad, exclamando lleno de gozo:

— *Hemos hallado a Aquel de quien hablaron Moisés en la Ley y los profetas, Jesús de Nazaret.*

*De Nazaret.* El anuncio de Felipe difícilmente podía terminar con un final más desgraciado; el efecto de la buena noticia quedaba completamente destruído.

— *¿Puede, acaso, venir algo bueno de Nazaret?* — replicó Natanael fríamente.

— *Ven y lo verás* — fué la respuesta

Estas palabras infundieron alguna persuasión en el ánimo de Natanael, y al fin los dos se encaminaron al lugar donde estaba el Salvador. Cuando llegaron dijo Jesús refiriéndose al amigo de Felipe:

—*He aquí un verdadero israelita, en quien no hay dolo.*

Natanael replicó lleno de asombro:

—*¿De dónde me conoces?*

Jesús, fijando en él la mirada, respondió:

—*Antes que Felipe te llamara, cuando aun estabas debajo de la higuera, te vi.*

La higuera distaba un buen trecho de este lugar, y lo que allí había ocurrido no lo sabemos. Quizá Natanael había estado pidiendo ver al Mesías antes de morir, y ser contado en el número de sus seguidores. De cualquier modo, allí había tenido lugar un acto o un pensamiento que sólo Dios podía conocer. ¿Quién era este admirable desconocido, capaz de saber tales secretos y de penetrar en el fondo de su corazón? En el alma de Natanael no cabía el dolo; en ella nunca hubo albergue para la astucia y la doblez; al contrario, bastábale conocer el bien para seguirlo; y así, viendo el error en que había incurrido, acudió a subsanarlo en seguida.

—*¡Oh Maestro mío!* —exclamó: —*tú eres el Hijo de Dios; tú eres el Rey de Israel.*

Jesús le replicó:

—*¿Porque me has oído que te vi bajo la higuera crees? Cosas más admirables verás.*

Muchos han creído que Natanael era el que más tarde figuró entre los apóstoles con el nombre de Bartolomé. *Bar* significa *hijo: Bar-Tolmai* quiere decir *hijo de Tolmai,* al modo que tenemos *Simón Bar-Jona.* En apoyo de esta creencia puede alegarse la razón de que en la lista de los doce apóstoles Felipe y Bartolomé son nombres que van juntos.

LOS PRIMEROS DISCÍPULOS DE JESÚS

*Ittenbach*

*Stradano*

JESÚS ARROJA DEL TEMPLO A LOS MERCADERES

XVIII

## Galilea

A los reflejos de que el sol inunda
las abruptas pendientes de Gadara,
como líquida plata en taza de oro,
brillan del lago las movibles aguas.
Es el lago bendito del Mesías,
es de Genesaret la mar sagrada,
donde las olas que Él amó se yerguen,
como otros días, a besar sus plantas.
¡ Olas dichosas de inmortal renombre!
¡ Lago de pura y transparente plata!
¡ Felices vos bajo la luz que envían
las abruptas pendientes de Gadara! (1)

Helos aquí ya en Galilea al Salvador y sus discípulos; seis, si contamos a Natanael.

Echemos, antes de todo, una mirada sobre el lugar en que Jesús pasó la mayor parte de su vida pública, y que fué la patria de los que, después de Pedro, habían de ser elegidos para piedras fundamentales de la Iglesia. En atención a ellos, y principalmente por amor a Jesús, debe sernos grato conocer esta región de Palestina.

El mar de Galilea o de Tiberíades, y también el lago de Genesaret, es una sábana de agua, cuyas márgenes dibujan un perfil piriforme, que se desarrolla en una extensión de catorce millas de largo por seis de ancho, en la parte en que la amplitud es mayor. Este lago ofrecía en tiempo de Jesucristo un paisaje de admirable belleza. Sus aguas, de límpido turquí, eran surcadas en todas direcciones por numerosos bajeles de diversas

(1) *The Light of the World.* Sir Edwin Arnold.

formas y tamaños. Allí navegaban pesados lanchones, cargados de las preciosas mercaderías orientales, que conducían a las aduanas, situadas en la orilla opuesta; allí se deslizaban, yendo y viniendo en volubles giros, esquifes de recreo, tripulados por alegres cuadrillas de invitados que acudían a las hermosas villas romanas de las cercanías del lago; y allí bogaban, esparcidas en toda la extensión del mismo, centenares de barquillas pescadoras, unas con los aparejos tendidos echando redadas, otras llevando a la costa el fruto de los trabajos de la noche. En la blanquecina playa veíanse botes ocupados en la faena de la descarga; grupos de niños curiosos contemplando el desembarco y selección de la pesca, cuyas escamas de plata reverberaban a la luz del sol; hombres y muchachos remendando sus redes en la ribera o tendiéndolas a secar.

Diseminadas por todo el contorno, tiñendo el paisaje de manchas negruzcas, aparecían las rústicas viviendas de los pescadores, y descendiendo casi hasta los bordes mismos del agua, tendían su rico manto de ondulantes mieses campos matizados de toda suerte de flores. En el valle del Jordán, donde al abrigo de los vientos la vegetación desplegaba la variada magnificencia de los trópicos, las cañas de azúcar erguían sus airosos tallos junto a las gigantes palmeras de apenachadas copas. Más arriba se daban la higuera, el almendro y el olivo; y a mayor altura todavía, el nogal, el roble y el peral, cada árbol en su propia zona, pero todos dentro de la misma comarca. Aquí se hallaban enclavadas las ciudades más ricas e industriosas de Galilea: Tiberíades, Magdala, Betsaida, Cafarnaum, Corazim. Detrás de ellas surgían montañas de grandioso aspecto, formando el marco de tan bella pintura.

Muy diferente de ésta era la región situada al oriente del lago. Allí las montañas se levantan a pico desde la playa, haciendo difícil y peligroso el desembarco, excepto en muy contados lugares. Merced a los vientos que desde las alturas heladas, no muy distantes, se precipitan por entre valles y gargantas, el lago estaba sometido a las alteraciones de repentinas y peligrosas tempestades. Todo alrededor se extiende una región salvaje y desolada, con llanuras estériles o bien cubiertas de raquítico césped, cortadas a trechos por altos peñascales y privadas de la vida, movimiento y actividad que se admiran en el distrito occidental.

¡Oh amado mar de Galilea! Yo te venero por amor de Aquel que te cruzó en el bote de Pedro, y calmó con su palabra tus olas embravecidas, y caminó sobre ellas para acudir en auxilio de sus discípulos. Aquí se sentó con ellos sobre el hormigón de la playa, aquí enseñó, curó y confortó a todos los que a Él se llegaron. Allá a lo lejos veo campear las áridas montañas de la parte oriental, adonde tantas veces subió con pie fatigado para pasar la noche en soledad y oración... Prosigamos ahora nuestro relato.

Lo primero que se presenta a nuestra imaginación es la dulce figura de María, cuyo gozo, al recibir a su divino Hijo de regreso en Galilea, no hay palabras con qué explicar. Con ansias ardientes de madre amorosa le estuvo aguardando en Caná, pequeña ciudad situada cinco millas al nordeste de Nazaret, a causa de celebrarse en ella unas bodas, a las que ambos estaban invitados. Parece verosímil que los novios eran sus parientes y que la Virgen tenía encargo de cooperar al arreglo de los preparativos para la fiesta. Los casamientos judíos tenían lugar por la tarde; y muchas veces hasta el obscurecer no se verificaba la salida de la novia con su comitiva, que era la parte más solemne de la ceremonia. Vestida de blanco y oro, envuelta en amplio velo que la cubría de la cabeza a los pies, y coronada con una guirnalda de mirto, la desposada aguardaba a la puerta de la casa paterna la llegada del novio. Acompañándola y esperando con ella había diez vírgenes con lámparas encendidas en las manos. Al fin se oía resonar la voz de: *¡alerta! ¡el esposo viene!*, y, poco después, llegaba el novio con otros diez jóvenes amigos suyos, y, tomando a su prometida de la mano, la sacaba de casa. Entonces las familias de ambos contrayentes formaban una especie de procesión, y a la luz de las antorchas, con música de flauta y tamboril, y entre cánticos de alegría y aclamaciones de regocijo, la pareja nupcial era escoltada hasta su futuro domicilio, donde se celebraba un espléndido banquete.

Esta vez los contrayentes de Caná eran pobres y de humilde condición, y Jesús había ido acompañado de sus discípulos. Quizá fué ésta la razón de que el vino anduviera escaso. La mirada solícita de María descubrió en seguida la falta, y su maternal corazón sintió vergüenza por los dos jóvenes esposos. Acostumbrada a recurrir a su Hijo en todas las contrariedades y a ser atendida en sus peticiones, llegóse a Jesús y murmuró en voz baja:

—*No tienen vino.*

—*Mujer* —respondió el Salvador, —*¿qué nos importa a ti y a mí? Mi hora no ha llegado todavía.*

Estas palabras sin duda suenan de un modo extraño a nuestros oídos, pero no ocurre lo propio entre las gentes orientales. *Mujer* era un título de reverencia, y la pregunta: *¿qué nos importa a ti y a mí?* significa: *Nosotros no tenemos que ver con que el vino haya faltado; mi hora de hacer milagros no ha llegado todavía.*

Algunos piensan que el Salvador se mostró displicente con su bendita Madre por haberle ésta advertido de la necesidad que se presentaba en el convite. Estos tales no consideran lo que Jesús y María eran el uno para el otro; olvidan que por espacio de treinta años habían vivido juntos bajo el mismo techo, usando ella de su autoridad como madre, aunque siempre con la más profunda reverencia, y honrándola Él y obedeciéndola como hijo. ¿Acaso no conoció la Virgen mejor que ninguna otra criatura lo que agradaba y desagradaba a Jesús? Y, por otra parte, ¿no es cierto que los que mejor pueden entender el sentido de las palabras son los que ven al que las pronuncia, oyen el tono de su voz y advierten el gesto que las acompaña? Nada de lo que Jesús dijo o ejecutó en presencia de María se le pasó a ésta inadvertido. Ahora bien; ¿da ella a entender inmediatamente, ni con posterioridad, que su petición ha sido oída con disgusto? Todo lo contrario: como si de antemano le hubiera dicho el Salvador lo que pensaba hacer, la Virgen se volvió a los criados y les dijo:

—*Haced cualquier cosa que os ordenare.*

Conforme a la costumbre israelita de las purificaciones, habían sido dispuestas para el banquete seis ánforas o hidrias de piedra. Esta práctica de lavarse las manos antes y después de las comidas era observada por los judíos con particular empeño; y por eso, dondequiera que se preparaba un banquete, se procuraba poner a disposición de los convidados agua en abundancia para las abluciones. Las ánforas contenían dos o tres medidas, es decir, unos treinta y siete litros y medio cada una. Jesús dijo a los sirvientes:

—*Llenad de agua las hidrias.*

Y ellos lo hicieron así, hasta los bordes. Entonces el Señor añadió:

—*Escanciad ahora, y presentad el líquido a vuestro jefe.*

Este jefe de la servidumbre o maestresala solía ser un amigo del novio, designado para presidir y dar instrucciones a la servidumbre, y, entre otros oficios, le correspondía probar el vino antes de ser presentado a los convidados Los sirvientes nada dijeron al mayordomo de lo que por orden de Jesús acababan de hacer, y se limitaron a observar atentamente mientras llevaba la copa a los labios. Cuando hubo gustado el licor bajó la copa, y, sorprendido de que gente tan pobre fuera capaz de proporcionarse vino tan exquisito y de que lo hubiera reservado para el final del convite, llamó aparte al novio y le dijo en son de queja:

—*Todo el mundo sirve primero el buen vino; y cuando los convidados han bebido bastante manda poner otra clase inferior; pero tú has obrado al revés, dejando el mejor vino para el último.*

El que hubiera podido observar entonces los rostros de los criados habría podido leer en ellos que allí había ocurrido algo extraordinario. Interrogóselos y ellos refirieron una y otra vez la historia completa del hecho. La noticia del milagro circuló luego por la ciudad y no tardó en esparcirse por todas partes.

Muy cerca de cinco hectolitros y medio de agua quedaron convertidos en vino generoso al simple mandato de Jesús. ¿Y esto, por qué? ¿Por haberlo pedido María? ¡Oh, ella no había pedido nada; y, además, no era llegado aún el tiempo de hacer signos y milagros! Así lo dijo expresamente el mismo Salvador. ¿Por qué, pues, realizó este asombroso prodigio? Porque necesitaba darnos a entender que concederá siempre todo lo que su Madre desea, y que por su amor está dispuesto a apresurar la hora de enriquecernos con sus mercedes. Bien sabía Él la falta que había de vino; también tenía voluntad de remediar este menester, mas aguardó a que María hablase, a fin de que la dádiva se debiera a ella tanto como a Él mismo.

Deseaba además enseñarnos con el ejemplo de su bendita Madre a no desmayar en nuestras peticiones, aun cuando parezca que está disgustado con nosotros, mostrándose como si nada tuviera que ver con nuestros apuros y contratiempos. Esta indiferencia y desvío son sólo aparentes. Todo cuanto se refiere a nosotros interesa a Jesús y María; ellos cuidan solícitos de lo que necesitamos, antes que nosotros mismos pensemos en ello; ellos se conduelen de nuestros sufrimientos, no sólo en las grandes tribulaciones, sino en los pequeños contratiempos e inconvenientes; y ellos, en fin, están siempre dispuestos a prestarnos su ayuda.

Así, pues, Jesús asistió a las bodas de Caná con propósito de honrar a su Madre. Además quiso santificar con su presencia la unión conyugal, que bien pronto había de elevar Él mismo a la categoría de sacramento; y deseó también bendecir en aquellos festejos las alegrías y diversiones inocentes. De igual suerte que le agradó presenciar el regocijado convite de Caná, así le complace también vernos alegres y felices.

Otra razón hubo además para la conversión del agua en vino. San Juan, que estuvo presente y nos da la relación del suceso, dice: *Este primer milagro hizo Jesús en Caná de Galilea, y manifestó su gloria, y sus discípulos creyeron en Él.* De día en día los discípulos se perfeccionaban en el conocimiento de su Divino Maestro. Desde que pronunció las palabras dirigidas a Pedro y a Natanael se les había hecho patente que penetraba los misterios de lo por venir y los secretos de los corazones; ahora el magnífico milagro de Caná evidenciaba que tenía poder sobre la naturaleza. Con lo cual la reverencia y amor que profesaban a Jesús se hacían cada vez más profundos. San Juan habla especialmente del modo como este milagro aumentó su fe hasta donde era posible. Los otros evangelistas nos refieren más tarde otro milagro mayor que el de Caná, consistente en un cambio más estupendo, que debería verificarse, no sólo una vez sino millares de veces al día en todo el mundo, dondequiera que la Santa Misa fuera celebrada por un sacerdote católico.

Sin duda el recuerdo de lo ocurrido en Caná ayudaría la fe de los discípulos, cuando nuestro Salvador les habló en Cafarnaum del misterio de la Santa Eucaristía, y cuando en la última cena convirtió el pan y el vino en su cuerpo y sangre sacratísimos. Y de igual modo también nos ayuda y fortalece a nosotros, a quienes ha tocado vivir tantos siglos después del Salvador, y que, no obstante, creemos en ese augusto misterio tan firmemente como sus discípulos, y le decimos con Natanael:

¡MAESTRO, TÚ ERES EL HIJO DE DIOS!

## XIX

## El Atrio de los Gentiles

Inmediatamente después del milagro de Caná nuestro Redentor se dirigió con su Madre, hermanos y discípulos a Cafarnaum, próspera ciudad comercial asentada en la costa noroeste del mar de Galilea.

Estos hermanos de Jesús, así llamados según la costumbre de los judíos, eran sus parientes cercanos, los hijos de María, esposa de Cleofás o Alfeo y hermana o prima de la bienaventurada Virgen. Nombrábanse Santiago, Simón, Judas y José. Santiago y Judas (también denominado Tadeo), y acaso Simón, llegaron a ser apóstoles.

Habíanse quedado éstos en Cafarnaum, aunque no por muchos días, porque la Pascua se acercaba, y la caravana de Galilea había partido ya para Jerusalén. El Señor se les incorporó, y, luego de llegar a la Ciudad Santa, enderezaron sus pasos al Templo.

Siempre debió serle doloroso a Jesús asistir en esta época a la Casa de su Padre, por tener que presenciar lo que ocurría dentro de los sagrados muros. El cuadrángulo inferior y el más espacioso, o sea, el Atrio de los Gentiles, era, como el resto del Templo, un lugar destinado a la oración; pero en tiempo de Pascua ofrecía el aspecto de un verdadero mercado. El bello claustro y las columnatas que guarnecían el interior del atrio se hallaban materialmente repletos de incontables reses: bueyes, ovejas y corderos. Las mesas de los cambiadores de monedas, los rimeros apilados de jaulas que contenían palomas, los puestos de aceite e incienso donde se acumulaban enormes cantidades de estas substancias, y las tiendas en que se exponían a la venta los objetos empleados en los sacrificios, obstruían el espacio en todas direcciones. En calidad de súbditos de Roma, los judíos usaban las monedas del Imperio; pero, cuando tenían que comprar algo necesario para el culto, debían cambiar las monedas mencionadas por el dinero sagrado. Los altercados a que esta operación daba lugar, el mugir del ganado vacuno, los balidos de las ovejas, las voces y gritos de los encargados de custodiar las bestias al conducirlas de una parte a otra, todo el murmullo y alboroto de un gran mercado en que los tratantes se contaban por muchos millares, constituían una profanación diaria de este Atrio Sagrado, único lugar abierto a los gentiles cuando iban al Templo a orar.

Una vez y otra Jesús había visto, al acudir al santo lugar para rendir el tributo de su adoración, el sacrílego abuso que se hacía de la Casa de Dios. Pero en esta ocasión vino a ella no sólo como adorador, sino como autoridad vindicadora de la gloria de su Padre.

Miró un instante a su alrededor, y, recogiendo del suelo unos trozos de cuerda que por allí había, los ató en forma de disciplina, y con el brazo armado y en alto cayó de improviso sobre los negociantes y sus mercaderías, arrojándolos a todos del Templo junto con los bueyes y ovejas; echó por tierra el dinero de los cambiantes y las mesas que lo contenían, y a los que vendían palomas les dijo:

—*Quitad de ahí esas cosas, y no convirtáis en casa de negociación la morada de mi Padre.*

Imagínese la escena tal como debió de ocurrir con todos sus pormenores: el apresurado retirarse de los tratantes y cambiadores, el espanto de las reses que se dispersarían asustadas por todas partes, el pánico y gritos de la multitud, el rodar de los siclos de plata que se desparramarían por el suelo sin que nadie se atreviera a recogerlos a causa del terror que se apoderó de hombres, mujeres y niños, forzándolos a huir delante de Jesús. No fué necesario hacer uso del azote: bastó la divina indignación de la mirada del Salvador para barrerlos a todos, a la manera que barre el vendaval las hojas secas del otoño. Sus discípulos recordaron entonces que estaba escrito: *El celo de tu casa devoró mis entrañas.* Pero, aun en medio de este santo y ardiente arrebato del Salvador, brilla todavía un rayo de benignidad: había arrojado a las bestias con el azote en la mano, pero se detuvo ante las jaulas de inocentes palomas; no quiso amedrentar a aquellos seres tímidos y apacibles, y así se contentó con decir a los vendedores: *Quitad esas cosas de aquí.*

Detúvose al fin Jesús, y miró de nuevo a su alrededor. El vasto recinto se hallaba desierto; pero ¡qué aspecto presentaba! Mesas, mostradores, bancos, todo derribado y esparcido en desorden. Poco después la multitud, pasado el primer momento de terror, volvió a entrar y se apresuró a recoger los siclos de plata abandonados. Un grupo de judíos se adelantó luego hacia el Nazareno y le pidió cuenta del disturbio producido; dirigiéronse a Él en apretado montón; y el encargado de hablar, levantando el rostro con fingida audacia, preguntó:

—*¿Qué prueba o testimonio puedes darnos de tu autoridad para hacer estas cosas?*

—*Destruid este Templo y en tres días lo reedificaré* —replicó Jesús.

Indígnanse entonces al oirle, y añaden:

—*Cuarenta y seis años han sido precisos para levantar esta fábrica: y ¿pretendes tú reconstruirla en tres días?*

Mas Jesús hablaba del templo de su cuerpo.

E, indudablemente, así lo entendieron los circunstantes, a pesar de haber manifestado otra cosa. Acostumbran los orientales a expresarse constantemente en lenguaje figurado, y por comparación con objetos bien conocidos y susceptibles de ser vistos, oídos o palpados, explican el sentido oculto que quieren significar. En las palabras de David: *el Señor es mi roca,* entiéndese que Dios es fuerte y quiere sostenernos y ampararnos. En aquella otra frase: *el Señor es mi Pastor,* se encierra el pensamiento de que es tierno y solícito en cuidar de los hombres. Un templo se edifica para el servicio de Dios y contiene cosas santas; y de igual modo el sagrado cuerpo del Salvador era un hermoso tabernáculo en que habitaba la Divinidad. Así, cuando Jesús habló del Templo, que había de ser destruído y reedificado en tres días, no debieron tener dificultad en saber que se refería a su cuerpo. Y que tal interpretación no se les pasó inadvertida lo prueba el hecho de que, después de haberle visto expirar en una cruz, se presentaron a Pilatos y le pidieron soldados para guardar el sepulcro en que estuvo sepultado hasta el día tercero, *porque había dicho que resucitaría.* Refiéresenos también de sus discípulos que cuando Jesús resucitó de entre los muertos recordaron las palabras antes citadas y creyeron en ellas. El Salvador solía enseñar por medio de figuras y parábolas; porque quería acomodarse a la capacidad del pueblo y a nuestra tendencia a deleitarnos con relatos que hablen a la imaginación, y también porque las lecciones expuestas en esa forma son aprendidas con mayor agrado y facilidad.

La purificación del Atrio del Templo no constituye la única prueba que de su divino poder dió el Salvador en esta Pascua; pues, según el Evangelio, *muchos creyeron en Él viendo los signos que hizo.*

Un signo es algo que vemos y nos da a conocer algo que no vemos. La excesiva temperatura del organismo es signo de la fiebre; el humo es signo del fuego. Podría creerse que la manifestación admirable del poder, desplegado en limpiar el Templo de los que le profanaban, sería recibida por los judíos como un signo de que el Señor era algún santo enviado por el Todopoderoso, quizá el Santo a quien la Humanidad esperaba. Juan Bautista les había dicho que el Mesías estaba en medio de ellos, y hasta se le había señalado con el dedo llamándole *el Cordero de Dios.* Una voz de los cielos en su bautismo le había proclamado *Hijo del Eterno.* Podría pensarse que, cuando apareció este Hombre extraordinario realizando *signos,* es decir, milagros que testificasen su divina misión, el regocijo se extendería por todo el país de un extremo a otro, y que todos exclamarían: *Aquí está el Mesías.*

No sucedió, sin embargo, así; pues si algunos creyeron en Jesús, *viendo los signos que hacía,* otros, como hemos visto, le rodeaban preguntándole capciosamente: *¿qué signos das de tu autoridad?* Constantemente estuvieron pidiendo signos, y constantemente cerrando sus ojos a los que Dios les daba. En esta primera Pascua comenzó la serie de espléndidos milagros que por espacio de tres años hicieron de Palestina la tierra de los grandes prodigios, los cuales fueron obrados con mano generosa para socorrer todas las necesidades y curar todo género de dolencias. Y la recompensa que por ello obtuvo Aquel de quien se dice que pasó por este mundo derramando el bien a manos llenas, no fué otra que el ver multiplicarse sus enemigos y oirles repetir con ceguedad creciente y obstinada: *¿con qué autoridad haces estas cosas? ¿y quién te ha dado ese poder?*

El arrojar del Templo a los vendedores fué un acto de jurisdicción que los judíos influyentes no olvidaron jamás. Desde entonces hallamos a los sacerdotes, fariseos, saduceos y herodianos, tan opuestos antes entre sí, unidos por el odio común a Cristo. Ármanle asechanzas para comprometerle en sus respuestas; tratan por todos los medios de enemistarle con el pueblo; propalan que sus obras maravillosas son ejecutadas por intervención del demonio, y le acusan sin tregua de que no guarda el sábado y blasfema contra Dios.

No todos, sin embargo, fueron tan perversos. Algunos, aunque pocos, procedieron con sencillez de corazón y rectitud de espíritu, y se prepararon para acoger dignamente las divinas manifestaciones. A este número pertenecía un fariseo, llamado Nicodemo, hombre rico y principal entre los judíos, que era presidente de una sinagoga. Este personaje fué una noche a ver a Jesús y le dijo:

—*Maestro, sabemos que tú eres un enviado de Dios, porque ningún hombre puede obrar los milagros que tú haces, si Dios no está con él.*

Buscó la noche para tener esta entrevista con Jesús, porque, aunque creía en el Salvador y deseaba recibir sus enseñanzas, temía las hablillas del pueblo. De ninguna manera convenía que se esparciese la voz de que un *miembro del Sanedrín y Maestro en Israel* acudía a recibir lecciones de este improvisado doctor, hijo de un carpintero. Nicodemo no quería ser el blanco de las murmuraciones de la ciudad, y por esta causa escogió para su visita la hora en que no podía ser visto de nadie. Contemplémosle atravesando las desiertas calles, guiado por el resplandor que despide la escalera exterior y viene de la luz encendida en el cuarto de respeto sobre el terrado. Nuestro Salvador no le reprendió su temor a las murmuraciones de las gentes, ni consideró perdido el tiempo empleado en comunicar sus enseñanzas a un discípulo tan temeroso de los humanos respetos. Al contrario, le recibió con afabilidad, le sufrió con paciencia y satisfizo a todas sus dificultades. Precisamente a Nicodemo fué a quien expuso la necesidad del bautismo para alcanzar la salvación en aquellas palabras tan conocidas: *En verdad, en verdad te digo, que el que no renaciere por el bautismo del agua y la gracia del Espíritu Santo no puede entrar en el reino de Dios.* A él fué también a quien habló por primera vez de su cercana muerte de Cruz: *Al modo que Moisés en el desierto levantó en alto la serpiente de bronce, así también es menester que el Hijo del Hombre sea levantado en alto.* Y a esta misma alma, solícita y timorata, fué a la que ponderó el amor incomprensible que la infinita Bondad nos ha manifestado al entregarnos a su propio Hijo: *De tal manera amó Dios al mundo, que le dió a su Hijo Unigénito, a fin de que todos los que en Él crean no perezcan, sino que logren la vida eterna.*

Tan ilustrado quedó Nicodemo con las luces y gracias recibidas en esta noche, que se convirtió desde entonces en fiel discípulo de Jesús. Pero guardó todavía con temor su secreto; y así, no le veremos nunca mezclado con la multitud que sigue al Salvador. Una sola vez, dominando su encogimiento, defendió a su Maestro en presencia del Sanedrín. Y, no obstante, la bondad de Jesús tenía paciencia con él, como la tiene con todos nosotros, mirando siempre no tanto a lo que somos como a lo que quiere que seamos o a lo que seremos en algún día. Por eso aguarda, sin cansarse, la ocasión de traernos al buen camino y de completar y asegurar nuestra regeneración.

Llegó un día en que el cadáver de Jesús de Nazaret yacía pendiente de afrentoso patíbulo. Su mismo pueblo le había entregado a la muerte. Un apóstol le hizo traición, otro le negó, y todos le abandonaron. Su madre, de pie junto a la Cruz en que le habían clavado, no tenía una persona amiga que desprendiera y bajara aquel sagrado cuerpo, tan querido para ella, ni quien le ofreciera un sepulcro en que depositarle, ni quien la ayudara a darle sepultura. En aquel trance angustioso y terrible dos varones de noble prosapia se condolieron de la soledad y abandono de la Madre del Crucificado; los dos habían sido discípulos de Jesús, pero ocultamente por temor a los judíos. Éstos se mostraban ahora envalentonados y amenazadores con su triunfo; habían logrado atormentar a Jesús hasta quitarle la vida; habían pedido a gritos que su sangre cayera sobre ellos y sobre sus descendientes; y conservaban odio implacable al Nazareno y a sus discípulos y doctrina. Sin embargo, aquellos dos hombres se acercaron, llevando consigo mirra, áloe y piezas de lino; y mientras los apóstoles se ocultaban y los enemigos de Jesús daban rienda suelta a su regocijo, ellos desclavaron del madero el sagrado cadáver, lo envolvieron en lienzos y sustancias aromáticas y lo depositaron en un sepulcro nuevo, abierto en roca viva, que estaba en un huerto cercano a Jerusalén. Uno de estos hombres era Nicodemo.

XX

## Junto al pozo de Jacob

Cuando la Pascua terminó, Jesús recorrió los campos y montañas de Judea, predicando y bautizando por mano de sus discípulos. Sostienen algunos que este bautismo se reducía, como el del Precursor, a un mero signo de arrepentimiento y deseo de lavar la mancha del pecado. Otros opinan que fué el Sacramento instituído por Jesucristo. La dulzura y afabilidad de nuestro Salvador le atraían los corazones no corrompidos por el vicio; y su ministerio parecía comenzar con los auspicios más felices, cuando surgió un inesperado movimiento de oposición de donde menos podía creerse.

El Bautista continuaba aún ejerciendo el ministerio de predicar y bautizar; pero su obra se hallaba a punto de concluir, y cada día le abandonaban algunos de sus discípulos para seguir a Jesús, con gran descontento de los que permanecían al lado del Precursor. Estos últimos le dijeron un día — y bien puede colegirse el tono de enojo y desagrado que acompañaría a sus palabras: — *Maestro, aquel que estuvo contigo del otro lado del Jordán, y de quien diste un testimonio tan honorífico, he aquí que se ha puesto a bautizar, y todos van a él.* ¿Por ventura no sabía el Bautista cosas mucho mejores? ¿Se figuraban que había de tener envidia del Mesías, él, cuya suprema aspiración se cifraba en atraerle los corazones? San Juan, que había designado a Jesús con la denominación de *Cordero de Dios,* dióle en esta ocasión otro bello nombre, y trató de hacer ver a sus desatentados discípulos que las gentes hacían bien en seguir a Jesús, porque a Él pertenecían todas las almas como esposas. *El esposo* — les dijo — *es aquel que tiene la esposa; mas el amigo del esposo que está para asistirle y atender a lo que dispone* — por estas palabras se designaba a sí propio — *se llena de gozo al oir su voz. Conviene que Él crezca y que yo mengüe.* Y, en efecto, el término de su santa y abnegada vida se acercaba a toda prisa. Poco después el Bautista increpaba valerosamente a Herodes Antipas, por vivir maritalmente con Herodías, esposa de su hermano Filipo. El adúltero monarca, incitado por la perversa mujer, montó en cólera, y, apoderándose de Juan, le sepultó en un fuerte y obscuro calabozo.

*Y cuando llegó el hecho a noticia del Salvador se retiró a Galilea, necesitando para ello atravesar por Samaria.*

¿Habéis por ventura visto alguna vez incrustada en un trozo de madera una astillita de otra madera diferente? La diversidad de color y de estructura salta en seguida a la vista, poniendo en evidencia que la porción extraña no se formó allí por natural crecimiento de la planta, sino que es un filete advenedizo, introducido más tarde por alguna causa exterior.

Algo parecido a esto ocurría con la provincia de Samaria, situada entre Galilea y Judea. Sus habitantes pertenecían a una raza intermedia, mezcla de judíos y gentiles. Cuando Salmanasar, rey de Asiria, se llevó cautivas las diez tribus, envió desde aquel país algunos de sus súbditos a poblar la región de Samaria. Estos inmigrantes idólatras establecieron en la región las prácticas paganas, hasta que, aterrorizados por una plaga de leones, pidieron que les fuera enviado uno de los sacerdotes israelitas cautivos, a fin de que les enseñara el modo de adorar al Dios de la tierra que habían venido a colonizar. Esta petición fué atendida; mas no por eso abandonaron en absoluto los ídolos, cuya adoración alternaban con la del verdadero Dios. Por esta razón las dos tribus judías que regresaron de la cautividad se negaron a tener relaciones con sus vecinos los samaritanos. En vano rogaron éstos que se les permitiera cooperar a la restauración del Templo; sus ofrecimientos fueron duramente rehusados. Tal fué el principio del odio existente entre las dos naciones, odio que se manifestaba en los judíos por la aversión y desprecio más profundos, y en los samaritanos por incesantes y molestas vejaciones. Un judío recogería cuidadosamente los vestidos al pasar junto a un samaritano para no contaminarse con su contacto; el mayor insulto que a un hijo de Israel podía hacerse era llamarle samaritano. Por aquí se comprenderá el desprecio que los escribas y fariseos encerraban en los dictados de "samaritano" y "endemoniado" que dirigían frecuentemente al Señor.

Los samaritanos, por su parte, no perdían ocasión de insultar y molestar a los judíos. De común acuerdo resolvieron no subir al Templo de Jerusalén y erigir en el monte Gerazim otro edificio espléndido, dedicado al culto, y que rivalizara con el de la Ciudad Santa. Cuando los judíos encendían hogueras en las cimas de los montes para que, a modo de faros, guiasen a las caravanas procedentes de Galilea que se dirigían a Jerusalén en las épocas de las fiestas anuales, los samaritanos encendían otros fuegos, intencionalmente dispuestos para confundir y engañar a los peregrinos. Los viajeros que pasaban por Samaria en dirección a Jerusalén eran maltratados por el pueblo, que a menudo los obligaba a retroceder y bajar a la ribera oriental del Jordán, poniéndolos en la precisión de pasar dos veces el río.

A pesar de todo, el Salvador no se irritó con este pobre pueblo, ni le despreció como idólatra y proscripto. Él es el Buen Pastor, y todos los hombres son ovejas de su aprisco, a las que ama y cuida una por una; vela por las que están en el redil y busca a las que vagan perdidas. En pos de una de éstas recorría ahora afanosamente la región montañosa de Judea y penetraba en uno de los hermosos valles de Samaria, sin que su Divinidad le eximiera de las fatigas del viaje, porque era verdadero hombre que quiso conformarse con nosotros en todo, excepto en el pecado. Así, pues, con los pies doloridos del prolongado caminar y abrumado de cansancio y de sed se aproximaba, a eso del mediodía, a la pequeña villa de Siquem.

Cerca del camino había en aquel lugar un pozo, abierto en los remotos días de Jacob y entregado por éste en herencia a su hijo José. La gente del país tenía en alta estima este manantial por dos razones principales: en primer lugar, por el aprecio grandísimo que del agua se hace en Oriente; y, después, en recuerdo del santo patriarca a quien había pertenecido. Un saludo de bienvenida era para el caminante, en esta abrasada región, la vista refrigerante del pozo de Jacob, que parecía brindar refugio bajo su arcada y ofrecía un lugar de descanso al pasajero en el asiento circular formado por el zócalo de piedra que guarnecía la base del brocal.

Cuando Jesús llegó a este lugar, con su reducido acompañamiento de cinco discípulos, el desfallecimiento se apoderó de Él en términos de no permitirle seguir adelante. Viéndole en tal estado los que le acompañaban le rogaron que se sentase a descansar, mientras ellos continuaban su camino hasta la ciudad con objeto de comprar alimentos.

No mucho después llegó una mujer de Samaria a sacar agua. Había llenado su cántaro y se disponía a colocárselo sobre la cabeza cuando Jesús le dijo:

—*Dame de beber.*

Sorprendida la Samaritana de semejante petición—porque a la primera ojeada descubrió que el extranjero allí sentado era judío—respondió:—*¿Cómo tú, que eres judío, me pides de beber a mí, que soy samaritana?*

Jesús replicó:

—*Si conocieras el don de Dios, y quién es el que te pide un poco de agua para aplacar su sed, tú a tu vez te apresurarías a pedirle, y él te daría agua viva.*

¿Qué don de Dios era este? Sin duda alguna el que el mismo Salvador había significado en las palabras dichas a Nicodemo: *Tanto amó Dios al mundo que le dió a su Hijo Unigénito.* ¡Oh, si la pobre Samaritana hubiera sabido que estaba hablando con el Engendrado del Padre, Creador y Dueño como Él de todas las cosas! Si hubiera llegado a vislumbrar que en aquel fatigado viajero tenía a solas con ella al Prometido de los siglos, al Esperado de las gentes, ¡con qué solicitud no le habría ofrecido de rodillas el pequeño servicio que le pedía, impetrando luego, a cambio del sorbo de agua de su cántaro, el agua viva y espiritual de la gracia para lavar su alma de la mancha del pecado, saciar su sed de felicidad e infundirle alientos con que lograr la vida eterna!

Pero no alcanzó a conocer el don de Dios, ni comprendió tampoco lo que el forastero le decía. No obstante, las palabras "agua viva" habían sonado deliciosamente en sus oídos y, entre confusa y pensativa, dijo:

—*Señor, dame de esa agua, a fin de que no vuelva a tener sed, ni me vea en la necesidad de venir aquí por ella.*

Es traza de la divina Providencia movernos a pedir las gracias que desea concedernos. La súplica de la pobre Samaritana adolecía de imperfecto conocimiento, pero a la infeliz no cabía exigirle cosa mejor: se hallaba animada de buenos deseos y, con tal disposición, Jesús accedería indudablemente a su ruego. Mas, ante todo, era necesario disponerla a esta gracia con el arrepentimiento de sus pecados; y, al efecto, nuestro Salvador le hizo ver que conocía toda su vida pasada.

Sobrecogida entonces de asombro, la mujer exclamó:

—*Señor, veo que eres Profeta.*

Y aprovechando la ocasión que se le ofrecía de consultar una duda, preguntó, al que ella consideraba como hombre inspirado por Dios, si las adoraciones practicadas en el monte Gerazim eran tan meritorias y gratas a los divinos ojos como las que se hacían en el Templo de Jerusalén. La respuesta dada por el Salvador no fué comprendida, y así, repuso la mujer:

—*Sé que está para llegar el Mesías; cuando venga, Él nos lo declarará todo.*

Deseaba ser enseñada; suspiraba por la venida del Redentor; ¿qué más había de exigírsele? Jesús no podía ya mantenerse oculto por más tiempo, y respondió:

—*Ése soy yo, que hablo contigo.*

Esta es la primera vez que el Salvador declaró expresamente quién era.

Durante los tres años de su vida pública los asombrosos milagros que realizó mostraron claramente que era Dios. Muy contadas veces dijo que era el Mesías por tanto tiempo esperado, el Hijo del Padre Celestial; y la Samaritana tuvo el privilegio de oirlo, antes que otros, de sus mismos labios.

¡Cuánto nos hubiera agradado conocer la respuesta que tan inesperada revelación debió de sugerir a la mujer! Mas los apóstoles llegaron en aquel momento, y ella, arrebatada del deseo de que todos sus amigos y conciudadanos vinieran a conocer al Salvador, voló a Siquem y comenzó a decir a cuantos encontraba:

— *Venid y veréis a un hombre que me ha dicho cuantas cosas he hecho. ¿No será por ventura el Cristo?*

La vehemencia de sus expresiones impresionaron a los que la oyeron. Era indudable que la mujer había visto y oído algo extraordinario y maravilloso. Y, además, ¿no circulaba allí también el rumor de haber aparecido el Cristo en Galilea y Judea, donde estaba obrando todo género de prodigios? Empero, ¿cómo podía visitarlos a ellos, que eran samaritanos? ¡Oh, si se hubiera dignado hacerlo, qué espléndido recibimiento habían de otorgarle! Cediendo a las instancias de la mujer, el pueblo sencillo se dirigió en grupos al pozo de Jacob, haciendo durante el camino infinidad de preguntas sobre el Mesías a la que había tenido la dicha de verle y hablarle.

Entretanto los discípulos rodeaban a su Maestro, y le instaban afectuosamente a que tomara el alimento que le habían traído, diciéndole:

— *Maestro, come.*

Pero Él respondió:

— *Yo he tomado otro manjar que vosotros no conocéis.*

Miráronse unos a otros asombrados y diciendo:

— *¿Le habrá traído alguno de comer?*

Jesús les dijo:

— *Mi sustento es hacer la voluntad del que me envió.*

Significaba con tales palabras que, así como los hombres buscan con ansia el alimento corporal, para satisfacer su hambre y sed, así Él vivía del deseo de hacer la voluntad de su Padre y de procurar que las almas de los hombres quedaran redimidas y salvadas. Y, señalando luego con el dedo los campos llenos de mieses, que en Palestina muestran por el verano la albura de la plata en vez del rojo dorado de nuestras espigas, añadió:

—*¿No decís vosotros: Ea, dentro de cuatro meses estaremos ya en la siega? Pues ahora os digo yo: Alzad vuestros ojos, tended la vista por los campos, y ved ya las mieses blancas y a punto de segarse.*

Sin duda pensaba, al decir estas palabras, en los samaritanos que venían presurosos a contemplarle, y se regocijaba con la idea de la fe que prendería en sus almas, aquella fe que, predicada por sus apóstoles, había de alcanzar una completa madurez, produciendo abundante cosecha de hermosas virtudes.

Muchos samaritanos creyeron en Jesús, fundándose en el testimonio de la mujer: *Él me dijo todo lo que he hecho.* Y, cuando por sí mismos le hubieron visto y oído, quedaron tan prendados de Él, que desearon tenerle en su compañía, según refiere San Juan. El Salvador permaneció allí dos días; y con esto aumentó el número de los que creyeron en Él por haberle oído. Y así, dijeron a la mujer:—*Ahora creemos, no por lo que tú dices, sino por lo que nosotros mismos hemos escuchado: y sabemos que éste es verdaderamente el Salvador del mundo.* ¿Qué tiene de extraño que, cuando más tarde los judíos no quisieron reconocerle como Mesías, nuestro adorable Jesús recordara estos felices días pasados en Siquem y citara el ejemplo de los samaritanos para dar a los extraños una lección de gratitud y benevolencia?

Al considerar la presteza con que la mujer corrió a llevar a sus paisanos el alegre mensaje, Jesús debió de pensar que no tardaría en llegar un día, el más espléndido que amaneció jamás en la tierra, en el que otra mujer acudiría presurosa desde su sepulcro vacío a decir a sus amigos: *¡He visto al Señor!*

Y, ¡circunstancia digna de notarse!, ambas mensajeras de las grandezas del Redentor eran pecadoras.

## XXI

# Un sábado en Nazaret

Por este tiempo se encaminaba el Salvador a Galilea. La fama de sus milagros se difundía por todas partes, y los vecinos de Nazaret y de otros lugares de Galilea, muchos de los cuales habían subido con Jesús a Jerusalén, año tras año, en las épocas de las grandes festividades, entraron en curiosidad de ver de nuevo y observar atentamente a este hombre, de quien tan poco aprecio habían hecho en lo pasado. Presentóse, pues, el Salvador en su país mostrando la misma apacible sencillez de tiempos anteriores, pero a la vez con aquellos encantadores modales y aquella secreta virtud de ganar los corazones que desde entonces no ha tenido jamás semejante.

¡Cuánto daríamos por tener una fiel pintura que nos le representara tal y como los hombres le vieron, cuando andaba entre ellos! ¡Oh, si nos fuera dado vislumbrar algo de aquel misterioso poder que arrastró en pos de Él a las muchedumbres, haciéndolas olvidarse de la comida, del sueño, de las fatigas, de todo, en fin, a trueque de gozar de la presencia de Jesús de Nazaret, contemplar su rostro, oir el timbre de su voz, y beber hasta saciarse del manantial de su hermosura, al modo que la tierra sedienta se embebe y empapa de las refrigerantes lluvias del verano!

Desgraciadamente carecemos de esa pintura. En cierto lugar de las catacumbas de Roma se conserva una antigua imagen del Salvador, pero imperfecta y capaz solamente de revelarnos algunos detalles de forma e indumentaria. Representa una figura de rostro ovalado, con barba no muy larga y terminando en doble punta; los ojos negros, de mirada penetrante; la expresión del semblante grave y triste, pero lleno de dulzura; el cabello largo y partido en dos mitades cayendo sobre los hombros. Viste larga túnica, sujeta a la cintura con una correa, y sobre ella una especie de manto o capa, mientras un velo se arrolla a su cabeza como para proteger la frente y garganta de los efectos de la intemperie, y calzan sus pies unas sencillas sandalias. El color del traje parece haber sido el blanco, y su forma y materia las mismas que hoy se estilan aún en ciertas regiones del Oriente.

Figurémonos así la persona del Salvador; mas el encanto que le rodeaba no puede pintarse, y para comprenderlo se necesita haberlo sentido. Había en Él algo que hacía experimentar la impresión de lo sobrehumano; su presencia y modales inspiraban respetuoso temor, a la vez que profunda simpatía. Los que le hablaban conocían que penetraba los secretos de sus corazones. Sin embargo, el amor que irradiaban sus ojos, la dulzura de su sonrisa, la gracia de todos sus movimientos le conquistaban una adhesión absoluta, mezcla de reverencia y admiración. Los rasgos dominantes de su carácter eran la franca apacibilidad, la noble sencillez, la mansedumbre de cordero; y sin duda en estas cualidades estribaba en parte su virtud de atraer los corazones.

Los galileos habían oído hablar de los milagros realizados en Judea, y no habían olvidado la conversión del agua en vino en las bodas de Caná. La noticia de que el *Gran Taumaturgo* se acercaba al país produjo en sus moradores la más viva conmoción y el alborozo más regocijado.

Cierto personaje principal, que vivía en Cafarnaum, tenía un hijo gravemente enfermo de fiebre. Habiendo sabido que Jesús se dirigía a Caná corrió a su encuentro y le rogó que bajase con él a su casa a curar al muchacho, que se hallaba a punto de morir.

Jesús le dijo:

—*Mientras no veis signos o prodigios no creéis.*

—*Señor, baja conmigo antes que mi hijo muera*— fué la respuesta.

Los instantes eran preciosos. ¡Qué ocurriría si el Señor llegaba tarde! Evidentemente la fe de este personaje de autoridad distaba mucho de ser perfecta, pues pensaba que, si Jesús no acudía al lugar mismo donde se hallaba el enfermo, éste no podía ser curado.

Jesús repuso:

— *Vuélvete a casa, porque tu hijo vive.*

El afligido padre, obedeciendo el mandato del Salvador y creyendo en la plenitud de su poder, regresó a casa. Al descender saliéronle al encuentro los criados con el aviso de que el enfermo estaba curado. Preguntóles él la hora en que se había presentado la mejoría, y le respondieron: *Ayer a las siete desapareció la fiebre.* El padre recordó que esa era precisamente la hora en que Jesús le dijo: *Tu hijo vive;* y, a la vista de milagro tan patente, él y todas las personas de su casa creyeron en Jesús.

Como era natural, los moradores de Nazaret aguardaban con impaciencia la llegada de su convecino; sentíanse orgullosos del renombre que en todas partes gozaba, y se complacían en oir que las gentes le apellidaban con el nombre de la villa en que había pasado la mayor parte de su vida. Esperaban que predicase en la sinagoga del lugar como lo había hecho en otras de Galilea. Al cabo se verificó la llegada de Jesús; y el pueblo no cesaba de pensar en el próximo sábado, día, como se sabe, dedicado por los judíos al descanso y al culto divino. Tratemos de representarnos el aspecto que presentaría la sinagoga en esa ocasión y podremos ver lo siguiente:

Un largo y amplio salón dividido por sólida balaustrada en dos partes; los hombres a un lado, y las mujeres al otro. Frente al público, en una especie de santuario, un arca de madera o cofre cubierto con un velo, donde se guardan los rollos de pergamino en que está escrita la ley de Moisés. Delante de esta arca una lámpara que arde día y noche. Los fariseos entran con la cabeza erguida, encaminándose con solemne gravedad a los asientos superiores, mientras los demás los saludan con respeto y se apartan para abrirles paso. Las familias se detienen a la puerta para separarse, yendo hombres y mujeres a ocupar sus respectivos puestos e incorporándose los niños al padre o a la madre.

El pueblo ha acudido para orar y recibir instrucción religiosa, no para ofrecer sacrificios, lo cual sólo puede hacerse en el Templo de Jerusalén. Han ido también a ver a Jesús de Nazaret y oir sus enseñanzas, porque era costumbre que todo rabino o extranjero distinguido, defiriendo a los ruegos de la concurrencia, leyese y explicase el pasaje de los profetas señalado para el día. Abrigan, además, la esperanza de presenciar algún milagro; y la curiosidad se pinta en todos los semblantes.

Jesús penetra en la sinagoga; quítase la banda de blanca lana con franjas azules y orlada de un fleco que los judíos usan al entrar en sus templos para adorar; avanza hacia su sitio, no buscando el más elevado y honroso, sino el de los pobres, y se arrodilla para dar comienzo a la oración. Todos los rostros se vuelven hacia Él; en todas las fisonomías se refleja la admiración al contemplarle.

El servicio principia con las preces usuales, y a continuación el ministro toma un rollo del arca, y pasea su mirada por los circunstantes, para ver si alguno se ofrece a leer y explicar. Ved cómo se manifiesta en el público un sentimiento de complacencia al observar que Jesús se levanta y alarga su mano para tomar el rollo. Sube luego a la elevada plataforma, situada en el centro del local, desde donde los rabinos dirigen la palabra al pueblo, desarrolla el pergamino y lee:

*El espíritu del Señor reposó sobre mí, por lo cual me ha consagrado con su unción divina y me ha enviado a evangelizar a los pobres, a curar a los que tienen el corazón contrito, a anunciar la libertad a los cautivos, el recobro de la vista a los ciegos, a promulgar el año de las misericordias del Señor y el día de la retribución.*

Enrolla después el pergamino, lo entrega al ministro y se sienta. Los ojos de los circunstantes se clavan en Él; no se oye el menor ruido en la sinagoga.

Comienza el orador diciendo que las palabras leídas

se refieren a su persona y a las obras que ha venido a ejecutar. Él ha sido enviado para predicarles la *buena nueva,* para curar las almas, para librarlas de la esclavitud de sus pecados. Mientras habla Jesús fulgura en su grave y hermoso rostro una atrayente amabilidad, la cual se aviva al tender la vista sobre el auditorio, compuesto de aquellos mismos con quienes ha pasado casi toda su vida. Hasta ahora había debido guardar silencio; mas ya ha llegado el tiempo de hablar y difundir entre los hombres las luces y auxilios de sus enseñanzas. Las frases que salen de su boca encierran cierto hálito y virtualidad divinas que llenan de asombro a sus oyentes. A pesar de esto — conviene recordar qué clase de gente eran estos nazarenos—el público parece tomar a mal que el antiguo carpintero de su misma aldea, aquel que ha vivido sujeto a sus órdenes e indicaciones, un individuo que jamás ha estudiado ni entiende de otra cosa que de los instrumentos del oficio, pretenda ahora erigirse en maestro y lleve su audacia al extremo de declararse a sí mismo el Mesías prometido.

— *¿No es éste por ventura el Hijo de José?* — murmuran entre sí. — *Nada ha dicho del glorioso reinado del Mesías, ni de lo que piensa hacer en favor nuestro. Aquí no hemos visto ninguno de los milagros que, según cuentan, ha obrado en los pueblos circunvecinos. ¿O es que le importan menos el lugar donde se ha criado y el vecindario todo de su pueblo, que una joven pareja de Caná y un mozo enfermo de Cafarnaum?*

Nótese cómo los fariseos fomentan este movimiento de desaprobación, y cómo la intranquilidad empieza a cundir y extenderse por todos los ángulos de la sinagoga.

Los murmullos de descontento se repiten:

— *Y bien: ¿qué derecho tiene para portarse de ese modo? ¿No es una profanación atribuirse a sí propio, sin ser realmente Dios, un pasaje que se refiere a Aquel cuyas obras y palabras indican de una manera clara su procedencia divina?*

Tales son los juicios que formaban los nazarenos al escuchar a Jesús, en lugar de decir con Nicodemo: *Na-*

*die puede realizar tan estupendos milagros, si Dios no está con él.*

Contemplad, no obstante, à nuestro Salvador conservando su imperturbable serenidad en medio del creciente tumulto; oye las murmuraciones que llenan el local y lee los sentimientos de todos los corazones. Prosigue su discurso y dice:

—*Sin duda me diréis: "Médico, cúrate a ti mismo"; todos los prodigios que, según nuestras noticias, has realizado en Cafarnaum, hazlos también aquí en tu patria. Mas, en verdad os digo que ningún profeta es bien recibido en su propio país. Por cierto que muchas viudas había en Israel en tiempo de Elías, cuando el cielo estuvo sin llover tres años y seis meses, siendo grande el hambre por toda la tierra, y, no obstante, a ninguno fué enviado Elías sino a la viuda de Sarepta, ciudad gentil del territorio de Sidón. Y muchos leprosos había en tiempo de Eliseo, y, sin embargo, ninguno fué curado por este profeta sino Naamán, natural de Siria.*

Esto era demasiado. ¡Cómo! ¿se atreve a decir que los extranjeros y gentiles deben ser antes que ellos, los descendientes de Abrahán? La cólera se apodera del auditorio, que se arroja frenético sobre el orador; le sacan violentamente de la sinagoga, le llevan a empujones por la escarpada calle que conduce a la cima de la montaña, con objeto de precipitarle cabeza abajo desde lo más alto; llegan con Él al borde mismo del despeñadero, y en el punto mismo de ir a ejecutarlo empujándole... Jesús, atravesando por entre ellos, emprendió el camino de Cafarnaum.

Así acabó el recibimiento que los nazarenos dispensaron a su convecino: intentando despeñarle desde lo alto de una montaña, al modo que más tarde quisieron también hacerlo los de Jerusalén, a fin de acabar con Él de una vez. Ambos intentos de asesinato manifiestan la gratitud y correspondencia que el Salvador podía esperar del pueblo a quien deseaba instruir y salvar. Jesús no castiga entonces estos crímenes, ni profiere siquiera una expresión de queja; pero ¡qué pena tan honda no traspasaría su sensible corazón, tan amante del país y del pueblo en que había nacido!

## XXII

# Su propia ciudad

Hasta esta época los discípulos del Salvador no le habían acompañado constantemente; pero ha llegado el momento de que lo hagan así en virtud de la vocación especial que recibirán al efecto.

Al abandonar a Nazaret, Jesús se encaminó a Cafarnaum, que, como recordaréis, es una ciudad situada en la costa del mar de Galilea. Paseando un día por la playa vió a Pedro y Andrés ocupados en arrojar sus redes al mar, y les dijo:

— *Venid en pos de mí, y os haré pescadores de hombres.*

E inmediatamente, dejando sus redes, le siguieron. Yendo Jesús un poco más allá, vió a Santiago, el hijo del Zebedeo, y a Juan su hermano, que estaban con su padre remendando las redes en una barca, y los llamó también. Los dos mancebos abandonaron, sin más dilación, la tarea; y, separándose de su padre, acudieron al llamamiento de Jesús. Por su amor dieron de mano a todo cuanto tenían: padre, madre, aparejos de pesca que les proporcionaban el diario sustento, y sus pequeñas posesiones, sin cuidarse de indagar el lugar adonde los llevaba, ni qué destino pensaba darles, ni cuánto tendrían que sufrir en su compañía. Estar con Él, pertenecerle, era bastante.

Sin duda advertiréis que tenemos ahora un sexto discípulo, es a saber, Santiago, hermano de Juan y pescador como él. La mayoría de los que habían de seguir al Salvador para quedar después constituídos en fundadores de la Iglesia fueron pescadores, como si dijéramos, la gente menos a propósito que pudo elegir para tamaña empresa. Bajad a una playa cualquiera y observad a estos rudos hijos del mar en el momento de disponerse a penetrar en él, o cuando, ya dentro, trabajan en la faena de halar sus redes. ¿Verdad que no tienen la menor traza de servir para desempeñar la altísima misión de maestros del mundo? Conocen los hábitos y mañas de la pesca, entienden algo de pronosticar el tiempo, de gobernar sus barquichuelas; y a esto queda reducida toda su ciencia. Pues bien, los pescadores de Galilea se parecían mucho a los que vosotros hayáis visto, siendo como ellos rudos, sencillos e ignorantes; no obstante lo cual, Jesucristo sacó de entre ellos los Príncipes de su Iglesia. No quiso que se dijera que el mundo había sido convertido por la ciencia humana de los maestros enviados a predicar el Evangelio; antes bien se propuso obligar a los hombres a confesar que, si semejantes predicadores eran capaces de convencer a los sabios y a los grandes de la verdad de la religión que enseñaban, debía ser porque Dios estaba con ellos, y, de consiguiente, porque la religión enseñada era divina.

Tan prolongado fué el tiempo que el Salvador moró en Cafarnaum, y tan numerosos los milagros allí realizados, que la mencionada ciudad vino a llamarse la ciudad de Jesús, "su propia ciudad". Era ésta una población de gran tráfico. Los soldados romanos iban y venían por todas partes con sus centuriones haciendo la guarnición; los fariseos y escribas, los cortesanos de Herodes, oficiales de aduanas, patronos y pescadores llenaban las calles todas, y en los bazares y plaza del mercado veíanse negociantes de diversas naciones.

Sigamos a nuestro Salvador durante uno de los días de su permanencia en Cafarnaum; y elijamos, al efecto, el sábado aquel del que tres de los cuatro evangelistas nos han dejado un minucioso relato.

A la hora de la oración le hallaremos en la sinagoga, hermoso edificio construído para los judíos por el jefe romano de la plaza, el cual, aunque gentil, trataba con benignidad al pueblo conquistado y reverenciaba al Dios de Israel. Jesús se halla, como de ordinario, predicando a la piadosa concurrencia, cuando de pronto se oye un alarido tan penetrante y aterrador, que cuesta trabajo creerlo proferido por humana garganta. Así era, sin embargo, aunque otra intervención superior a la del hombre concurría a producir aquel espantoso lamento.

Antes de la venida de Jesucristo los espíritus malignos tenían un poder mucho mayor que el que desde entonces han ejercido. Valíanse de él para atormentar cruelmente a los poseídos por ellos, impulsándolos a arrojarse en el fuego o en el agua y obligándolos a decir y hacer cosas que por sí mismos nunca hubieran dicho ni hecho. Una de estas infelices criaturas había penetrado en la sinagoga, y, cuando el Salvador se hallaba en la mitad de su discurso, prorrumpió en gritos y voces diciendo:

—*¿Qué tenemos que ver contigo, Jesús de Nazaret? ¿Has venido a perdernos? Te conozco y sé que eres el Santo de Dios.*

¡Triste y espantoso grito! Los perversos espíritus reconocen que Jesús no ha venido para redimirlos. Nada tienen que ver con Él. Antes bien, le aborrecen y odian como a todo lo que le pertenece. En cambio, ¡cuán dichosos y agradecidos debemos sentirnos nosotros de que haya venido para nuestra salud; de que con Él tengamos que tratar y conferir todos nuestros asuntos del cuerpo y del alma; de que le pertenezcamos y Él nos pertenezca; de que nos haya salvado del pecado y del infierno!

Jesús le conminó, diciendo:

—*Enmudece, y sal de ese hombre.*

Y el espíritu maligno, agitando a su víctima con violentas convulsiones y dando espantosos alaridos, salió de él.

¡Qué sorprendente escena se desarrolló entonces en la sinagoga! A los gritos del demoníaco el pueblo se pone de pie asustado; mas, pasada la primera impresión, la curiosidad se sobrepone al miedo, y todos procuran acercarse al poseído formando un corro a su alrededor, mientras el desgraciado se revuelca en el suelo con extrañas contorsiones. Al fin le ven libre de su atormentador, levantando los ojos llenos de lágrimas de gratitud para fijarlos en el rostro de su bienhechor y médico. Levántase después y se aleja tranquilamente; y entonces la admiración despertada por el suceso se desata en exclamaciones de asombro y en frases de alabanza: *¿Quién es éste, a cuyo imperioso mandato así obedecen aun los espíritus del mal?*

Muy luego circuló por todo Cafarnaum la relación del caso, y, corriendo de boca en boca y de ciudad en ciudad, se esparció por la comarca entera de Judea.

Alentados quizá por la curación que habían presenciado, los discípulos hacen saber a Jesús que la suegra de Simón yacía postrada en cama con una gran fiebre, y le ruegan que vaya a verla. Encamínase allá el Salvador con Santiago y Juan, abriéndose paso con dificultad por entre los grupos que discuten y comentan el suceso de la mañana. Luego que consiguieron llegar adonde se hallaba la enferma, Jesús ordena a la fiebre que desaparezca; y así se cumple. Y, tomando de la mano a la recién curada, la puso en pie. Añaden los evangelistas que, cuando el Señor y sus discípulos se sentaron después a tomar su pobre refección, ésta fué servida por la febricitante de momentos anteriores. San Lucas, que era médico, advierte de un modo especial que se trataba de una *gran fiebre;* y que, levantándose la enferma, inmediatamente los asistió a la mesa. Cuando Jesús cura no hay necesidad de convalecencia.

No tardó tampoco en difundirse la fama de esta curación, contribuyendo a aumentar el entusiasmo despertado por el espectáculo de la sinagoga. Si Jesús de Nazaret pudo sanar al endemoniado y a la enferma de fiebre, ¿por qué no podría hacer lo mismo con todos los enfermos de Cafarnaum? La excitación que en los ánimos levantaban estos acontecimientos era intensa. Todos los que sufrían algún padecimiento y todos los inválidos de cualquier género que fuesen, aun los ciegos, sordos y mudos de nacimiento, debían ser presentados al milagroso Médico, pues para todos había en Él esperanza de curación.

Apenas había el sol ocultado su disco bajo la remota línea del horizonte, señalando así el término del día de sábado, cuando una triste procesión se encaminaba a la casa de Pedro, donde estaba alojado el Salvador. Pero ¿es que en verdad iban tristes los que la formaban? ¡Oh, no! Los cojos parecían saltar de júbilo al arrastrarse con paso desigual y apresurado apoyados en sus muletas; los impasibles semblantes de los ciegos reflejaban un sentimiento de esperanza; y hasta los sordos y mudos significaban su regocijo al enterarse de que también para ellos había remedio. Por supuesto, no faltaban dificultades para conseguir que los posesos ocuparan el primer lugar, y para conducir sin riesgo a los moribundos. Pero, ¿qué importaban dificultades ni riesgos con tal de conseguir que al cabo los viera el Salvador?

*Y toda la ciudad se aglomeró a la puerta,* dice San Marcos: los enfermos obstruían las calles con sus camillas; los otros inválidos, reunidos en un grupo numeroso, se amontonaban a la entrada, apretándose contra ella los primeros, empujados por los que estaban detrás; mientras una inmensa y compacta muchedumbre de curiosos — toda la ciudad en masa — se estrujaba en los callejones, avanzando con lentitud y luchando unos con otros por alcanzar los puestos más avanzados, en el ansia de ser testigos de lo que iba a ocurrir. Los que presenciaron este espectáculo, ¿podrían olvidarse jamás del aspecto que presentaban aquellos millares de rostros en el momento de abrirse la puerta y aparecer en el umbral la figura de Jesús?

Salió el Salvador y, recorriendo las hileras interminables de enfermos y moribundos, extendía amorosamente sus manos sobre ellos y los curaba con su contacto. El texto sagrado nos asegura expresamente que ninguno se retiró descontento o defraudado en sus esperanzas: *Jesús, poniendo sus manos sobre cada uno de ellos, los curó. Y los demonios salieron de muchos gritando: Tú eres el Hijo de Dios.*

Imaginaos cómo estarían aquella noche las calles de Cafarnaum, materialmente ocupadas por los grupos que se formarían en torno de los curados para dirigirles preguntas interminables y felicitarlos; figuraos las manifestaciones de asombro, los gritos y cánticos de acción de gracias y los arrebatados transportes de júbilo que resonarían en todas partes. ¿Era posible que nadie pudiera descansar aquella noche?

Y, entretanto, ¿dónde se hallaba y qué hacía el causante de esta popular conmoción? Con el cuerpo abrumado de fatiga y el espíritu inundado de tristeza, se había recostado unos instantes aguardando a que el tumulto se deshiciera y todos regresaran a sus casas; y a la mañana siguiente, muy temprano, se levantó y partió para un lugar desierto, donde se entregó a la oración. Las gentes acudieron en su busca, y Simón, que le había seguido de cerca, se llegó a Él y le dijo:

—*Señor, todos te buscan.*

Y Jesús respondió:

—*Vamos a las villas y ciudades inmediatas, para predicar también en ellas, porque a este fin he sido enviado.*

Compréndese que, después del trabajo del día mencionado, sintiese el Salvador su cuerpo rendido de fatiga; pero, ¿qué causa motivaba la tristeza de su corazón? La causa era que, por virtud de su doble naturaleza, divina y humana, los padecimientos le afectaban de un modo incomparablemente superior a lo que un puro hombre puede sentir. Él penetraba el fondo de los corazones y tenía presentes los sucesos venideros. Veía que su ciudad bien amada, su segunda patria como podríamos llamarla, después de ser testigo de tantos milagros, rehusaría creer en su Divinidad, mereciendo por ello eterno castigo. Cierto día, cuando tocaba ya a su fin la época de la predicación, comenzó a increpar a las ciudades que fueron teatro de la mayoría de sus milagros, echándoles en cara su obstinación e impenitencia:

—*¡Ay de ti, Corozaín! ¡ay de ti, Betsaida! Y tú, Cafarnaum, tú serás precipitada en el abismo. Porque si en Sodoma y Gomorra se hubieran obrado los milagros que se han obrado en ti, acaso permanecieran aún hasta el día de hoy. Pero, en verdad te digo que, en el día del Juicio, el castigo de Sodoma será más tolerable que el tuyo.*

## XXIII

## Hoy hemos visto cosas admirables

Un día, hallándose Jesús paseando en las riberas del lago de Genesaret, la afluencia de gente ansiosa de verle y oirle fué tan grande, y de tal modo le cercaban y oprimían, que le fué preciso entrar en una lancha, propiedad de Simón Pedro, y ordenar a éste que remase mar adentro, alejándose un poco de la costa. Luego, sentado en la pequeña embarcación, comenzó a predicar al pueblo, que en apiñada muchedumbre se agolpaba en la playa hasta llegar a la orilla misma del agua. Cuando acabó de hablar dijo a Simón:

— *Boga hacia alta mar, y tended vuestras redes para la pesca.*

Simón había pasado la noche con sus compañeros echando la red, cuándo a un lado, cuándo a otro, mas sin provecho alguno. —¿A qué perder el tiempo una vez más? hubiera replicado cualquier otro pescador en tales circunstancias; pero Simón había visto ya bastante para obedecer sin oponerse.

— *Maestro* — dijo, — *toda la noche hemos estado fatigándonos, y nada hemos cogido; no obstante, echaré la red en tu nombre.*

Y, cuando lo hubieron hecho, recogieron tan enorme cantidad de peces, que la red se rompía. Por lo que hicieron señas a los compañeros que estaban en otra barca para que vinieran y les ayudaran. Vinieron luego, y llenaron de peces las dos lanchas de modo que estuvieron a punto de hundirse. Sumergíanse más y más cada vez, en términos de llegar el agua a los bordes de las embarcaciones y no poder moverse sin riesgo de zo-

zobrar, y al ver esto Pedro, sintiendo tan cerca de sí la influencia del poder divino y su propia pequeñez e indignidad, se arrojó tembloroso a los pies de Jesús, exclamando:

—*Apártate de mí, Señor, que soy un hombre pecador.*

Atónitos quedaron él y los que con él estaban a la vista de aquella gran redada; y no menor fué el asombro de Santiago y Juan, compañeros de Pedro. Entonces Jesús dijo a éste:

—*No temas; de hoy en adelante serán hombres los que has de pescar.*

Y, después de sacar las barcas a tierra, lo abandonaron todo para seguirle; no sin que Simón fuera revolviendo en su ánimo qué podrían significar las palabras: *de hoy en adelante pescarás hombres.*

Pasando un día el Señor por cierta ciudad, cuyo nombre no se nos dice, un ser miserable que se había dado maña para no ser visto, salió disparado como una flecha del escondrijo en que se ocultaba y se arrojó a los pies de Jesús. Era un hombre, pero en estado tan espantoso y repugnante, que apenas tenía forma de tal. El cabello blanco y desgreñado medio cubría la porción de rostro que le quedaba; los ojos eran vidriosos y fijos; los párpados y labios habían desaparecido; las mejillas estaban roídas por la enfermedad, y el cuello y manos se hallaban cubiertos de costras blancas. El desgraciado que así se presentaba a Jesús es descrito por el evangelista médico, San Lucas, con estas breves palabras: *un hombre cubierto de lepra.*

Nada tenía que hacer en la ciudad, porque a los leprosos les estaba prohibido aproximarse a poblado. Llevaban consigo la corrupción del sepulcro: su presencia inficionaba el aire; se los consideraba muertos, cuyo lugar propio eran los cementerios, y no los sitios habitados por los vivos. Abandonados de sus parientes más cercanos, que huían de ellos, eran arrojados a los desiertos con las fieras. Sin albergue, alimento, medicina ni ropas con que cubrir su miseria, vagaban por los alrededores de las villas y lugares, hechos objeto de recelo y horror para todo el mundo. Si alguien se les acercaba tenían obligación de lanzar el temeroso grito: *¡Impuro! ¡Impuro!* Desde lejos pedían a los pasajeros que les arrojasen un bocado de pan o algunos trapos con que cubrir sus llagas. Cuando se acercaban a poblado la gente los ahuyentaba a gritos, pedradas e insultos; no porque sus crímenes lo merecieran, sino por la terrible enfermedad que padecían, por ser leprosos.

El infeliz de quien hemos hablado anteriormente sabía que faltaba a la ley acercándose a la ciudad; pero había oído que Jesús de Nazaret curaba todo género de dolencias y enfermedades, y tenía alguna esperanza de que se apiadase de él. Corrió, pues, a postrarse, tocando con su boca el polvo, a los pies del Señor, y ocultando su desfigurado rostro:

— *Señor* — exclamó, — *si quieres puedes limpiarme.*

Entonces Jesús, compadecido, extendió las manos y tocándole dijo:

— *Quiero; sé limpio.*

Estas solas palabras hubieran sido bastante; pero el Salvador añadió el contacto de sus sagradas manos. No se hizo atrás con repugnancia esquivando la presencia de aquel montón de miseria, sino que le contempló con divina compasión, y — porque la lepra es acaso la imagen más perfecta del pecado — le tocó con infinita benignidad. E instantáneamente el leproso quedó limpio. No hubo tiempo para que la multitud indignada prorrumpiese en denuestos contra el impuro y le apedrease, pues antes de extinguirse el rumor de su plegaria había dejado de ser leproso: — *Señor, si tú quieres puedes limpiarme.* — *Quiero; sé limpio.* — La concesión resonó rápida, como el eco de la súplica.

¡Oh palabras y contacto de Cristo! Todo lo que el leproso había perdido lo recobró en un instante; sintió circular por sus venas una corriente de vida nueva; el dolor, las llagas, las miserias de alma y cuerpo, las asquerosas escamas que le cubrían... todo desapareció. Hallóse de pronto inmune y emancipado, libre para mostrarse con la frente erguida ante sus convecinos, volver a su casa y recobrar las cosas todas que antes había amado.

Fijó el Señor bondadosamente sus ojos en el rostro radiante de alegría que el recién curado levantaba hacia su bienhechor y díjole:

—*Mira, que a nadie digas nada; pero anda y preséntate al sacerdote.*

Con mil amores cumpliría el regocijado exleproso la orden de presentarse al sacerdote para ser declarado limpio, y exento, por lo tanto, de las privaciones impuestas por la ley; pero guardar silencio cuando la alegría y el deseo de publicar su ventura le reventaban en el corazón, ¿cómo podría hacerlo? Seguramente pensó que semejante precepto no le obligaba, y alejándose comenzó a pregonar por todas partes el prodigio que con él había obrado Jesús de Nazaret.

Una vasta muchedumbre se agolpaba cierta mañana alrededor de una casa de Cafarnaum. Dentro de ella estaba el Maestro sentado enseñando su doctrina. No quedaba en el interior de la vivienda lugar desocupado, y la gente formaba a la puerta un apiñado grupo, ávida de ver y oir a Jesús; porque la cura del leproso había causado honda sensación en la comarca entera, y allí estaban presentes *los fariseos y doctores de la ley de las ciudades todas de Galilea y Judea junto con los de Jerusalén.* Muy luego reunióse allí un número considerable de enfermos que aguardaba, no con la esperanza de obtener entrada en la casa, sino confiados en que, al salir el maravilloso Médico, se dignaría echar sobre ellos una mirada de compasión, o hablarles quizá alguna palabra que bastara para remediar sus males.

Poco después cuatro hombres aparecieron conduciendo en hombros una camilla con un paralítico. Dieron vuelta por detrás de la multitud buscando un hueco por donde acercarse a la entrada, y, al cabo, después de no pocos esfuerzos, consiguieron abrirse paso y llegar a la puerta. Pero cuando pretendieron pasar adelante no hubo manera de conseguirlo, y con frases descompuestas se les intimó alejarse y no perturbar a los demás. Parecieron ellos, al pronto someterse a lo que se les exigía; mas al poco rato se les vió subir con su desvalido por la estrecha escalera que conducía a la azotea. Una vez allí comenzaron a quitar las losas con gran estrépito, lo cual motivó airadas protestas de los que estaban abajo escuchando la predicación de Jesús. Al fin consiguieron abrir un boquete bastante capaz para dar paso a la camilla; y el enfermo fué bajado por allí y colocado en medio de la concurrencia, y a la vista de Jesús.

El cual, al ver la fe del enfermo y sus camilleros, dijo al paralítico:

—*Ten buen ánimo, hijo, tus pecados te son perdonados.*

El Salvador vió el estado de su alma tan clara y distintamente como el de su cuerpo; y porque conocía la superior dignidad y excelencia de aquélla pensó en curarla primero. El pobre lisiado levantaba sus trémulas manos, y miraba ansiosamente al gran Médico, pensando únicamente en la salud del cuerpo y recelando quizá que sus pecados le hicieran indigno de recobrarla. En premio de su fe el Señor le concedió el arrepentimiento de sus culpas, condición necesaria para alcanzar el perdón de las mismas, y le absolvió secretamente de todas.

Advertid ahora cuidadosamente lo que ocurre; porque esta escena, como otra que posteriormente tuvo lugar en Cafarnaum, es una de las más importantes en la vida del Salvador. Lo primero que conviene recordar es el extraordinario número de fariseos y escribas que, procedentes de los diversos puntos de Galilea y Judea, se habían congregado en esta ocasión y se contaban entre la concurrencia que llenaba el recinto de la casa.

Estos hombres comenzaron a pensar en su interior: "*¿Por qué se atreve a expresarse en la forma que lo hace ese Nazareno? Indudablemente está profiriendo blasfemias. ¿Quién puede perdonar los pecados sino sólo Dios?*"

Y Jesús, leyendo sus pensamientos, les dijo:

—*¿Qué es lo que estáis resolviendo en vuestros corazones? ¿Cuál es más fácil de decir: "Tus pecados te son perdonados", o "Levántate y anda"? Pues para que* *veáis que el Hijo del Hombre tiene potestad en la tierra de perdonar pecados, levántate*—dijo entonces al paralítico,—*carga con tu camilla y vete a tu casa.*

E inmediatamente, levantándose en presencia de todos, tomó el lecho en que yacía y se alejó de allí glorificando a Dios. Con lo cual los presentes, llenos de santo temor, decían:

—*Hoy sí que hemos visto cosas admirables.*

Advertid de cuántos modos se nos manifiesta aquí Jesucristo obrando como Dios. Él ve la fe del pobre paralítico y la de sus amigos; penetra los malignos pensamientos de los fariseos, conoce los pecados secretos del enfermo; los perdona, y realiza un milagro en el cuerpo, a fin de evidenciar su poder sobre el espíritu.

San Mateo dice que *los circunstantes glorificaban a Dios por haber concedido a los hombres tan admirable poder,* es decir, que alababan la bondad y misericordia divinas, no sólo por la curación del enfermo, sino porque el milagro evidenciaba ante concurso tan numeroso la posibilidad de conferir a los hombres el poder de perdonar los pecados.

Cuando los impíos, o los que no creen en la confesión, se burlen de nosotros porque acudimos al tribunal de la Penitencia, o cuando nos dijeren que ellos manifiestan sus pecados a Dios y no a hombre alguno, citando aquellas palabras: *¿Quién puede perdonar los pecados sino sólo Dios?,* acordémonos de esta escena de Cafarnaum y de la otra de Jerusalén ocurrida el día de Pascua, en la que nuestro adorable Redentor, apareciéndose a los apóstoles, les comunicó su poder diciendo: *Los pecados que perdonareis serán perdonados.* Y ahora unamos nuestras alabanzas a las del pueblo de Cafarnaum, porque Dios se ha dignado depositar en puros hombres tan admirable poder.

Seguido, como de costumbre, por la multitud, nuestro Señor tomó el camino que desde la ciudad mencionada conduce al mar de Galilea. Anclaban a la sazón los barcos junto al pequeño muelle y descargaban sus mercancías, las cuales eran llevadas al despacho de Mateo el publicano, que era el encargado de cobrar el impuesto respectivo. Hallábase el cobrador sentado en medio de varios bultos de géneros y teniendo delante de sí varias pilas de monedas, cuando, entre el ruido y confusión de los que allí iban y venían, se oyó una voz imperiosa que procedía de fuera del local y profería esta palabra: *¡Sígueme!*

Mateo miró a su alrededor, y sus ojos se encontraron con los de Jesús de Nazaret, que pasaba por allí cerca; y sin más dilación se levantó y salió. Probablemente había visto al Señor antes de ahora y oído su predicación; pero bien lejos estaba de soñar siquiera en el honor de que Jesús reparase en su persona y le eligiera por discípulo.

¡Ni un pensamiento más para el negocio que abandonaba, para el dinero que acababa de recibir, para el *qué dirán* de las gentes! ¡El gran Profeta y Taumaturgo le había llamado a él, que era un publicano! Su corazón latió de júbilo inesperado; parecía increíble tanta ventura.

Los publicanos eran tenidos por traidores a su patria y a su Dios, porque cobraban tributos para los romanos, y también como grandes pecadores, a causa de los fraudes que justamente se les atribuían. Aun entre los judíos más pobres, no había uno que no se apartase de ellos con desprecio. Los *honrados* fariseos recogían siempre sus vestidos al pasar cerca de un publicano, para evitar que éste les contaminase con su contacto. Y los mismos discípulos debieron de quedar asombrados al ver a un publicano admitido en su compañía. Por lo que a Mateo se refiere, vióse precisado a buscar desahogo a su regocijo, dando un banquete, al que asistió gran número de sus antiguos compañeros de oficio y otros, conocidos públicamente como pecadores, todos los cuales se sentaron a la mesa con Jesús y sus discípulos. ¡Cuánto conforta y reanima esta benignidad del Salvador, que no se desdeña de habitar bajo el mismo techo con tal género de acompañantes!

No faltaron algunos fariseos que, según la costumbre de Oriente, se acercaran a la puerta para ver lo que sucedía, y también para murmurar y producir molestias a los invitados, cosa que no era costumbre del país.

—*¿Por qué* —preguntaron a los discípulos— *come y bebe vuestro Maestro con publicanos y pecadores?*

Oyendo Jesús esta pregunta respondió:

—*Los sanos no necesitan de médico, sino los enfermos. No son los justos, sino los pecadores, los que he venido a llamar a penitencia.*

Acaso aquellos *justos* que entonces le censuraban se retirarían avergonzados. De cualquier modo, no tenemos noticia de que se repitieran más, por entonces, las censuras y objeciones.

# XXIV

## Los Doce

En esta época llegó la segunda Pascua de la vida pública de Jesús. El país estaba, de un extremo a otro, lleno de la fama de su nombre. En las populosas ciudades, en las desiertas aldeas, en las sinagogas, bazares y calles, y hasta en el Templo mismo, Jesús de Nazaret y sus admirables obras andaban en boca de grandes y pequeños. En Galilea Herodes Antipas, en Judea Poncio Pilato, habían procurado informarse de cuanto se decía del nuevo Profeta, el cual llegó a tener partidarios aun en los palacios de los dos citados gobernantes. Juana, esposa del mayordomo de Herodes; Claudia Prócula, mujer del procurador romano, y muchos otros personajes de alta posición e influencia, se declararon discípulos de Cristo, unos siguiéndole públicamente con la multitud, otros profesando en secreto sus doctrinas. Las noticias de las curaciones últimamente realizadas corrieron con la velocidad del rayo por todos los rincones de Palestina, despertando un entusiasmo que aumentaba diariamente.

Porque es de advertir que los milagros consignados en los Evangelios son únicamente algunos ejemplos, sacados del número inmenso de prodigios obrados por el Salvador. Día tras día, en toda suerte de lugares y a todas horas, Jesús estuvo entre enfermos y desgraciados. Y *por doquiera pasó haciendo bien,* pues tal era el quehacer más importante de su vida.

Propalóse por todas partes la noticia de haber curado en día de sábado a un enfermo, conocido de todo Jerusalén. Era éste el paralítico de la Probática Piscina, quien, por espacio de más de cuarenta años, había aguardado tendido en su lecho junto a ella, y mirando ansiosamente al agua, en la que habría, tiempo ha, obtenido la anhelada curación si algún amigo o alma caritativa le hubiera prestado su ayuda para entrar en el estanque, en el momento de bajar el ángel del Señor y agitar el líquido. Jesús de Nazaret le vió, y, sin preguntarle cosa alguna, le sanó, ordenándole tomar su lecho y retirarse a su casa. El pueblo prorrumpió en aclamaciones cuando le vió pasar con la camilla a cuestas. Pero no se había alejado aún demasiado, cuando algunos fariseos se llegaron a él y le detuvieron para decirle que estaba quebrantando el descanso semanal con transportar su cama de aquel modo.

Otro sábado, hallándose Jesús exponiendo su doctrina ante una concurrencia que llenaba enteramente la sinagoga, presentósele un hombre que tenía seca la mano derecha. Los circunstantes se precipitaron a colocarse sobre los asientos superiores donde estaban los fariseos y alrededor de la plataforma que ocupaba Jesús. Era seguro que el lisiado recobraría el uso del miembro muerto, y también lo era que los fariseos se escandalizarían moviendo sus cabezas en señal de desaprobación; y el pueblo quería ver el espectáculo y gozar de él.

No quedaron defraudados estos deseos. Los escribas observaban atentamente al Salvador para ver si se propasaría a curar en día de fiesta.

Jesús mirólos fijamente con entera tranquilidad, y se volvió después al manco diciéndole:

—*Levántate y colócate en medio.*

Hízolo así el interpelado; y entonces el Salvador, hablando con los fariseos y Doctores de la Ley, añadió:

—*Tengo que haceros una pregunta: ¿es lícito hacer bien en los días de sábado?*

Los interrogados guardaron silencio, y Jesús repuso:

—*¿Qué hombre habrá entre vosotros que tenga una oveja, y si ésta cae en una fosa en día de sábado, no la levante y saque fuera? Pues ¿cuánto más vale un hombre que una oveja? Luego es lícito hacer bien en día de sábado.*

Dichas estas palabras miró en torno de sí con aire indignado y terrible, y dijo al hombre de la mano seca:

—*Extiende tu mano.*

Y el manco dejó de serlo en el acto, extendiendo su mano, que quedó sana y fuerte como la otra.

"*Siempre ha sucedido lo mismo*—murmuró entonces la multitud.—*Si los fariseos no quieren creer en Él harían mejor en dejarle en paz. ¿A qué viene el seguirle a todas partes, molestándole con preguntas y objeciones?*"

Cierto día, también de sábado, con ocasión de pasar el Salvador por unos sembrados, sus discípulos, que tenían hambre, comenzaron a arrancar espigas y, estregándolas entre las manos, comían el trigo. Inmediatamente los fariseos los reprendieron diciéndoles:

—*¿Por qué hacéis lo que no es lícito en día de sábado?*

Jamás veremos a estos hipócritas guardadores de las exterioridades de la Ley, ni tampoco a los sacerdotes, unirse al pueblo para aclamar y bendecir a Jesús. ¿Ellos habían de descender a semejante indignidad? En vez de alegrarse cuando los enfermos y demoníacos curados por Jesús se les presentaban llenos de alegría, los reprendían ásperamente, diciéndoles que era un crimen tratar con el Nazareno, porque sus curaciones todas se hacían por intervención del príncipe de las tinieblas.

Este modo de proceder da constante ocasión al pueblo para hablar de Jesús, comentando la envidia y odio que los fariseos y escribas le profesaban.

El segundo año de su ministerio fué inaugurado por el Señor con un acto de altísima importancia, acto que se relaciona con la salud eterna de cada uno de nosotros. Tal fué la fundación del Colegio Apostólico, base de su Iglesia, cuyo destino se cifra en continuar la obra de salvación de los hombres.

Antes de la venida del Salvador, el mundo se hallaba sumido en tinieblas de muerte, y el camino del reino de los cielos era difícil de conocer y seguir. ¡Qué noche tan espantosa no volvería a caer sobre la humanidad al partir Jesús, sol de vida indeficiente! Razón tenían para exclamar: *Quédate con nosotros, Señor, porque se extingue la luz del día.* Mientras Jesús estaba con ellos no necesitaban fatigarse en buscar la verdad; bastábales creer en Él y cumplir lo que les mandaba. Si los enemigos con quienes tenían que luchar eran astutos y fuertes; si la tribulación arreciaba, en su mano tenían el refugiarse bajo su amparo. Pero, ¿qué sería de ellos cuando les faltara el abrigo y defensa de su Maestro?

También el Señor se había propuesto a sí mismo esta cuestión. Para comprender bien la solución que determinó darle necesitamos tener presente el tierno amor que profesó, no solamente a los que le siguieron en tropel durante su vida mortal, sino también a cada alma redimida con su preciosa sangre, esto es, a cada uno de nosotros. Por más escasa que pueda ser nuestra representación en el mundo, por grandes y numerosos que sean nuestros pecados, tenemos, no obstante, cada uno en particular, un sitio en el corazón de Jesús, y podemos decir con San Pablo: *Él me amó y se entregó por mí.*

Y porque nos ama necesita excogitar el medio de hacer llegar hasta nosotros el Evangelio o la *Buena Nueva* que ha traído al mundo, mediante la cual, los que nunca hemos visto su rostro, ni oído el tono de su voz, lleguemos a conocer lo que debemos practicar para conseguir la salvación de nuestras almas. Lo mismo que los individuos de las muchedumbres que le rodearon en las aldeas judías y en las ciudades de Galilea, también nosotros habíamos de necesitar ser enseñados y confortados, y también tendríamos pecados que perdonar. Y porque la mayoría habríamos de carecer de bienes de fortuna y grandes talentos, viéndonos obligados a ganar el pan de cada día con el sudor de nuestra frente, era preciso que halláramos expedito y llano el camino de los cielos, ya que habría de faltarnos tiempo, a pesar del natural despejo de que pudiéramos estar dotados, para entregarnos a la meditación y estudio completo de las arduas cuestiones que lleva consigo el negocio de la salvación del alma.

Todo esto tuvo en cuenta nuestro amado Salvador;

y por eso hizo lo que a continuación exponemos. De entre los que creyeron en Él y escucharon con docilidad sus enseñanzas eligió doce, a los que llamó apóstoles, es decir, *mensajeros, enviados,* porque les confiaba la misión de continuar su obra entre los hombres, enseñándoles lo que ellos mismos habían aprendido de Él. Estos elegidos fueron objeto de cuidados y solicitudes preferentes, a fin de que pudieran llevar a cumplida realización la gran empresa que se les encomendaba.

Jesús hizo preceder una solemne preparación al acto de elegir a sus apóstoles. *La tarde anterior* — dice San Lucas — *se retiró a lo alto de una montaña y allí pasó toda la noche en oración;* no porque Él lo necesitase en realidad, sino para darnos ejemplo de implorar de Dios sus auxilios y luces, especialmente cuando tenemos que ejecutar alguna obra de importancia o adoptar alguna resolución de gran trascendencia.

*Y así que fué de día llamó a sus discípulos y escogió entre ellos a los que quiso, disponiendo que doce permanecieran en su compañía, a fin de enviarlos a predicar.* Dióles el poder de curar las enfermedades, echar los demonios, resucitar los muertos y perdonar los pecados. Más tarde, al abandonar la tierra, los mandó ir por todo el mundo y predicar el Evangelio a toda criatura, prometióles su Espíritu Santo, el cual había de morar siempre en ellos, comunicándoles toda verdad, y asistiéndolos con sus luces y ayuda hasta la consumación de los siglos.

Como la misión de estos apóstoles consistía en predicar al mundo la doctrina del Salvador y enseñarla con la autoridad del mismo Divino Maestro, los hombres deberían escucharlos con la respetuosa atención debida al que los enviaba. *El que a vosotros oye* — les dijo, — *a mí me oye, y el que os desprecia, a mí me desprecia.* Con la palabra *vosotros,* nuestro Salvador no sólo los designó a ellos, sino también a sus sucesores. Porque al fin aquellos doce hombres habían de morir; pero su obra no debía quedar interrumpida, y, por esto, deberían legarla a sus sucesores, con los cuales Cristo prometió permanecer de igual suerte que con los primeros doce, hasta el fin de los tiempos.

Los que oyeren a los apóstoles y creyeren en sus enseñanzas habían de formar una sociedad o Iglesia, cuyos miembros morarían unos en el cielo, otros en el Purgatorio y los demás en la tierra: los primeros constituyen la Iglesia Triunfante; los segundos, la Iglesia Penante, y los últimos, la Iglesia Militante. Esta última consta de dos clases de miembros, es a saber: docentes o maestros, y enseñados o discípulos, porque Cristo no dijo a todos sus seguidores, sino sólo a los doce y a los sucesores de éstos: *El que a vosotros oye, a mí me oye.* Los apóstoles, pues, y sus sucesores los obispos forman la Iglesia Docente; los legos son la Iglesia que recibe las enseñanzas de los anteriores.

Los cristianos de los primeros siglos tuvieron bien presente su condición de discípulos; y así, no se propasaron a disputar con los apóstoles, ni a elegir, según su propio dictamen, entre las enseñanzas recibidas. Con tal encarecimiento les recomendaban sus maestros la sumisión de la inteligencia y la necesidad de conservar íntegro el depósito de la fe, que San Pablo llegó a escribir a sus convertidos: *Si un ángel del cielo os predicare otro Evangelio distinto, o añadiese algo a lo que yo os he enseñado, sea anatema, es decir, "maldito".*

¿Qué razón había para estas terribles expresiones? La razón es porque San Pablo sabía que todo lo que él y los apóstoles sus compañeros de evangelización enseñaban no era doctrina suya, sino del Divino Maestro, la cual debía permanecer intangible hasta que volviese de nuevo a la tierra.

Jesucristo oró a su Padre por que sus seguidores fuesen una sola cosa, creyendo todas las mismas verdades, unidos todos en la misma adoración, usando todos los mismos medios de salvación por Él establecidos, y obedeciendo todos a la misma autoridad. Para conservarlos en esa unidad los puso bajo la custodia y dirección de Pedro, conforme veremos más tarde, y mediante su oración por Pedro y sus promesas a Pedro aseguró a éste y a sus sucesores contra la posibilidad de conducir la Iglesia por errados caminos.

Detengámonos ahora un poco en el examen de las circunstancias y cualidades que distinguieron a los doce, elegidos entre todos los hombres por Cristo Señor nuestro para llevar adelante su obra, predicar el Evangelio y fundar la Iglesia.

*Pedro.* En las cuatro listas del Apostolado que nos presentan los escritores sagrados, San Pedro figura siempre a la cabeza de los demás. Así, leemos en San Mateo: *Los nombres de los apóstoles son los siguientes: el primero Simón, por sobrenombre Pedro, y Andrés, su hermano; Santiago, hijo del Zebedeo, y Juan, su hermano; Felipe y Bartolomé; Tomás y Mateo el publicano; Santiago, hijo de Alfeo, y Tadeo; Simón el Cananeo y Judas Iscariote, el mismo que le vendió.*

*El primero Simón.* El Señor le constituyó en jefe, y todos le reconocieron como tal. Cuando se les propuso alguna cuestión procuraron que Pedro respondiera por ellos. No se les habían pasado inadvertidas las distinciones de que el Señor le hizo objeto, eligiendo su bote para desde él predicar al pueblo, tratándole con preferente intimidad, significándole las esperanzas que en él cifraba, reprendiéndole y amonestándole de un modo especial, prometiéndole mercedes y gracias que sólo a él se concederían, y, por último, confiándole el cuidado de los demás apóstoles. Pedro era de natural ardiente e impetuoso; su corazón amaba con vehemencia y adoración a su Maestro, pero confiaba demasiado en sus fuerzas, y en la hora de la prueba le faltó el valor, llegando a negar por tres veces al mismo Señor, por quien había abandonado todo lo que poseía y por quien le parecía estar pronto a sacrificar su propia vida. Pero, si cayó lastimosamente, también supo levantarse con prontitud y magnanimidad. Arrepentimientos como el de Pedro son los que quiere nuestro Señor. Pedro lloró su pecado durante el resto de su vida con tan insistente amargura, que las lágrimas abrieron hondos surcos en sus mejillas. Mas no por esto se abatió, ni debilitó, ni cedió aquel arrojo que le impulsó siempre a ejecutar y emprender grandes cosas.

Su ardiente fe en la divinidad de Jesús le hizo es-

« ENTRANDO EN LA SINAGOGA LOS INSTRUYÓ »

*Luini*

*Le Brun*

MARÍA MAGDALENA A LOS PIES DE JESÚS

tremecerse de horror al oirle hablar de las mofas, azotes y ultrajes que le esperaban. *Lejos de ti, oh Señor, tales ignominias* — exclamó; — *no permita el cielo que te acaezcan semejantes desventuras.* Él fué también el que en la última cena se negó obstinadamente a consentir que el Señor le lavara los pies, diciendo: *Jamás tú lavarás mis pies;* pero, cuando el Salvador le amenazó con retirarle su amistad, pasó al extremo opuesto, ofreciéndose a que le lavara también las manos y la cabeza. Cuando le llegó la hora de dar su vida por Cristo en la persecución de Nerón, mostró su profunda humildad, pidiendo ser crucificado cabeza abajo, por considerarse indigno de sufrir el martirio en la misma forma que el Redentor.

*Andrés,* su hermano, el *Presentador a Cristo,* tiene la gloria de haber sido llamado el primero a formar parte del Colegio Apostólico y la de haber conducido a Pedro a presencia de Jesús. Según todas las probabilidades, fué el más anciano de los Doce; y en los Evangelios aparece de ordinario sirviendo de introductor cerca del Salvador a los que deseaban hablarle o conocerle.

*Santiago* y *Juan,* hijos del Zebedeo y Salomé, recibieron del Señor el sobrenombre de *Boanerges,* que significa *Hijos del Trueno.* Mucho tuvieron éstos que aprender y reformarse antes de llegar a ser, como su Maestro, mansos y humildes de corazón. La violencia de su condición y temperamento los indujo a pedir que bajara del cielo un fuego abrasador que redujera a cenizas a cuantos se negaban a recibir a Jesús; y su ambición los llevó a solicitar, por mediación de su madre, los principales puestos en el reino temporal que, según su creencia, establecería el Salvador en la tierra. ¡Pensamiento digno de pescadores rudos e ignorantes, el de buscar para sí los cargos principales de la Corte mundana, aspirando a primeros Ministros del nuevo Reino que ellos imaginaban!

A pesar de todos sus defectos, el amor que profesaron al divino Maestro fué profundo y generoso, mereciendo por ello singulares predilecciones. Gozaron con Pedro el privilegio de acompañar a Jesús adonde a los otros apóstoles no les fué permitido; y así los vemos en la Transfiguración, en la Agonía del Huerto y en la resurrección de la hija de Jairo. Concedióles el Redentor otra cosa mejor que los altos puestos por ellos solicitados; porque Santiago conquistó el primero la palma del martirio, y Juan mereció ser amado especialmente de Jesús, y sufrió al pie de la Cruz un martirio moral más doloroso y terrible que el del cuerpo, siendo testigo de la desgarradora escena del Calvario, que tuvo para él singulares motivos de indecible tormento. Éste fué el más joven de los apóstoles, y se designa a sí mismo con la frase: "el discípulo a quien Jesús amaba", en razón del afecto especial que nuestro Señor le mostró.

*Tomás* era el tipo del hombre práctico. No le cabía en la cabeza que pudiera servirse a Cristo sino a costa de grandes sacrificios. Bueno y agradable era salir a predicar, y volver luego muy satisfechos adonde estaba el Salvador a referirle cómo habían obrado milagros y arrojado los demonios en su nombre; pero, si querían preciarse de ser verdaderos discípulos de Jesús, debían estar prestos a seguirle siempre y a todas partes, no sólo cuando la multitud prorrumpía en aclamaciones y decía: *Nunca hemos visto cosa semejante,* sino cuando los samaritanos se oponían a dejarle pasar por su país, o las autoridades se le mostraban hostiles. Por eso, mientras los demás apóstoles trataron de disuadir a su Maestro de ir a Judea en cierta ocasión en que amenazaba un grave riesgo, Tomás repuso con denuedo: *Vamos también nosotros y muramos con Él.*

Faltóle el valor como a Pedro en el trance de la prisión del Salvador; pero sus ideas acerca de lo que el Señor tenía derecho a esperar de sus discípulos no se mudaron jamás. Por mucho debió de entrar esta circunstancia en la obstinada resistencia que opuso a creer en la Resurrección. Inútil fué que los demás apóstoles, incluso Pedro, le aseguraran que habían visto con sus ojos a Jesús resucitado; él se aferró a su incredulidad, negando la realidad del hecho. Creyó estar más en lo cierto que todos ellos. ¡Cómo! ¿Era posible que Cristo, resucitado tres días después de muerto, volviese a darles pruebas de su antiguo amor, cuando todos le habían abandonado cobardemente en el tiempo que más los necesitó? No, no podía ser. Fué preciso que el Señor se le mostrase, antes que llegara a creer que su resurrección y la consoladora visita a discípulos tan menguados y cobardes no dejaban de ser hechos ciertos, aunque demasiado buenos.

*Mateo.* Fuera de su vocación al Apostolado, nada de particular nos dicen de él las sagradas letras. Escribió el primero y más largo de los Evangelios, con el principal fin de evidenciar que el Redentor satisfizo cumplidamente a todo lo que de Él habían vaticinado los profetas, y que es, por tanto, el Mesías prometido desde la cuna de la humanidad, y el verdadero Hijo de Dios.

*Felipe, Bartolomé, Simón* y *Judas.* De los dos amigos Felipe y Bartolomé o Natanael ya queda dicho algo anteriormente. De Simón Cananeo y Judas conocemos poco más que sus nombres. Judas escribió una epístola exhortando encarecidamente a los primitivos fieles a que se mantuvieran firmes en la fe comunicada a los primeros santos y enseñada por los apóstoles.

*Santiago,* hijo de Alfeo, llamado *el Menor,* para distinguirle de Santiago el Mayor, hijo del Zebedeo, fué hermano de San Judas y primo de nuestro adorable Salvador. Poco nos dicen de él los Evangelios. Fué el primer obispo de Jerusalén, y mereció gran veneración por su santidad, aun de parte de los mismos judíos.

*Judas Iscariote* aparece el último en todas las listas del Apostolado. Algunos de los escritores evangélicos añaden a su nombre las palabras: *el mismo que le entregó;* terrible aditamento que transmite para detestación de todas las edades el delito del miserable discípulo, criminalmente ingrato al amor y distinciones de su Maestro. Él había elegido a Judas, sacándole de entre los demás hombres, para hacerle uno de sus queridos e íntimos compañeros; le había manifestado el cariño más tierno y leal; le había conferido especiales gracias, y, como a los demás apóstoles, el don de enseñar, curar enfermos y echar los demonios. Hízole además reiteradas y afectuosas reconvenciones. Pero todo en vano.

Una falta que pudo ser fácilmente dominada al principio, creció y creció hasta esclavizarle completamente. No supo implorar el auxilio que necesitaba, y cuando sobrevino la tentación con toda su fuerza, nunca pensó en levantarse y redimirse.

Tal fué la pequeña compañía de que plugo al Salvador rodearse, compuesta de gente pobre, ruda, más habituada al trabajo de la mano que al de la inteligencia, y aferrada, como el resto de la nación judaica, a la idea de una dorada época de prosperidad temporal, que el Mesías había de inaugurar en la historia del pueblo de Dios. Acompañaron a su Maestro como íntimos amigos; se sentaron con Él a la mesa; oraron y durmieron a su lado. Después de María y José, nadie le trató y conoció como los Doce.

El Salvador los amó tiernamente y mostró en educarlos e instruirlos la más atenta solicitud e inagotable paciencia, por lo mismo que estaban destinados a ayudarle en la gran obra de salvar las almas, que fué la que le trajo a la tierra; y también porque descubrió en ellos, bajo la tosca corteza de un exterior rudo e inculto, grandes cualidades que podían ser desenvueltas. Aunque diferentes entre sí por el carácter, se asemejaban mucho en el amor a Jesús y en la presteza con que lo abandonaron todo por seguirle. Cuando el Señor los eligió eran torpes e ignorantes, incapaces de comprender las sublimes enseñanzas de su Divino Maestro. Pero poco a poco sus instrucciones, su ejemplo, su amable influencia fueron abriéndose paso en aquellos obtusos entendimientos, y cuando el Espíritu Santo descendió el día de Pentecostés quedaron enteramente preparados para la gran empresa que debían llevar a cabo: la predicación del Evangelio y la fundación de la Iglesia.

## XXV

## El Sermón de la Montaña

Cierto día una inmensa multitud sigue a nuestro bendito Redentor por la falda arriba de una montaña. En pos de Él van en tropel hombres, mujeres y niños, dejando atrás, movidos de un mismo sentimiento, casas, negocios y los cuidados todos de esta vida. Nadie los censura por ello, porque todos se hallan bajo la misma influencia mágica; todos se sienten atraídos por aquella Forma blanca que se mueve delante de ellos y trepa sin cesar más arriba, hasta llegar a la cima de la verde ladera. Ahora se detiene y se vuelve de cara a la muchedumbre. Aguarda largo tiempo y con paciencia, pues los que le siguen suben con fatiga, y les indica con la mano que se dirijan aquí o allá, designando los puntos en que puedan oirle mejor.

Este sermón de la montaña es el primer gran sermón que va a predicar, y va dirigido no sólo al incontable número de oyentes allí reunidos, sino a todas las futuras generaciones, necesitadas de conocer lo que deben practicar para salvarse. Por esto quiso hablar con tanta solemnidad y desde lugar tan encumbrado. Siéntase, y los Doce llegan y se colocan de pie a su alrededor o bien se sientan también en el suelo a sus pies. El pueblo le rodea y se le acerca cuanto puede; y cuando todos están acomodados en sus sitios y tranquilos comienza a hablar.

Un predicador elige un texto, alguna sentencia que en breves palabras compendie todo lo que tiene que decir. ¿Cuál será el texto del Orador divino? ¿Cuál el pensamiento dominante en su inteligencia y en su corazón? El siguiente: enseñarnos lo que debemos hacer para ser felices. Él sabe que hemos sido creados para la felicidad y que suspiramos incesantemente por ella; pero también conoce que muchísimos la buscan en cosas que no pueden satisfacerlos, en las riquezas, placeres y honores de este mundo, que jamás alcanzan a llenar las aspiraciones de nuestro corazón, porque éste ha sido formado para algo más grande y mejor, para Dios mismo. Y así, en el principio de su sermón de la montaña, nos dice quiénes son realmente bienaventurados y felices.

*Bienaventurados los pobres de espíritu, porque de ellos es el reino de los cielos.*

*Bienaventurados los mansos, porque ellos poseerán la tierra.*

*Bienaventurados los que lloran, porque ellos serán consolados.*

*Bienaventurados los que han hambre y sed de la justicia, porque ellos serán hartos.*

*Bienaventurados los misericordiosos, porque ellos alcanzarán misericordia*

*Bienaventurados los limpios de corazón, porque ellos verán a Dios.*

*Bienaventurados los pacíficos, porque ellos serán llamados hijos de Dios.*

*Bienaventurados los que sufren persecución por causa de la justicia, porque de ellos es el reino de los cielos.*

*¡Bienaventurados los que sufren, porque los cielos aguardan a recibirlos en sus moradas!* Tal es el texto del Sermón de la Montaña.

*Los pobres de espíritu* son los que, desprovistos de riquezas terrenas, están, sin embargo, contentos con lo que Dios les ha dado; sufren con paciencia la falta de muchas cosas que les agradaría poseer, y no envidian a los de posición más elevada. También aquellos que, teniendo suficientes bienes de fortuna o abundancia de cosas agradables de este mundo, no dejan que sus corazones se apeguen a ellas; están prestos a abandonarlas, si a Dios le pluguiere quitárselas, y saben distribuirlas generosamente entre los necesitados. A pobres de esta naturaleza nuestro Salvador les promete todas las riquezas de los cielos para dentro de breve plazo.

*Los mansos* son los que han adquirido completo dominio sobre la pasión de la ira y sobre los sentimientos de venganza que de ella dimanan. Poseerán a título de conquistadores tres clases de regiones o tierras: la tierra de su propia alma, donde imperan como señores y dueños; la tierra de los cielos, en la que gozarán de paz inalterable; y, lo que es más de maravillar, la misma tierra del mundo, en el que parecen vivir humillados y abatidos. Porque en las pequeñas dificultades y diferencias que diariamente se nos presentan, los verdaderamente victoriosos son los que ceden. ¡Cuán numerosas no son las conquistas y triunfos de la mansedumbre! — *Yo puedo refutar a los calvinistas* — decía un hombre docto; — *mas para convertirlos necesito enviarles a Francisco de Sales,* al santo de la dulzura y de la benignidad, el cual, mediante el estudio no interrumpido del Cordero de Dios, logró adquirir una condición tan afectuosa y afable, que llegó a ser la perfecta semejanza de Jesús, *manso y humilde de corazón.*

*Los que lloran* son aquellos que en el discurso entero de su vida sienten una serena y suave tristeza por sus pecados; no por considerar que no hayan sido perdonados, sino porque precisamente ese perdón supone la ofensa de un Dios bondadosísimo, que perdona tan presto y con tanta frecuencia. También pertenecen a este número de bienaventurados los que, en las horas de tristeza, recuerdan que tales amarguras son permitidas para su mayor bien por la amorosa Providencia del Señor, el cual, dentro de muy poco, enjugará las lágrimas de sus ojos y los consolará llevándolos al lugar *donde no habrá más llanto, ni lamentos, ni dolor.*

*Los que tienen hambre y sed de la justicia.* El alma tiene su hambre y sed, como el cuerpo. El Señor llama bienaventurados a los que cuidan de alimentar el espíritu con los manjares que sirven para sostener la vida de la gracia, esto es, con la oración, la instrucción y los sacramentos. Bienaventurados son todos los que sienten hambre de este sustento espiritual, los que trabajan sin descanso por aumentar el tesoro de los dones divinos, los que llegan hambrientos a la oración, hambrientos a la confesión y comunión. *Dilata* — dice el Omnipotente al alma sedienta de perfección, — *dilata los senos de tus aspiraciones y yo los llenaré.* Y la Virgen Santísima canta en el *Magnificat: Colmó de bienes a los hambrientos.* Si los santos fueron favorecidos con tan grande abundancia de dádivas y carismas celestiales, es porque sintieron vivamente esta hambre de que nos habla el Salvador.

*Los misericordiosos.* Si hay alguna cosa que el Señor nos recomienda con especial insistencia y de una manera terminante, es la necesidad de que tengamos misericordia de los demás, a fin de que Él la tenga de nosotros. Si deseamos que Dios nos juzgue con benignidad y perdone nuestras muchas faltas, es preciso que nosotros seamos clementes y benignos para con nuestros prójimos. *Sed misericordiosos* — nos dice el Divino Maestro, — *como lo es vuestro Padre celestial.* Y añade que en el último día dirigirá a los que han usado de piedad y compasión con sus hermanos aquellas hedmosas palabras: *Venid, benditos de mi Padre;* mientras que a los despiadados y sin entrañas para condolerse de las miserias de los pobres, las cuales Él considera como propias, les fulminará la espantosa sentencia: *Apartaos de mí para siempre.* Ya vemos, por consiguiente, cómo debemos conducirnos para ser dignos de oir en el tremendo juicio de vivos y muertos la invitación a gozar de las delicias eternas: *Bienaventurados los misericordiosos, porque ellos alcanzarán misericordia.*

*Los limpios de corazón.* El premio y gozo de la otra vida consisten en ver a Dios. Muchas son las circunstancias que concurren a la suprema dicha de los bienaventurados: exención de inquietudes y de penas, delicias del cuerpo glorificado, goce de la compañía de los ángeles y santos, unión con los seres a quienes hemos amado en la tierra; pero todas estas cosas son como nada comparadas con la visión de la Divinidad. Ésta es la verdadera fuente y el principio de la gloria; la causa de que los cielos sean la mansión de la eterna y cumplida felicidad. A no ser por ella, todo lo demás no llenaría los anhelos de nuestro corazón. Mas para ver al que es la Santidad substancial necesitamos ser también santos. En la gloria todos sus moradores están adornados de blancas vestiduras, y cuanto más cerca se hallan del Gran Trono Inmaculado, tanto más deslumbradora es la nívea pureza de sus vestidos. Nuestro deber es disponernos a pertenecer a aquella muchedumbre sin mancha. ¿De qué modo? Mostrando a lo menos tanta diligencia en conservar la limpieza de nuestra alma, como la que ponemos en resguardar nuestro traje de las salpicaduras que podrían saltarle al marchar por un camino lleno de fango; evitando cuidadosamente todo pecado mortal y aun venial deliberado; siendo diligentes y solícitos en nuestro examen de conciencia, y purificando repetidas veces nuestra alma en el Sacramento de la Penitencia y con actos frecuentes de contrición. Si lo hacemos así, perteneceremos a los limpios de corazón y mereceremos algún día ver a Dios.

*Los pacíficos. Hay algunos que no tienen paz consigo mismos, ni consienten que otros la tengan. Y hay también quienes no sólo se conservan en paz, sino que procuran restablecerla en otros* — dice el autor de la *Imitación de Cristo.* — La alegría acompaña siempre a estos heraldos de la paz, los cuales acostumbran a dejar a un lado palabras y bromas mortificantes, y su presencia entre nosotros recuerda la de nuestro adorable Salvador, cuyo saludo favorito era: *La paz sea con vosotros.* De tal modo se asemejan al Padre celestial, que merecen de un modo especial el dictado de *Hijos de Dios.*

*Los perseguidos.* Si el Divino Maestro no nos hubiera dicho que eran bienaventurados, ¿lo habríamos sospechado siquiera? Terrible cosa parece el sufrir persecuciones; y así lo es en realidad, de no resolvernos a pensar en Aquel por cuyo amor las sufrimos, antes que en el sufrimiento mismo. Quizá se nos ha ofrecido ocasión de gozar la tranquila y secreta satisfacción de acompañar en sus tribulaciones a alguna persona querida. La idea de que nuestra presencia y simpatía mitigaban el dolor de aquel ser amado nos hizo experimentar entonces un gozo mayor que todos los placeres que pudiéramos haber hallado en cualquier otra parte. Algo parecido a este goce es la felicidad que disfrutan, aun en esta vida, aquellos que por amor de Jesucristo son odiados y perseguidos. Saben que el pensamiento de su compañía sirvió de lenitivo a las aflicciones del Salvador mientras vivió en la tierra; y no ignoran tampoco que si le imitan en los sufrimientos, le imitarán después en su gloria. ¿No son, pues, con razón bienaventurados?

Y ahora detengámonos un poco a contemplar al Divino Maestro y a su auditorio. Los apóstoles le escuchan con atención sostenida y reverente, fijos los ojos en su rostro adorable. ¡Cuán orgullosos se sienten de su Señor!; ¡cuán ufanos de pertenecerle!; ¡cuán ansiosos de que todos vengan a conocerle y a amarle! El pueblo, por su parte, le admira encantado. ¡Tan nuevo es para él todo lo que acaba de oir, tan consolador, tan diferente de lo enseñado por los rabinos, escribas y doctores de la ley! Éstos le han predicado el odio a sus enemigos y el placer de la venganza; le han inculcado que la pobreza y las penalidades son señales de la cólera de Dios, y que la abundancia de cereales, vino y ganado son la verdadera y única recompensa a que todo hombre probo debe aspirar.

Sus bienaventuranzas podrían formularse de este modo: *Bienaventurados los ricos y afortunados en sus empresas, los que ríen y gozan de honores.* ¡Cuán opuestas a las de Jesús de Nazaret! El camino que Él les señala para conseguir la felicidad es áspero; mas sienten, al fijar la vista en el celestial Oráculo, que ése es el verdadero camino y que Jesús no puede engañarlos. Y entendieron bien que no sólo tenía en su mano el instruirlos, sino también el ayudarlos. De haber conocido la historia de su vida habrían visto que la práctica precedió en ella a la predicación y enseñanza: fué tan pobre que no tuvo donde reclinar su cabeza, fué manso y humilde de corazón, varón de dolores, gran Pacificador y el Santo perseguido hasta la muerte.

Terminado el sermón, Jesús bajó de la montaña

conversando familiarmente con sus discípulos, los cuales le seguían en grupos y procuraban aproximársele para gozar del influjo vivificante de su presencia y palabra. Oigámoslos platicar entre sí acerca del Salvador y exclamar repetidas veces: *Nunca hemos oído cosa semejante.*

¡Oh, si nosotros hubiéramos visto a nuestro Redentor como le vió aquel dichoso pueblo! ¡Si le hubiéramos seguido a todas partes con la multitud, y nos hubiéramos sentado a sus pies mientras predicaba, y podido contemplarle en el acto de poner sus manos sobre los ojos de los ciegos y sobre las llagas de los pobres leprosos! ¡Cómo le habríamos amado entonces! Él tuvo cuenta con que habíamos de necesitar conocer todo lo que nos fuera posible acerca de su Persona; y, para satisfacer esta necesidad, quiso que se escribiera en los Evangelios la historia de su vida. Al leerla debemos procurar representarnos los principales episodios de la misma, sentir en toda su realidad las principales escenas que presenta, como si se verificasen delante de nuestros propios ojos, como si tuvieran lugar en beneficio particular nuestro, ya que en realidad así fué, a fin de que lleguemos a conocerle más perfectamente y a profesarle un amor más entrañable.

XXVI

## El cual ha ido derramando beneficios por todas partes por donde ha pasado

El centurión romano de Cafarnaum se hallaba afligido por un doloroso contratiempo. Un criado, a quien amaba singularmente por su fidelidad y excelente comportamiento, yacía postrado en cama víctima de mortal dolencia, sin que los esfuerzos hechos para salvarle hubieran dado resultado alguno. Su señor, persona de sentimientos humanitarios, y tan tierno y compasivo junto al lecho del paciente como valeroso en el campo de batalla, le velaba y atendía en sus últimos momentos. En tales circunstancias alguien dijo en la casa que Jesús de Nazaret entraba entonces en la ciudad. El centurión había oído hablar de sus obras de misericordia y milagrosas curaciones, con lo cual la esperanza renació en su corazón. Mas, considerando que su condición de gentil le hacía indigno de acercarse al gran Profeta, le envió a los judíos más ancianos y caracterizados de la ciudad. Llegáronse éstos a Jesús y le rogaron encarecidamente que atendiera la súplica del militar romano.

—*Es digno de la gracia que solicita*—dijeron al Salvador,—*porque ama a nuestra nación y nos ha edificado la sinagoga.*

Jesús acompañó a los mensajeros; y, cuando llegaban cerca de la casa, salió el Centurión al encuentro y, cayendo de rodillas delante del Salvador, le dijo:

—*Señor, no hay motivo para que te molestes, ni yo soy digno de recibirte bajo mi techo; sino di sólo una palabra y mi siervo quedará curado. Pues aun yo, que soy hombre sujeto a otros, tengo soldados a mis órde-*

*nes, y le digo a éste: "ve", y va; y ordeno al otro que venga, y viene; y mando a mi criado que haga tal cosa, y la hace.*

Como si dijera: Si la palabra de uno que es súbdito encierra poder suficiente para determinar actos de pronta obediencia, ¿cuánto más eficaz no será la palabra del que es Todopoderoso?

Y Jesús, oyéndolo, mostró gran admiración, y, volviéndose a los que le seguían, dijo:

—*En verdad os digo que no he hallado tanta fe en Israel.*

La fe y la ingenuidad de este soldado romano le agradaron sobremanera.

—*Vete* —le dice,— *y suceda todo conforme has creído.*

Y en aquella misma hora quedó sano el criado.

Mucho nos complacería saber qué fué de este noble soldado, cuya fe mereció la admiración del Hijo de Dios. La Iglesia nos le propone por modelo; y, en el solemne momento de llegarnos al altar para recibir en nuestros corazones a Jesucristo, pone en nuestros labios las palabras del centurión: *Domine, non sum dignus* (Señor, no soy digno), como expresión de los sentimientos que deben dominar nuestro espíritu en esos instantes.

Una tarde nuestro Salvador, acompañado de los Doce y de una inmensa muchedumbre que le siguió siempre en esta época de su vida, comenzó a subir la colina en cuya cumbre se asienta la pequeña ciudad de Naín. Al acercarse a sus puertas, una triste procesión salía por ellas: en primer término aparecían varias mujeres llorosas, dando gritos de dolor y golpeando sus pechos; después seguían algunos tañedores de flauta ejecutando una fúnebre sonata, y a continuación venía un ataúd con el cadáver de un joven, fajado y envuelto en telas de lino. Detrás marchaba una numerosa comitiva, compuesta de gentes de todas clases, según la costumbre del pueblo judío, que incluía entre sus deberes religiosos el de acompañar a los muertos en el acto de conducirlos al sepulcro, y mucho más en casos como el presente, en que concurría la circunstancia de ser el difunto *único hijo de madre viuda.* También ella asistía al entierro, mezclada con las plañideras alquiladas. Vióla Jesús, y su corazón se llenó de tierna compasión. Abriéndose, entonces, paso a través de la multitud, se llegó a ella y le dijo estas únicas palabras:

—*No llores.*

Levantó la dolorida madre sus ojos, enrojecidos por el llanto, para fijarlos, entre aturdida y confusa, en el rostro del que le hablaba, y en él pudo leer un sentimiento de divina conmiseración. El Salvador la condujo adonde estaba el féretro y lo tocó con la mano. Los que le llevaban se detuvieron y depositaron en tierra su carga. Un estremecimiento de medrosa curiosidad se difundió por todos los circunstantes, y la procesión quedó interrumpida, convirtiéndose en revuelto montón de gente que, presa de la más viva curiosidad, rodeó a Jesús y aguardaba en el más profundo silencio la aparición de algo extraordinario. Por un momento el Salvador estuvo mirando de hito en hito el rostro del joven; y luego, con un tono de sobrehumana autoridad, que ninguno de cuantos le escucharon pudo nunca borrar de su memoria, dijo:

—*Mancebo, yo te lo mando, levántate.*

En el instante sus ojos se abrieron; tiñéronse de carmín sus mejillas, pálidas antes como el mármol, y, obediente a la voz del Señor, se incorporó y se sentó; luego comenzó a hablar. Su atribulada madre cayó de rodillas con el semblante inundado de lágrimas de gozo, y tendió los brazos a su hijo. El terror se apoderó de los presentes, y, durante algunos momentos, reinó allí el más profundo silencio. *Con esto* — dice San Lucas— *quedaron penetrados todos de un santo temor, y glorificaban a Dios.* Tal fué siempre el efecto de las obras admirables de nuestro Redentor: temor producido por la presencia del Poder Divino y acciones de gracias y bendiciones tributadas a un Dios tan misericordioso y tan bueno.

Conviene que fijemos la atención en la circunstancia de que los que forman el auditorio más asiduo del Divino Maestro, cuando predica, son los pobres, los cuales le son especialmente afectos y queridos. Él es uno de tantos, y éstos se sienten como en su propia casa y familia al lado de Jesús.

Empero, un día apareció entre ellos una mujer, cuyo atavío y porte nada tenía que ver con la miseria y encogimiento de los menesterosos. El traje de esta persona desconocida era de riquísima tela; su velo, echado atrás, dejaba al descubierto las joyas de gran valor que pendían de sus orejas y adornaban su frente y cabeza. ¿Qué tendría que hacer allí esta mundana con sus perfumes, su peinado de largas trenzas y sus sandalias cuajadas de bordados de seda y oro? ¿Habría venido, como solían los fariseos, para hacer escarnio y mofa del Nazareno? Los inmediatos a ella la miran con sorpresa e indignación. Porque es María Magdalena, a quien toda la ciudad conoce, y de quien toda la ciudad diría que se halla en este lugar muy fuera de su sitio. No obstante, aquí está con los ojos clavados en el Orador divino, que predica a poca distancia.

Hace una hora que pasaba por el camino, y, atraída por el espectáculo de la multitud, se acercó para ver al prodigioso Taumaturgo que acababa de resucitar al hijo de la viuda. Allí se quedó mezclada con el populacho, siguiendo el vaivén inquieto de la turba innumerable que escucha la palabra de Jesús, sin atender a nada ni a nadie más que a Él, e impacientándose cada vez que el movimiento de los que están delante oculta a sus ojos la persona del celestial Maestro.

Termina por fin el sermón; Jesús se retira, y el concurso se dispersa. A pesar de todo, ella permanece en su sitio siguiendo con la vista al Salvador. Poco después baja los ojos para fijarlos en sus vestidos y retrocede suspirando: vuelve de nuevo a observar al Señor, y en esa actitud continúa hasta que se aleja fuera del alcance de su vista. Entonces se cubre el rostro con el velo y regresa apresuradamente a casa.

Algunas horas más tarde, Simón el fariseo comía

con un grupo de amigos en una pieza cuya puerta de entrada mira a un patio. Artísticas lámparas, canapés cubiertos de ricos almohadones para la cabeza y los brazos, aparadores cargados de exquisitos vinos, higos, uvas, granadas: todo indica la riqueza de la casa. Cerca de las mesas, dispuestas de modo que forman los tres lados de un cuadrado, se hallan colocados los asientos en forma de lechos de poca altura, donde los convidados se reclinan sacando los pies en dirección opuesta a las mismas mesas. Entre los presentes se halla Jesús de Nazaret, cuyo nombre corre de boca en boca desde que obró el milagro de Naín. Simón le ha invitado; mas sin estimar necesarias otras cortesías y atenciones: al fin y al cabo se trata de un carpintero que no ha de echarlas de menos. Así, pues, nadie le ofreció, a su llegada, agua para lavarse los pies; no hubo para Él beso de bienvenida; no se le invitó a ocupar un sitio de preferencia, y el Salvador tuvo que acomodarse en uno de los asientos menos distinguidos.

Acercábase el banquete a su término, cuando uno de los rabinos apuntó, con desdeñosa expresión de sorpresa, al lecho en que estaba Jesús. Allí hay una mujer de rodillas a los pies del Maestro; su vestido es tosco; sus largos cabellos caen en desorden sobre el rostro y hombros, y, a su lado, en el pavimento, vese un tarro de alabastro lleno de precioso ungüento. Sus lágrimas corren abundantes sobre los pies del Salvador, y a medida que caen las enjuga con sus cabellos. Una vez y otra se queda parada y besa los pies lavados con el llanto de sus ojos; después toma el vaso de ungüento y, quebrándolo, vierte sobre los pies de Jesús el contenido, llenando de fragancia toda la casa.

El anfitrión se indigna al contemplar la escena. ¡Cómo se atreve María Magdalena a penetrar en su domicilio! Y ¡cómo Jesús de Nazaret no la arroja de allí! Si fuera profeta ya habría conocido qué clase de persona es la que le unge, y sabría que es una mujer de mala vida.

Desde su humilde asiento Jesús dirige a Simón una mirada y le dice:

*Rembrandt*

« ¡ SOSIÉGATE, CALLA ! »

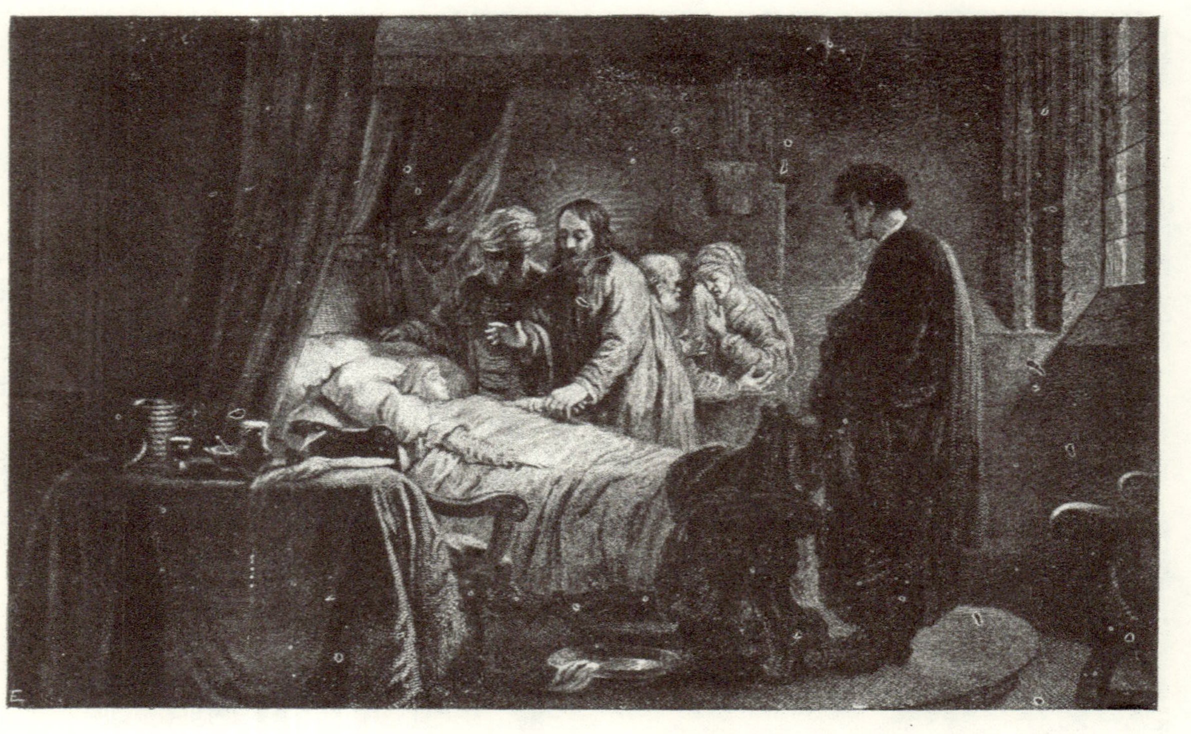

« TALITHA, CUMI ! » (¡ MUCHACHA, LEVÁNTATE ! )

*Rembrandt*

—*Simón, una cosa tengo que comunicarte.*

—*Di, Maestro*—respondió él.

—*Cierto acreedor tenía dos deudores: uno le debía quinientos denarios y otro cincuenta. No teniendo ambos con qué pagar, perdonó a entrambos la deuda. ¿Cuál de ellos, a tu parecer, le amará más?*

Simón le respondió con aire petulante y desdeñoso:

—*Paréceme que aquel a quien se perdonó más.*

—*Has juzgado rectamente*—replicó Jesús.

Y volviéndose hacia la mujer continuó:

—*¿Ves a esta mujer? Yo entré en tu casa y no me has dado agua con que lavar mis pies; mas ésta los ha bañado con sus lágrimas y los ha enjugado con sus cabellos. Tú no me has dado el ósculo de paz; pero ésta, desde que llegó, no ha cesado de besar mis plantas. Tú no has ungido con óleo mi cabeza, y ésta ha derramado sobre mis pies sus perfumes. Por todo lo cual te digo que le son perdonados muchos pecados, porque ha amado mucho. A quien menos se le perdona, menos ama también.*

Y en seguida dijo a la mujer:

—*Perdonados te son tus pecados.*

Luego los convidados comenzaron a decir interiormente: *¿Quién es éste que también perdona pecados?* Mas Jesús, sin cuidarse de ello, dijo a la pecadora:

—*Tu fe te ha salvado; vete en paz.*

La Magdalena no había proferido una sola palabra ni de arrepentimiento ni de disculpa. Dejó que el Señor hablase por ella; se fió enteramente de Él. Manifestó su contrición, no con frases, sino con lágrimas, besos y oferta de un precioso don. Y de las mismas palabras de Jesús sacó el convencimiento de que ninguno de sus actos de amor se le había pasado al Señor inadvertido. Él los había aceptado todos. Ahora se aleja con el corazón inundado de paz y alegría, enseñándonos con el ejemplo a no cobrar miedo al Dios de las misericordias, cuando hayamos pecado, sino, por el contrario, a refugiarnos en Él, a imitación suya, con arrepentimiento y amor, en la confianza de que seremos como ella perdonados.

Jamás se olvidó la Magdalena de las muchas culpas

que le habían sido remitidas. Su única aspiración desde ahora se cifrará en tratar de corresponder al Señor sirviéndole amorosamente; y por eso la veremos seguirle y atender a sus necesidades en compañía de otras santas mujeres que se habían hecho discípulas del Salvador, es a saber: Juana, esposa del mayordomo de Herodes, María Salomé, María Cleofás y muchas otras.

Porque debemos recordar que desde el día en que Jesús abandonó a Nazaret careció de casa, y vivía con sus doce apóstoles a expensas de la caridad generosa de sus discípulos y amigos: *Las raposas del campo tienen cuevas y las aves del aire nidos; pero el Hijo del Hombre no tiene donde reclinar su cabeza.* Estas piadosas mujeres se consagraron a su servicio dando pruebas reiteradas de fidelidad y de valor, cuando los mismos apóstoles vacilaron; pero la más animosa y fiel de todas fué María Magdalena. No se nos dice en dónde moró la bienaventurada Madre de Jesús durante los tres años de su vida pública. Algunos creen que permaneció en Nazaret; otros, que se estableció con sus parientes en Cafarnaum. Dos veces nos hacen mención de ella los santos Evangelios. Una cuando, hallándose Jesús dirigiendo la palabra a la multitud cierto día, un hombre del pueblo le dijo:

—*Ahí tienes a tu Madre y hermanos, que están aquí y no procuran hablarte.*

El Señor, continuando su predicación, repitió la lección dada años atrás en el Templo, es decir, que antes de toda consideración a otros afectos, por más santos y tiernos que sean, debe ponerse el interés de la gloria de Dios. Contestando a la interrupción del impertinente, Jesús le dijo:

—*¿Quién es mi Madre y mis hermanos?*, y, alargando luego la mano hacia los discípulos, añadió: *He aquí mi madre y mis hermanos. Cualquiera que hiciese la voluntad de mi Padre que está en los cielos, ése es mi hermano, hermana y Madre.*

La otra vez que se nos habla de la Virgen es cuando cierta mujer de la multitud, arrebatada de admiración al oir a Jesús, prorrumpió en bendiciones dirigidas a su

Madre, contestándole el Señor: *Bienaventurados son más bien los que escuchan la palabra de Dios y la guardan.*

No quiso decir que María, como Madre de Dios, no fuera bendita entre las mujeres, sino que era más bienaventurada por oir sus palabras y cumplir su voluntad, por tener aquel hábito de ponderar en su corazón las cosas que oía y veía, conforme nos dice San Lucas dos veces en el mismo capítulo.

*Salve, llena de gracia,* dijo Gabriel la primera vez. Y después: *Bendita tú eres entre las mujeres,* confirmó el Espíritu Santo por boca de Isabel.

## XXVII

## Jamás hombre alguno habló como este Hombre

La principal ocupación de nuestro Salvador en el tiempo de su vida pública fué la predicación. Siempre estuvo enseñando, ora en las playas del mar de Galilea, ora desde un bote en las proximidades de la costa, en los caminos y carreteras, en las casas, en las sinagogas.

Y en todas partes se le congregaron enormes multitudes de hombres y mujeres, muchachas y mozos, padres de familia que sostenían a sus pequeños en brazos para que pudieran ver y oir, madres que llevaban a sus rubios niñitos, viejos encorvados y vacilantes, capaces apenas de sostenerse en pie entre el numeroso gentío que rodeaba al Salvador apiñándose y estrujándose unos a otros, conforme refiere San Lucas. San Marcos dice que, en una ocasión, el pueblo *acudió de todas las ciudades a congregarse en torno de Jesús; y que Éste saliendo vió una muchedumbre incontable, y se compadeció de los que la formaban, porque eran como rebaño sin pastor; y comenzó a enseñarles muchas cosas.* Tanto la doctrina como el Maestro encantaban al auditorio de tal modo que los oyentes nunca se cansaban. Jornaleros necesitados de ganar el sustento cotidiano, mujeres que tenían a su cargo el cuidado de la casa, chiquillos inquietos, toda clase de gente le oían silenciosos y hechizados. La majestad y gracia de su continente, la elocuencia y acción de su oratoria los tenía cautivos.

Enseñaba como Maestro, con autoridad que no admitía réplica; y cuando principiaba sus sentencias con aquel solemne: *En verdad, en verdad os digo,* la muchedumbre se quedaba como petrificada; el silencio era tan profundo, que ni el ruido de la respiración se oía; los ojos de todos permanecían fijos; los oídos atentos a no perder una sílaba.

Todos pudieron entenderle. No predicaba sermones áridos como los escribas y fariseos, que aumentaban las dificultades de la Ley al exponerla. Jesucristo enseñaba por medio de parábolas, es decir, valiéndose de narraciones sencillas donde se encerraba un oculto sentido, que el auditorio debía esforzarse por descubrir. Los objetos que veía a su alrededor cada día, le ayudaban a explicar verdades que el pueblo rudo no alcanzaba a percibir de otro modo. Decía en cierta ocasión: *No seáis solícitos, esto es, no os acongojéis por el cuidado de hallar qué comer para sustentar vuestra vida, o de dónde sacar vestidos para cubrir vuestro cuerpo. Reparad en los cuervos, que ni siembran ni siegan, ni tienen almacenes ni graneros, y Dios los alimenta. ¿Cuánto más valéis vosotros que ellos?* Y, señalando con el dedo los lirios que matizaban los sembrados del contorno, continuó: *Contemplad los lirios del campo cómo crecen y echan flor; no trabajan, ni hilan. Pero yo os digo que ni Salomón en toda su gloria estuvo vestido como una de esas flores.*

Los gorriones, que abundan extraordinariamente en Palestina, andaban por todas partes saltando en las veredas y caminos al paso del Salvador. *¿No es así que dos pájaros* — decía al verlos — *se venden por un cuarto, y, no obstante, ni uno de ellos perecerá sin que lo disponga vuestro Padre? No tenéis que temer, pues vosotros valéis más que muchos pájaros.* Al reparar en los padres que estaban cerca de Él con sus niños decía: *¿Hay por ventura alguno entre vosotros que pidiéndole pan un hijo suyo le dé una piedra? ¿O que si le pide un pez le dé un escorpión? Pues si vosotros, siendo malos, sabéis dar buenas cosas a vuestros hijos, ¿cuánto más vuestro Padre celestial dará cosas buenas a los que se las pidan?*

Cuando habló de la red llena de peces de todas clases y de la selección que de la pesca se hacía en la playa, los incultos moradores de las riberas del lago hicieron con la cabeza signos de aprobación, manifestando que habían entendido el sentido del símil. Veían, en efecto, ahora con claridad que, mientras dure el mundo, vivirán confundidos los buenos y los malos, y que, cuando llegue el fin, habrá una gran separación, siendo los primeros llevados al cielo y los segundos arrojados al infierno.

Otra vez describía la diligencia y solicitud de la mujer que, habiendo perdido una dracma, o pieza de plata equivalente a media peseta, encendió una candela, y barrió la casa, y buscó la moneda perdida hasta encontrarla. Al oirle las viudas y casadas allí presentes cambiaron entre sí una mirada y una sonrisa de inteligencia, expresando su satisfacción por haber penetrado la enseñanza envuelta en la comparación, es a saber, el valor del alma, moneda espiritual acuñada por el troquel del Creador con la imagen del Rey de reyes, y los sacrificios inmensos que el mismo Señor se impone por recobrar esta alma cuando está perdida.

Los labradores y jornaleros se deleitaban con las parábolas que hablaban de los braceros contratados para trabajar todo el día y pagados al expirar la tarde; así como también con las que hacían mención de la semilla arrojada en diferentes clases de terreno, perdiéndose la que cayó en ciertos lugares, mientras la sembrada en otros brotó y produjo pingüe cosecha; o con la de la higuera, cultivada con el mayor esmero por su amo, e infructífera a pesar de todos los cuidados, por lo cual el dueño mandó por fin cortarla y destruirla. Y todos, sin excluir los niños, entendieron la parábola del rico sin entrañas que, después de una vida de festines y placeres, fué condenado a terribles tormentos; mientras Lázaro, el paciente mendigo que, tendido en el suelo a la puerta del palacio donde moraba el poderoso epicúreo, aguardaba en vano que se le arrojasen las migajas caídas de la mesa del opulento señor, mereció los consuelos y galardones de la otra vida.

Los niños judíos, como los de todas partes, gustaban de jugar a personas mayores, remedando bodas y entierros. Nuestro Salvador, en sus primeros años, habría tomado parte en esos mismos entretenimientos con sus compañeros de Nazaret. Cuando en los sermones aludía a los juegos propios de la infancia, los muchachos de la multitud se regocijaban viendo que conocía todas sus aficiones y que las citaba para instruir a los grandes.

En cierta ocasión refirió al pueblo una parábola con objeto de hacerle ver cuán necio es preocuparse sólo de la vida presente, que tan presto se acaba, y no disponerse para la otra vida, que ha de durar siempre.

Había un hacendado, cuya cosecha de cereales fué tan abundante que llenó las trojes hasta derramarse. — *¿Qué haré* — se preguntó, — *porque no tengo sitio donde encerrar mi grano? Haré lo siguiente: Derribaré mis graneros y construiré otros más capaces, y encerraré en ellos todo lo que poseo. Y después diré a mi alma: "Alma mía, tú has trabajado atesorando bienes durante muchos años; ya es tiempo de descansar: come, bebe y date buena vida."* Pero Dios le dijo: *Necio, esta noche te arrancarán el alma; los bienes que allegaste ¿cúyos serán?*

Los niños que le escuchaban atentamente, mezclados con la multitud, entendieron muy bien por qué era llamado necio aquel cosechero afortunado. Pues ¿quién, sino un mentecato, podía hablar con su alma en semejantes términos, suponiendo que los hórreos llenos de grano podrían satisfacer las aspiraciones del espíritu, hecho para gozar de Dios en los cielos? ¿De qué le servirían al rico sus tesoros en la hora de la muerte? *¿Ni de qué servirá a ningún hombre* — como dijo el Divino Maestro — *ganar todo el mundo si pierde su alma?*

Esas palabras: *perder su alma,* son terribilísimas. A veces el Señor habló al pueblo de cosas que aterrorizaban, al modo que un padre o una madre procuran que los niños cobren miedo al fuego para que no se acerquen demasiado al hogar y se caigan en la lumbre. Aun a sus queridos discípulos no dejó de recomendarles el temor de aquel fuego, que nunca se extingue y que atormentará eternamente el cuerpo y el alma.

Refiriéndose a él pronunció frases espantosas, a fin de inspirarnos horror al pecado, única desgracia capaz de precipitarnos en la suprema infelicidad. Dijo que así como no vacilamos en sacrificar un ojo, una mano o un pie a trueque de salvar la vida, así también debemos dar de mano a todo lo de este mundo, por útil y agradable que sea, antes que consentir que nos sirva de ocasión y motivo de pecar. Y mientras Jesús hablaba de esta materia, el numeroso auditorio pudo leer en la expresión del rostro del Orador divino y en el tono de su voz la terrible condición del lugar aquel de donde deseaba librarlos.

Díjoles que debían portarse como sirvientes encargados del cuidado de una casa, los cuales necesitaban velar y estar prontos a recibir a su Señor en cualquier momento que llamase a la puerta, ora fuese a la media noche, ora al despuntar el alba, o bien en cualquiera hora de la mañana. La morada que pertenece al Señor es nuestra alma; y nosotros somos los encargados de cuidar de ella. El Dueño llamará a la puerta en la hora de la muerte, cuando menos lo esperemos. Nuestro deber es conservar el alma en estado de gracia y dispuesta a recibir a su Señor. Esto es lo que se significa por las palabras: *ser hallados en vela.* El pueblo gozaba extraordinariamente al descubrir el sentido de las figuras y ejemplos que el Salvador les exponía en el curso de su predicación; y, en ocasiones, su asombro se desbordaba en exclamaciones de júbilo:—*¡Éste es el verdadero Profeta!* gritaban. *¡Éste es el Cristo!* — Sus corazones sencillos y rectos se asimilaban la verdad de las celestiales enseñanzas mucho mejor que los escribas y fariseos, los cuales se sentían roídos interiormente por la soberbia y la envidia. Algunos de ellos solían asistir a las predicaciones de Jesús, no con ánimo de aprender de Él cosa alguna — aun de pensarlo se habrían desdeñado, — sino con intención aviesa y hostil, dice San Lucas, esperando sorprender frases que pudieran servir de fundamento para acusarle.

En cierta ocasión le enviaron una cuadrilla de alguaciles con el encargo de prenderle. Provistos de cuerdas para atarle y llevársele, estos hombres se incorporaron al auditorio; pero al contemplar la majestad de su continente y oir sus admirables palabras se quedaron clavados en sus puestos, sin atreverse a pensar ni en tocarle siquiera. Hasta que cesó de hablar permanecieron ellos con el pueblo, silenciosos, reverentes y encantados. Entonces regresaron a dar cuenta de su cometido.

—*¿Por qué no le habéis traído con vosotros?*—les preguntaron furiosos sus señores.

—*Jamás hombre alguno habló como ese Hombre*—fué la respuesta.

XXVIII

## Talitha, cumi!

Al intentar representarnos a nuestro adorable Salvador en medio de los pobres de Palestina debemos tener presente que los grupos de mendigos que nosotros estamos acostumbrados a ver son reuniones de gente respetable si se los compara con las turbas harapientas de los pordioseros orientales. Los que siguieron y acompañaron a Jesús en todo el tiempo de su vida pública eran sucios, andrajosos y estropeados, sobre todo lo que podemos imaginar. Apiñábanse en torno del Redentor, le oprimían y procuraban librarse, mediante su contacto, de las enfermedades que los aquejaban; le obstruían el paso con el fin de estorbar que se les ausentase; penetraban en las casas donde entraba y *ni siquiera le dejaban tomar a gusto un bocado de pan,* dice San Marcos. Pensad bien lo que tales expresiones significan.

La naturaleza humana de nuestro Salvador fué delicadísima y perfecta; su sensibilidad, más exquisita que la de los demás hombres, padecía extraordinariamente con la contemplación de lo deforme y desagradable. A pesar de esto, jamás salió de sus labios una palabra de queja, ni dió muestras de advertir las molestias que le acongojaban penosamente. Así, pues, soportó con paciencia inalterable las impertinencias de estos desgraciados, y consintió que le rodearan y oprimieran con incansable tenacidad. ¡Cuántas veces se sintió fatigado de estar en pie, y de hablar y de atender a las súplicas interminables de semejante multitud! Porque gente de esta clase jamás se hartaba de tenerle consigo. Habituados a los desprecios y desdeñosas repulsas de los fariseos, gozaban con extraña fruición del trato amable, tierno y compasivo del nuevo Maestro; y en su compañía se olvidaban de todo, hasta de las consideraciones que le eran debidas.

Alguna vez, aunque rara, el Salvador se vió forzado a buscar el medio de huir del pueblo. Una tarde, especialmente, como aquél no daba señales de regresar a casa por la noche, dijo Jesús a sus discípulos: *Pasemos a la otra orilla del lago.*

Sólo placer podían ellos encontrar en obedecer este mandato, porque el Maestro estaba enteramente abatido, y no quedaba otro recurso para proporcionarle un pequeño descanso. Así, pues, algunos de los discípulos se abrieron paso apresuradamente en dirección a la playa, llevando consigo al Salvador; y, cuando se les incorporaron los restantes que se habían quedado atrás a fin de despedir a la muchedumbre, todos juntos saltaron a una lancha y desatracaron en seguida. Sentóse Jesús en la popa, reclinando su cabeza sobre una tosca almohada que servía de mullido al timonel; y muy pronto se quedó dormido. Los discípulos le observaban en silencio, o conversaban en voz baja acerca de las parábolas que, en los intervalos de la prolongada predicación de este día, les había explicado aparte. Cuando estaban en presencia del pueblo no les gustaba sacar a plaza sus dificultades; pero, al quedar a solas con el Maestro, le exponían sus dudas, y Él se las resolvía detenidamente, acostumbrando a preguntarles: *¿Habéis entendido todas esas cosas?*

En esta ocasión Jesús dormía; y mientras la embarcación se deslizaba suavemente sobre la tranquila superficie del lago, iluminado por la luz de la luna, sentáronse alrededor de su Maestro, hablando poco y contentándose con mirar aquel rostro tan sereno y hermoso, tan cansado y a la vez tan lleno de reposada majestad. Así llegaron hasta la mitad de la travesía, dormitando unos, platicando otros junto al piloto, cuando el bramido del viento de la noche les hizo a todos sobresaltarse.

En pocos minutos echóseles encima una furiosa tempestad. El huracán se precipitó, como un alud, por las gargantas de las sierras barriendo cuanto hallaba a su paso, y agitó violentamente las aguas, levantando terribles olas coronadas de espuma. Sin defensa contra los embates del mar, la nave comenzó a sufrir un peligroso movimiento de ascenso y descenso, ora hundiéndose en una depresión, ora levantándose por encima de altísimas olas, para volver a caer de nuevo en lo profundo. El agua penetraba en abundancia, inundando a toda prisa la pequeña embarcación, y, no obstante, el Señor continuaba dormido. Por el momento, los discípulos no se atrevieron a despertarle; pero sobreponiéndose, al fin, el miedo a todo otro sentimiento, le rodearon gritando:

—*¡Señor, sálvanos, que perecemos!*

Despertó Jesús, y su mirada se fijó tranquila en aquellos semblantes aterrorizados.

—*¿Por qué teméis*—les dijo,—*hombres de poca fe?*

Y, poniéndose luego de pie, mandó al viento y al mar que se apaciguaran diciendo:

—*¡Paz, calmaos!*

Y el viento cesó al punto, y siguióse una gran bonanza. De lo cual quedaron tan aturdidos los presentes, que sin ocurrírseles siquiera postrarse a los pies del Señor para darle gracias con el mayor rendimiento, se quedaron encogidos y estupefactos, murmurando con tembloroso acento:

—*¿Quién es éste, a quien obedecen los vientos y el mar?*

La primera impresión que en los pobres pescadores produjo el apaciguamiento de la tormenta fué de abrumador espanto. ¿Quién era Aquel que estaba en su compañía, que los trataba con sencilla familiaridad, que comía y bebía y dormía entre ellos? ¿Quién era? — Dios, el Señor de la Naturaleza.

Jesús, su Maestro, su amigo, era verdadero Dios, el Dueño de los vientos y de los mares; y, al sentirlo así, el pasmo de lo sublime invadía y dominaba por entero sus almas.

La barca continuó navegando plácidamente hasta la opuesta orilla. En las primeras horas de la mañana entraron en una pequeña bahía, situada en las márgenes orientales del lago frente a la tierra de Gadara o Gergesa. Apenas habían saltado a tierra los discípulos, mal recobrados aún de los sustos de la noche, cuando se apoderó de ellos un nuevo temor.

Saliendo de una de las cavernas abiertas en el acantilado se les acercó un ser extraño, que tenía más trazas de bestia que de hombre. Sus ojos despedían un siniestro fulgor; el vestido, que pendía en retazos de su cuerpo, estaba hecho jirones por todas partes; su guarida eran las concavidades de las rocas, usadas para sepulcros; y esta salvaje criatura se mostraba además *tan feroz y temible, que la gente no se atrevía a pasar por este lugar.* Nadie había podido sujetarle; las cadenas de hierro se rompían en sus manos como débiles cuerdas de lino; y vagaba errante, día y noche, por las montañas, gritando e hiriéndose contra las piedras. Era un endemoniado.

Al divisar desde lejos a Jesús, aquel desgraciado corrió a Él, se arrojó a sus plantas y le adoró. Y, dando grandes voces, decía:

— *¿Qué tengo yo que ver contigo, Jesús de Nazaret? Ruégote que no me atormentes.*

Jesús le preguntó:

— *¿Cómo te llamas?*

Y él respondió:

— *Legión.*

*Porque muchos demonios habían entrado en él,* dice San Lucas. Y los espíritus le pidieron que no los enviara a los abismos. Andaba por allí una gran piara de cerdos paciendo en el monte; y con esta ocasión le rogaron que les permitiera entrar en ellos. Y el Señor se lo permitió. Salieron, pues, del hombre los demonios, y entraron en los cerdos; y de repente toda la piara corrió a arrojarse al agua por un precipicio y se anegó. Viendo esto los que los guardaban echaron a huir y fuéronse a llevar la nueva a la ciudad y por los cortijos, refiriendo cómo el fiero demoníaco, terror de la región, había sido curado, y cómo los cerdos habían perecido.

Por más extraño que parezca, este último acontecimiento fué el que pareció impresionar más hondamente al pueblo, porque, en lugar de regocijarse por la curación del desgraciado, *se apoderó de todos un gran temor. Y la ciudad entera salió a ver lo ocurrido. Y se llegaron a Jesús y vieron al que antes había sido atormentado por los demonios sentado a los pies del Salvador, vestido y en su sano juicio.*

Entonces aquellas desacordadas y necias gentes, llenas de terror, suplicaron a Jesús que se retirase de su país; y el Señor se embarcó de nuevo. El hombre recién librado de la posesión demoníaca rogó encarecidamente al Señor que le permitiera quedarse en su compañía. Parecíale que sólo al lado del Salvador podría gozar de bienestar tranquilo. Pero Jesús le respondió que necesitaba de él un servicio cerca de sus compatriotas.

—*Vuélvete a tu casa* —le dijo— *y cuenta las maravillas que Dios ha obrado en tu favor.*

Y fuése por toda la ciudad publicando los grandes beneficios que Jesús le había dispensado.

Al llegar el Señor con sus discípulos a la ribera occidental del lago vieron la playa cubierta de gente. Aquí, a lo menos, Jesús era bien recibido. *La multitud celebró su venida con demostraciones de júbilo, porque todos estaban esperándole.* No bien hubo echado pie a tierra, cuando se acercaron numerosos indigentes pidiéndole mercedes de todo género.

Poco después la multitud, murmurando frases de compasión, se abrió para dar paso a un hombre, cuyo apesarado semblante denunciaba la aflicción producida por doloroso contratiempo. Era Jairo, uno de los jefes de la sinagoga. La única descendencia que el cielo le había concedido era una niña; y ésta, que a la sazón tendría unos doce años, se hallaba expirante; venía, pues, a ver si el Señor se dignaría ir a su casa a salvar a la enferma.

El pobre padre se postró a los pies de Jesús, y con voz interrumpida por los sollozos le dijo:

—*Mi hija se está muriendo; pero dígnate venir y poner tu mano sobre ella, a fin de que pueda curar y vivir.*

Encaminóse allá el Señor con el atribulado Jairo, seguido de un número considerable de curiosos que deseaban presenciar lo que iba a suceder. Caminaban de prisa, porque Jairo sabía que los momentos eran preciosos. Mas, al llegar cerca de la casa, uno de los criados les salió al encuentro, mostrando en su rostro los indicios de la fatal nueva que pronunciaron en seguida sus labios:

—*Tu hija*—murmuró al oído de Jairo—*ha muerto; no canses más al Maestro.*

Pero Jesús, oyéndolo, añadió bondadosamente:

—*No temáis; creed sólo que curará.*

Triste espectáculo ofrecían los alrededores de la residencia donde había ocurrido la defunción. Los parientes, músicos y plañideras alquiladas para el entierro habían llegado ya, pues los funerales debían tener lugar antes de anochecer. Desde el cuarto donde yacía el cadáver de la niña salía al exterior el ruido de los lamentos, mezclado con las quejumbrosas notas de las flautas. Jesús entró y, viendo el tumulto y alboroto de los que lloraban y tañían, dijo:

—*Retiraos; pues la niña no está muerta, sino dormida.*

*Y los circunstantes se burlaban de Él, sabiendo perfectamente que estaba muerta,* dice San Lucas. El Salvador hizo salir de la pieza a todos, excepto a Pedro, Santiago y Juan, junto con los padres de la difunta. Allí yacía ésta, pálida e inmóvil, con las manecitas cruzadas sobre el pecho, en una pequeña cama, sobre la que se habían esparcido diversas substancias aromáticas. Jesús tomó una de aquellas frías y menudas manos, y con voz suave y tierna, imitando el tono y acento usados por su madre al despertarla, dijo:

—*Talitha, cumi!*—*(¡Doncellita, levántate!)*

En el mismo instante los ojos de la niña se abrieron; sonrió al ver a Jesús, y, levantándose, comenzó a andar por la estancia en presencia de todos, mientras el padre y la madre, fuera de sí, sin darse cuenta de lo que les pasaba por la vehemencia de la alegría, contemplaban a la resucitada con inmóvil y silenciosa estupefacción. Entonces el Salvador mandó dar a la niña algo que comer. Y dejándolos a los tres solos para que libremente se entregaran a las naturales efusiones y transportes de alegría, salió de allí con sus discípulos.

Figuraos cuánto se robustecería la fe de los apóstoles con milagros como el presente, y que se sucedían unos a otros. En el transcurso de contadas horas habían visto que el viento y el mar, los demonios y la muerte misma obedecían al que ellos llamaban *Maestro*. Y, simultáneamente con su fe en Jesús, crecían la admiración y el respeto, el amor y la confianza que les inspiraba. Porque Aquel cuya palabra obedecían las fuerzas todas de la Naturaleza vivía entre ellos, siendo uno de tantos. Cuando viajaban juntos, expuestos al frío, a la lluvia y al sol; cuando se detenían y sentaban en los ribazos de los caminos para tomar su escaso alimento, Él no lo pasaba mejor que ellos. Humilde y afable, dispuesto siempre a resolver todas sus dificultades y a defenderlos de sus enemigos, paciente con sus torpezas y equivocaciones, atento a evitar cuanto pudiera dañarlos y a satisfacer sus necesidades... tal era el Maestro a quien se habían entregado.

No los mimaba. Antes al contrario, corregía sus defectos y les hacía participar de las penalidades de su vida; porque, estando destinados a ser los continuadores de su obra en medio de toda clase de sufrimientos, necesitaban ser educados para tal fin. Sin embargo, no consentía que sus penalidades fueran excesivas. Entre las cosas que San Pedro acostumbraba a referir a los primeros cristianos, según cuentan piadosas tradiciones, una es que cuando los apóstoles pasaban la noche con Jesús en la falda de alguna montaña, durmiendo todos mientras Él oraba, de tiempo en tiempo dejaba la oración para ir a ver cómo estaban; y si la noche era fría y alguno de ellos se hallaba mal cubierto, el mismo Salvador le arropaba y abrigaba mejor.

¿No es bien natural que esta sencilla y rústica gente le amase tan entrañablemente como lo hizo?

Por eso también no se intimidaron el día que les anunció su propósito de enviarlos a predicar, porque con su ayuda podrían llevarlo todo a cabo. Ellos habían de difundir la *buena nueva* de que el reino de los cielos estaba cerca. Y, al efecto, habrían de partir sin dinero ni provisiones, sólo con las admirables virtudes y gracias que Él les concedería. *Curad a los enfermos*—les dijo;—*resucitad los muertos, limpiad a los leprosos, arrojad los demonios: gratuitamente recibisteis estas gracias, distribuid también gratuitamente sus beneficios.* Y los apóstoles fueron, de dos en dos, por las ciudades, predicando el Evangelio y curando en todas partes.

Por este tiempo fué cuando llegó a su término la vida admirable de San Juan Bautista. Doce meses llevaba de prisión en la lóbrega fortaleza de Maqueronte, por haber declarado que el matrimonio del rey con su cuñada Herodías, en vida del hermano del mismo Herodes, era ilegal. Terrible debió de ser aquel encierro en una mazmorra subterránea para quien, como el Bautista, había pasado la mayor parte de su existencia en el desierto, a la plena luz de los cielos y respirando el aire libre de los campos. Pero además había para él otro tormento no menos doloroso.

Sus energías se habían empleado en allanar y preparar el camino al Salvador. Y en la actualidad se hallaba solo en la prisión y aparentemente abandonado de todos. Jesús no le había visitado ni hecho nada por él. San Juan, no obstante, sufrió en silencio, sin proferir la menor queja: su paciencia no se agotó jamás; su fe permaneció inconmovible. No deseaba recobrar la libertad, sino únicamente hacer la voluntad de Dios y continuar, hasta donde le fuese posible, la obra para que había sido enviado. Aun en la prisión no dejó de continuar preparando el camino de su Señor. Porque, habiendo descubierto que algunos discípulos suyos, que habían obtenido licencia para visitarle, no creían en Jesús, los envió a Él con el encargo de hacerle esta pregunta: *¿Eres tú el que ha de venir, o debemos esperar a otro?*

San Juan sabía muy bien que Jesús era el Mesías; mas quería que sus discípulos lo entendieran así y le siguieran. Sin duda tuvo conocimiento de que su muerte estaba cerca. Herodías no podía descansar hasta haberse librado del reprensor de sus liviandades; y, por eso, San Juan quería que sus fieles discípulos se acogieran al amparo del Señor antes que le llegara el fin. El Salvador, a quien eran patentes los designios del Bautista, al formular la anterior pregunta, respondió no con palabras, sino con hechos. Tan luego como los mensajeros estuvieron en su presencia curó a muchos enfermos y dió vista a numerosos ciegos. —*Id* —añadió luego —*y contad a Juan lo que habéis visto y oído.*

Y ellos partieron creyendo en Él.

Entretanto la malvada Herodías, que no se consideraba segura mientras Juan viviera, andaba excogitando los medios de quitarle la vida. El cumpleaños de Herodes le proporcionó una coyuntura favorable a la realización de sus propósitos. El rey celebró el aniversario de su natalicio con inusitada pompa, y por la noche dispuso una gran cena para los principales de su reino. El castillo-palacio de Maquerunte se hallaba brillantemente iluminado, y los acordes de la música, mezclados con las voces y aclamaciones de los alborotadores, llegaban hasta el calabozo en que estaba el Bautista. Cuando el regocijo y algazara en el salón del festín tocaban a su apogeo entró Salomé, la hija de Herodías, dispuesta a dar un espectáculo en beneficio de los convidados. Danzó en presencia de la reunión, y fué aplaudida estrepitosamente por todos los que estaban sentados a la mesa. Entonces Herodes, medio ebrio y sin saber apenas lo que se decía, hizo a la bailarina la siguiente promesa, ratificada con juramento:

—*Pídeme lo que quieras, y te lo concederé, aunque sea la mitad de mi reino.*

Llena de gozo la muchacha salió disimuladamente de la sala y preguntó a su madre:

—*¿Qué pediré?*

—*La cabeza de Juan Bautista*—respondió su madre.

Salomé volvió apresuradamente y dijo al rey:

—*Quiero que mandes entregarme en una fuente la cabeza del Bautista.*

¡Qué petición tan cruel e impropia de una mozuela, casi niña! Todos los que la oyeron se estremecieron de horror. Pero ¿qué haría el rey? Las miradas de los circunstantes se fijaron en él, pudiendo descubrir en su rostro las señales de la lucha interna que estaba sosteniendo. Quedóse tristemente impresionado, porque reverenciaba a Juan, y frecuentemente había escuchado con placer sus predicaciones. Mas a causa de su juramento—evidentemente indigno de ser proferido y más indigno aun de ser ejecutado—y por el deseo de sostener su palabra ante la concurrencia, concedió la horrible petición. Uno de sus guardias de corps, que prestaba servicio detrás de él con la espada desnuda, fué despachado a la prisión con orden de traer la cabeza del antiguo Predicador del Desierto.

Un silencio de muerte siguió a este mandato en el local, donde antes resonaban el bullicio y la alegría; silencio acompañado de una ansiedad horrible que duró breve tiempo. Porque al poco rato la puerta se abrió de nuevo, y la ensangrentada cabeza apareció en una fuente, conforme a lo ordenado por Herodes. Inmediatamente, a la vista de todos, el rey la entregó a la desenvuelta muchacha, que la llevó en triunfo adonde estaba su madre.

Cuando los discípulos del Bautista supieron lo que había sido de su maestro tomaron el cuerpo y le sepultaron; *y fueron a referírselo a Jesús,* dice San Mateo.

El regio asesino no gozó desde este momento una hora de paz. El horrible espectáculo que puso término al festín no se apartó un momento de su imaginación. Cuando oyó hablar de los milagros de Jesús exclamó: *Juan Bautista ha resucitado de entre los muertos,* y quiso ver a nuestro adorable Salvador. Vióle, en efecto, un día, y en ese día se colmó la medida de su perversidad.

## XXIX

# Un día festivo

Al regresar los apóstoles de la breve misión que dieron por las ciudades y aldeas de todo el contorno, refirieron al Señor todo cuanto habían hecho y enseñado. *Retiraos a un lugar desierto y descansad un poco,* les dijo Jesús al verlos fatigados. Era una invitación aceptable. El lago que necesitaban atravesar para ir al sitio indicado por el Señor era casi el único lugar donde podían disfrutar a solas de la compañía de Jesús, a quien tenían muchas cosas que referir. Así, pues, emprendieron sin tardanza la expedición.

Helos ya todos reunidos en una barquichuela con el Salvador, inclinándose frecuentemente sobre los remos, alargando la cabeza para oir todo lo que el Maestro dice, y hablándole primero uno, luego otro, con objeto de darle cuenta de sus éxitos o fracasos. Ved cuán bondadosamente los contempla Jesús mientras hablan, cuán interesado está en sus relatos.

¡Atención! Uno de ellos apunta con el dedo a la orilla. Allí se divisa una enorme masa negra que se mueve lentamente alrededor del extremo del lago; es una inmensa poblada de gente. Los que la forman han visto que la lancha navega con rumbo a Julia de Betsaida, ciudad situada en la ribera oriental, y allá se dirigen a pie siguiendo el camino de la playa. Muchos de ellos llegarán antes que la embarcación, porque sólo hay un par de horas de camino desde Cafarnaum. Los apóstoles murmuran, no pudiendo disimular su contrariedad. La multitud no abandona un momento a Jesús; y ellos han salido para descansar. Pero el Maestro les dice que sus discípulos no deben ser egoístas. Aquella pobre gente lo necesita para remedio de sus males: los enfermos son llevados en hombros todo el trayecto, y hay muchos que tienen el corazón oprimido por desgracias y todo linaje de contratiempos. Oyendo estas palabras, los discípulos se avergüenzan de sí mismos, sobre todo al ver a su Maestro, mucho más cansado que ellos, y, no obstante, tan afable y condescendiente, tan solícito en atender las necesidades ajenas, tan olvidado de sí propio. No hay en lo sucesivo más murmuraciones. La navecilla penetra, al cabo, en una pequeña ensenada, atraca y saltan a tierra los tripulantes, comenzando luego a subir la falda de una montaña. Al poco trecho el Salvador se sienta; y ellos imitan su ejemplo, formando un círculo a sus pies y disponiéndose a escucharle.

Poco dura la reunión que a solas celebran con Jesús; la gente sube a millares: hombres, mujeres y niños, *que acuden a Él en grandes grupos desde todas las ciudades.* El Señor los contempla desde arriba, y se compadece de ellos, porque son como rebaño sin pastor. Ahora baja a su encuentro, y se ve rodeado en seguida.

Dedícales todo el día, que se le pasa predicando, curando, consolando. Vedle entrar y salir por los grupos, preguntar por los enfermos, poner sus manos sobre ellos, buscar a los afligidos y moverlos a que le refieran sus pesares. Tiene un modo de escuchar tan tierno... sus bondadosos ojos miran con tanto interés, mientras los pobres y enfermos le exponen sus miserias y penalidades... Y todos conocen, por sus preguntas, que en realidad los atiende y desea ayudarlos y socorrerlos.

¡Cuán feliz se siente a su lado la multitud, durante el día entero! Los recién curados se regocijan con los ojos, oídos y miembros recobrados; sus amigos los llevan por todas partes, mostrándolos a los compañeros que ayudaron a transportarlos por la mañana; los chicuelos y muchachos siguen a Jesús constantemente a manera de guardias de corps, agrupándose en torno de Él para ver cómo obra las curaciones, y presenciándolas con curiosa atención, especialmente cuando se trata de ciegos y lisiados. Los más pequeños gozan al ver brillar instantáneamente los ojos antes apagados y sin vida, que se fijan con amor de adoración y gratitud en el que les dió la luz y la vista; y no menos se complacen en contemplar cómo los contrahechos y paralíticos salen de aquellas milagrosas manos enderezados y vigorosos. Todos los niños que han venido con la muchedumbre se hallan reunidos alrededor del Salvador, sirviéndole de heraldos y guardias de honor. A cada nueva curación, sus alborozados gritos y vítores llegan a todos los oídos, pregonando el milagro e indicando el sitio en que está Jesús. En verdad que el día ha sido feliz.

¡Cuántos corazones han recibido alivio, descargando en Él todos sus pesares!

Pero la tarde avanza, y los apóstoles creen que es hora de pensar en la comida y el descanso.

La muchedumbre ha perdido la cuenta del tiempo, de la distancia a que se hallan de sus casas, de todo, excepto de Jesús. No es posible, sin embargo, permanecer allí siempre. No tienen que comer y deberán caminar dos horas largas antes de hallar albergue en que pasar la noche. En vista de esto, los Doce se llegan a Jesús y le dicen:

—*Señor, el lugar es desierto, y la hora avanzada. Despacha esas gentes para que vayan a las poblaciones inmediatas a comprar que comer.*

Pero Jesús les dijo:

—*No tienen necesidad de irse: dadles vosotros de comer.*

Bien le estaba al Maestro decir eso; pero ¿cómo podían proveer a semejante multitud?

—*Vayamos a comprar pan por doscientos denarios* (1) —propuso Felipe, —*y lo repartiremos, para que cada uno tome un bocado.*

—*¿Cuántos panes tenéis vosotros?*—preguntó Jesús.

Andrés respondió:

—*Aquí está un muchacho que tiene cinco panes de cebada y dos peces: mas ¿qué es esto para tanta gente?*

Pero Jesús dijo:

---

(1) Cada denario equivalía aproximadamente a ochenta y cinco céntimos de franco.

—*Traédmelos aquí.*

Contemplad al muchacho conducido por San Andrés a presencia del Señor; y ved con qué orgullosa satisfacción entrega sus panes y peces a Jesús, que le da las gracias por ellos.

En esta ocasión va a verificarse un gran milagro, tipo de otro todavía mayor. El momento es solemne; y nuestro Salvador quiere tener en orden todas las cosas.

—*Haced sentar a esas pobres gentes*—dice a los apóstoles.

Colócanse en filas de ciento y de cincuenta, y, vistos de lejos, los abigarrados colores de sus vestidos se destacan sobre la verde hierba, figurando macizos de jardín plantados sobre el césped. Las miradas de todos se dirigen a la pequeña eminencia donde se halla Jesús de pie, rodeado de los doce apóstoles.

Toma el Señor los panes, y, levantando los ojos al cielo con indescriptible majestad, los bendice, divide y entrega luego a los apóstoles para que los distribuyan entre todos. Los Doce recorren las filas subiendo y bajando de un punto a otro, dejando trozos en las ansiosas manos que se les tienden de todas partes, oyendo exclamaciones de asombro y recogiendo frases de agradecimiento. El Salvador los observa desde la altura en que está colocado, dirigiendo la distribución y haciendo indicaciones: aquí se quedó un viejo matrimonio sin recibir su parte; más allá unos muchachos piden más...

Cuando todos quedaron satisfechos dijo a los apóstoles:

—*Recoged esos fragmentos que han sobrado para que no se pierdan.*

Hiciéronlo así, y llenaron doce canastos con los pedazos que restaron, después de haber saciado su hambre toda aquella multitud de cinco mil hombres, sin contar las mujeres y los niños.

El Salvador y sus discípulos tomaron algunos fragmentos para comer ellos. Mientras lo hacen se oye de repente una gran gritería que sale de la multitud entusiasmada: *¡Éste es el Cristo! ¡Éste es el verdadero Profeta que ha de venir al mundo! ¡Hosanna al Rey de Israel!*

Los apóstoles escuchan complacidos. ¡Al fin llega el glorioso reinado que por tantos siglos han venido esperando! Y ellos mismos prorrumpen también en alborozadas aclamaciones de júbilo. Pero no perseveran mucho tiempo en esa actitud. Su Maestro les manda cruzar el lago en seguida y regresar a casa, mientras Él se queda detrás para despedir al pueblo. ¡Qué terrible desilusión! En sus semblantes se pinta el desaliento. ¡Qué lástima! ¡Partir precisamente ahora que el pueblo está en tan buenas disposiciones! ¿No podrían quedarse algunos, Pedro, Santiago y Juan, para ayudarle a entenderse con la multitud? No, todos deben marchar Obedecen muy contra su voluntad, tanto más cuanto que el cielo se está cubriendo de nubes de tormenta y el viento comienza a soplar. No se han olvidado de la tempestad que los sorprendió la vez que zarparon de Gadara. Sin embargo, no hay más remedio que embarcarse; y así, saltaron al bote y remaron mar adentro.

Entretanto el pueblo, levantando los brazos en alto y dando *vivas* y *hosannas*, rodeó al Señor. Quieren a todo trance proclamarle su Rey, mostrándose dispuestos a luchar y aun a morir por Él si fuera necesario. Pero Jesús les dice que Él no quiere ser rey terreno, y que deben aquietarse y regresar a sus casas, pensando en todo lo que les ha enseñado. No hay manera de resistir a la amable gravedad y autoridad con que habla. El vocerío y alboroto se extinguen, y, no mucho después, caminan en dirección a sus pueblos a modo de ejército pacífico y regocijado. Su Rey y Caudillo queda detrás. ¿Dónde?

Cuando la muchedumbre entera se alejó, el Salvador emprendió fatigado el ascenso de la montaña para orar. Antes de la elección de sus apóstoles había pasado la noche en oración, y ahora, esta noche, ora también, como preparación para la gran promesa que ha de hacer al día siguiente. Enseña, cura, consuela, se hace todo para todos; y, después, busca tiempo y lugar de reposo para orar, enseñándonos así que por muchas que sean las ocupaciones de nuestra vida debemos reservarnos algún rato para tratar a solas con Dios en la oración.

Advirtamos, además, cuándo y en dónde ora, y hallaremos otra enseñanza de que aprovecharnos. Quizá nosotros no podamos orar precisamente por la noche en la silenciosa falda de una montaña, teniendo por templo la naturaleza y por techumbre el firmamento azul cuajado de estrellas; pero, en la medida de lo posible, debemos elegir una hora y lugar donde nos hallemos libres de que otros nos distraigan y de distraernos a nosotros mismos.

Mientras Jesús oraba la fuerza del viento creció más y más, hasta que al fin una deshecha tempestad estalló en toda su furia sobre el lago. ¡Ay de las lanchas pescadoras que hubieran salido esta noche a la faena! El bote de Pedro, sorprendido en medio del mar, fué sorprendido de costado por la tormenta y no pudo volver la proa contra el viento y las olas. En vano la tripulación recogió velas, y achicó el agua, y remó con toda su fuerza y pericia. El peligro se hizo cada vez más inminente, y la gente de la combatida barquilla llegó a persuadirse de que no volverían a ver tierra. ¡Oh, por qué el Señor les había ordenado separarse de Él! Necia cosa fué el intimidarse, días atrás, cuando le tenían a bordo; pero ahora se hallaban solos, y Jesús los había olvidado. San Juan, que estuvo presente, nos da noticias minuciosas sobre los horrores de esta noche: *Las tinieblas eran espesas, y Jesús no había venido con ellos.*

Asidos fuertemente a las bordas de la nave se esforzaban por resistir las sacudidas del oleaje, cuando una figura extraña se les presentó repentinamente a alguna distancia: era una forma humana que caminaba hacia ellos. La gente de mar de aquel tiempo era muy dada a creer en supersticiosas apariciones, y se intimidaba fácilmente al ver sombras, que tomaba por espectros y señales de funestos augurios. Pero ahora no se trataba de una ficción imaginaria: lo que veían era indudablemente un hombre, y un hombre que andaba sobre las aguas.

Dudando todavía algunos, dijeron: *¡Es un fantasma!,* y comenzaron a dar gritos de terror. *Porque todos ellos le vieron, y se llenaron de turbación,* dice el sagrado texto. E inmediatamente habló con ellos a través del oleaje, diciendo:

—*Tened buen ánimo; soy yo, no temáis.*

¡Oh, qué cambio, qué gozo, paz y consuelo experimentan al oir las palabras: *soy yo!* Sólo unos momentos, y Él estaría con ellos. Mas Pedro no tuvo paciencia para esperar; su Maestro se hallaba cerca, y él necesitaba ir en seguida adonde estaba.

—*Señor*—exclamó,—*si eres tú, mándame ir a ti sobre las aguas.*

Y Jesús le dijo:

—*Ven.*

En un instante Pedro saltó fuera del bote y cayó en el agua, que resistió firme bajo sus plantas. Marchó pisando las olas, subiendo y bajando las ondulaciones de la encrespada superficie, con los ojos fijos en Jesús, mientras los otros once apóstoles le contemplaban en silencio, apoyados en los costados de la barca. Ya sólo distaba muy pocos pasos del Salvador, cuando se levantó una gran masa de agua que amenazó envolverle y sepultarle. Miró espantado a su alrededor, perdió de vista a Jesús, se apoderó de él el miedo y comenzó a hundirse.

—*¡Señor, sálvame!*—exclama entonces, tendiendo los brazos hacia su Maestro.

Y Jesús inmediatamente, alargando la mano, le ase y dice:

—*Hombre de poca fe, ¿por qué dudaste?*

Y el náufrago, puesto en salvo por el Señor, llegó con felicidad a la barquichuela; y tan luego como ambos estuvieron dentro de ella cesó el viento. Entonces los discípulos se levantaron para postrarse a los pies del Salvador y le adoraron, confesando su divinidad con estas palabras:

—*¡Ciertamente, tú eres el Hijo de Dios!*

Todavía obró otro milagro, porque al poco tiempo la embarcación arribaba a la región adonde se encaminaban.

## XXX

## ¿Queréis vosotros marcharos también?

Aquella tierra era la de Cafarnaum.

Difícilmente podemos representarnos el alborozo y entusiasmo con que fué saludado el Señor al atracar la lancha en la playa. Mientras los apóstoles estuvieron luchando con la tempestad en el lago, el pueblo dió la vuelta siguiendo la costa y regresó a sus casas antes de cerrar por completo la noche. Las portentosas noticias que llevaron acerca del día pasado en el desierto: enseñanzas, curaciones y comida vespertina, eran el asunto general de las conversaciones en la ciudad. Todos ansiaban ver al poderoso taumaturgo, y el gentío que había acudido a la playa eran tan numeroso, que con dificultad pudieron abrirse paso entre la multitud el Señor y sus discípulos. No se detuvo Jesús a predicar allí, sino que se encaminó a la sinagoga construída por el buen centurión.

Sus palabras debían revestir hoy especial solemnidad, mayor que en ninguna otra ocasión; y la sinagoga era el lugar más adecuado para el efecto. El presidente Jairo se hallaría presente y gozaría la satisfacción de recibir a Jesús, demostrándole las más exquisitas atenciones; y es claro que también le acompañarían su hijita y su esposa.

El dintel, colocado sobre la puerta del edificio y que había sido hallado entre las ruinas de la antigua sinagoga, era obra de talla y tenía esculpido un vaso con maná entre hojas de parra y racimos de uvas. Al pasar el Señor por debajo de la simbólica figura la contemplaría sin duda y pensaría cuán oportuna era aquella representación para el tema que había de tratar en su discurso. Porque iba a hablar, por vez primera, del Don de los dones, con que se mostraría el amor que tenía al mundo, de su real presencia en el Santísimo Sacramento de la Eucaristía bajo las apariencias de pan y vino.

La Iglesia llama a este sacramento compendio y resumen de las maravillas de Dios. Tan prodigiosa es hasta en sus menores detalles esta Suprema Dádiva, que los hombres necesitaban ser preparados a recibirla por medio de otras maravillas y tipos: el maná del desierto, alimento del pueblo de Israel en su peregrinación a la tierra prometida; el sacrificio de Melquisedech con su ofrenda de pan y vino; el milagroso sustento del profeta Elías, destinado a comunicarle el vigor necesario para huir de sus enemigos; la conversión del agua en vino en las bodas de Caná; y, por último, la milagrosa multiplicación de los panes, verificada el día anterior en el desierto inmediato al lago de Genesaret y tan presente aún en el ánimo de todos.

La población acudió en masa a la sinagoga hasta llenar el local de modo que, desde el sitio elevado que ocupaban el Señor y sus apóstoles, no se veía más que un montón de cabezas humanas. Sentóse Jesús en la plataforma o *bima,* y todas las miradas se clavaron en Él. Tendiendo sobre la concurrencia aquella mirada que escudriñaba el fondo de los corazones comenzó diciendo:

—*En verdad, en verdad os digo que vosotros me buscáis, no por razón de mi doctrina atestiguada por milagros, sino porque os he dado de comer con aquellos panes hasta saciaros. Trabajad, no tanto por el manjar que se consume, como por el que dura hasta la vida eterna, el cual os lo dará el Hijo del Hombre.*

—*Pues, ¿qué milagros haces tú, para que nosotros veamos y creamos? ¿Qué cosas extraordinarias haces?*

Tales expresiones, a raíz del prodigio obrado el día anterior, eran un sarcasmo.

—*Porque nuestros padres* —continuaron— *comieron el maná en el desierto, según está escrito: "Dióles a comer pan del cielo."*

Respondióles Jesús:

—*En verdad, en verdad os digo: Moisés no os dió pan del cielo: mi Padre es quien os da a vosotros el verdadero pan del cielo. Porque pan de Dios es aquel que ha descendido del cielo y da la vida al mundo.*

La concurrencia exclamó entonces:

—*Señor, danos siempre ese pan.*

Jesús continuó:

—*Yo soy el pan de vida; el que viene a mí no tendrá hambre, y el que cree en mí no tendrá sed jamás.*

Los judíos entonces comenzaron a murmurar, mostrándose enojados e inquietos.

—*¿Cómo dice que él es el pan de vida descendido del cielo? ¿No es éste aquel Jesús, hijo de José, cuyo padre y madre nosotros conocemos? ¿Qué es eso de haber bajado del cielo?*

Jesús respondió:

—*No murmuréis entre vosotros... Yo soy el pan de vida... Quien comiere de este pan vivirá eternamente, y el pan que yo daré es mi misma carne, la cual yo entregaré para vida del mundo.*

El descontento y los murmullos crecieron con esto. Era una repetición de la escena que tuvo lugar en Nazaret: el mismo entusiasta recibimiento del Salvador, la misma ansiosa expectación al principio de su discurso e idéntica indignación y protestas antes de terminar.

—*¿Cómo puede este hombre darnos su carne a comer?* —se preguntaban unos a otros.

Muchos millares de incrédulos han hecho, de entonces acá, la misma pregunta, y la hacen hoy todavía: *¿Cómo puede estar Jesucristo todo entero en la hostia?* La respuesta es que no sabemos cómo. El Señor no mandó a los judíos entender el misterio, sino creerle, y creer también en Él que se lo anunciaba. Años había pasado Éste obrando los signos milagrosos que ellos le pedían, tan estupendos como jamás hombre alguno los realizó. Debieron, pues, dar crédito a sus palabras y aguardar luego, humildemente, su cumplimiento. Pero en lugar de esto, muchos, y entre ellos algunos de sus mismos discípulos, dijeron:

— *Dura es esta doctrina, y ¿quién es el que puede escucharla?*

Después de lo cual se retiraron y dejaron de seguirle.

Detengámonos un momento a preguntar cuál es la significación real de esta admirable promesa y por qué nos dejó en legado tan precioso donativo.

Cuando el Hijo del Eterno Padre tomó cuerpo y alma como los nuestros, y el Verbo se hizo carne y habitó entre nosotros, este morar en nuestra compañía no significa que había de ser solamente por el tiempo de su vida mortal y para las contadas personas que tuvieron la dicha de tratarle, sino por todos los siglos y para toda la humanidad. El sagrado cuerpo del Salvador, cuyo contacto dió vida y salud a los enfermos de Galilea y Judea, debía dárnoslas también a nosotros. Mejor diré: a las generaciones de fieles que le pertenecieran desde sus apóstoles y discípulos se les permitiría una unión con Él, más estrecha que la concedida a aquellos cuyas llagas tocó y curó. Y por esta causa prometió un Pan Divino que daría la vida al mundo. Este Pan fué su carne, alimento de todos los que en Él creyeran. *Mi carne es, en verdad, comida; y mi sangre verdadera bebida:* son sus solemnes y terminantes palabras.

Cuando nuestro Señor Jesús habló en parábolas explicó claramente su oculto sentido, a lo menos, a los apóstoles. Pero aquí no hay parábola alguna. Las palabras significan precisamente lo que directa y materialmente expresan; y, cuando algunos de sus oyentes, rehusando creerle, se alejaron, los dejó partir. Con los mismos apóstoles hubiera hecho lo propio, si se hubieran resistido a admitir sus afirmaciones, tal y como Él las expresó, es decir, en su sentido inmediato y literal. No explicó en esta ocasión la forma en que había de dispensar a los hombres esta divina Dádiva, ni la manera de recibirla.

Quedóse el Señor mirando a los discípulos que le abandonaban, y, volviéndose a los Doce, dijo tristemente:

—*¿Y vosotros queréis también retiraros?*

Simón Pedro, con el semblante enrojecido de amor y lealtad, replicó en nombre de todos:

—*Señor, ¿a quién iremos? Tú tienes palabras de vida eterna, y nosotros hemos creído y conocido que tú eres el Cristo, el Hijo de Dios.*

El Salvador aceptó esta solemne confesión de fe, hecha en representación de once de los apóstoles por Pedro, intérprete en esta ocasión de los sentimientos de sus compañeros. He dicho de once de los apóstoles y no de los doce, porque entre ellos había uno que, de tiempo atrás, venía siguiendo a Jesús sólo con el cuerpo, pues su corazón estaba muy lejos de Él. Judas se hallaba ahora poseído de rabia y disgusto porque su Maestro no había querido aceptar el reinado terreno que el pueblo le ofrecía casi a la fuerza. No le importaba ya nada continuar en el apostolado; las enseñanzas del Salvador le causaban tedio, y las manifestaciones de respeto que se tributaban a su Maestro contribuían a aumentar su disgusto.

El corazón de Cristo, Señor nuestro, sintió profunda tristeza en este día pasado en Cafarnaum. Aunque nada podía turbar su paz ni alterar su paciencia, el desamor, la desconfianza y la ingratitud le herían en lo más hondo. Doliéronle a par de muerte el desprecio hecho al mejor de sus dones, la deserción de sus discípulos, la obstinación creciente de las almas y la caída de uno de los Doce. Porque entre todos los corazones humanos no ha existido ninguno más fiel, más tierno ni más afectuoso que el Sacratísimo Corazón de Jesús.

# XXXI

## ¡Señor, ayúdame!

Nos vamos acercando al fin.

No sólo Judas, sino todos los que esperaban un Mesías que fuese Caudillo y Libertador temporal de Israel, quedaron penosamente defraudados en sus aspiraciones, cuando el Salvador declaró que no había venido a ser rey de este mundo. Ellos necesitaban el reinado terreno, no el reino de los cielos de que hablaba Jesús.

Según los rabinos, el Mesías había de ponerse a la cabeza de su pueblo contra las naciones paganas para sujetarlas a los judíos y gobernar desde Jerusalén toda la tierra. Se inauguraría entonces un reinado de mil años, reinado de prosperidad, gloria y placeres para el pueblo de Dios. Los árboles se cargarían de incesantes frutos, los campos de no interrumpidas cosechas, y todos los productos de los diversos climas se darían en Palestina con abundancia superior a lo que puede concebir la imaginación más desenfrenada. Tales ideas y sentimientos eran inculcados a los niños judíos desde los más tiernos años, y hasta los discípulos del Redentor habían sido amamantados en idénticas esperanzas.

Así, pues, cuando por este tiempo comenzó su Maestro a insinuarles paulatinamente que había venido a redimir al mundo, no por la fuerza de las armas ni combatiendo contra los romanos, sino derramando su sangre, ellos no pudieron entender lo que quería decirles.

Sus enemigos — los sacerdotes, fariseos, saduceos y herodianos — contemplaban con satisfacción el desencanto del pueblo y el enfriamiento del entusiasmo que sentía por Jesús de Nazaret. Difundían, además, por todas partes la especie de que un hombre sin instrucción ni bienes de fortuna, hijo de un humilde carpintero, no podía ser, en manera alguna, el glorioso Mesías de quien habían hablado Moisés y los profetas. Reñían ásperamente a los infelices enfermos que acudían al Salvador en sábado para que los curase. Seguían a Jesús adondequiera que iba, espiándole, riéndose de Él y proponiéndole dificultades con objeto de envolverle y confundirle.

Durante largo tiempo el Señor trató con benignidad a los fariseos, no obstante contarse éstos entre sus enemigos más encarnizados. Respondió a las preguntas que le hacían, sabiendo que sólo trataban de descubrir en sus respuestas algún error, y les indicó, en términos suaves, los graves pecados con que desagradaban a Dios. Mas, cuando vió que continuaban cerrando sus ojos a la luz y trabajando sin descanso por enajenarle las simpatías del pueblo, les echó en cara, con intrepidez y públicamente, su hipocresía y orgullo, y les avisó de los terribles castigos que sobre ellos vendrían.

En cierta ocasión refirió al pueblo la siguiente parábola:

*Dos hombres subieron al Templo a orar, uno fariseo y otro publicano. El fariseo, estando en pie, oraba en su interior de esta manera: "¡Oh Dios!, yo te doy gracias, porque no soy como los demás hombres, ladrones, injustos y adúlteros, ni tampoco como ese publicano. Ayuno dos veces a la semana y pago diezmos de todo lo que poseo." Y el publicano, al contrario, puesto allá lejos, ni siquiera se atrevía a levantar los ojos al cielo, sino que se daba golpes de pecho diciendo: "¡Dios mío, ten misericordia de mí, que soy un pecador!" Pues bien, yo os digo que éste volvió a su casa justificado, mas no el otro, porque todo aquel que se ensalza será humillado, y el que se humilla será ensalzado.*

¡Cuánto no debió de resentirse el orgullo de los fariseos con la anterior parábola! ¡Pensar que hubiera quien osara comparar a un fariseo con un publicano y preferir además a este último! Desde entonces su rabia contra el Señor no conoció límites, y se coligaron con sus enemigos los saduceos y herodianos para llevar a cabo la ruina del Nazareno.

Jesús conocía todos sus planes, pero continuó tranquilamente su labor de predicar, curar enfermos, arrojar demonios e instruir a sus apóstoles, seguro de que nada podrían contra Él sus adversarios, hasta que le llegara la hora. Otra vez, mientras enseñaba al pueblo que en el reino de Dios los últimos serían los primeros y los primeros los últimos — proposición nada grata a oídos farisaicos, — algunos de ellos se acercaron a Él y le dijeron:

— *Sal de aquí, porque Herodes tiene ánimo de quitarte la vida.*

A lo que el Señor respondió:

— *Id a decir a esa raposa* (es decir, a ese impío artificioso y cobarde): *Sabe que aún he de lanzar demonios y curar enfermos el día de hoy y el de mañana; pero dentro de poco tiempo, al tercer día, soy finado. Nadie*— dijo en otra ocasión — *me quita la vida, sino que la doy yo mismo, y tengo poder para dejarla y poder para tomarla de nuevo.*

Cierto día pasó Jesús los límites de Palestina y se internó en el territorio gentil de Fenicia. *Deseaba que ninguna persona lo supiera,* escribe San Marcos, *pero no pudo permanecer oculto.* Su fama había trascendido fuera de su país y llegado a todas partes. Una pobre mujer pagana, sirofenicia de nación, acudió a Él en su desgracia. Tenía una hija poseída de un mal espíritu, y, habiendo oído hablar de las milagrosas curaciones obradas por Jesús de Nazaret, esperaba hallar en Él remedio para la pobre demoníaca. Con esta esperanza le seguía gritando:

— *¡Señor, hijo de David, ten lástima de mí, porque mi hija se halla cruelmente atormentada del demonio!*

Mas el Señor no le respondió palabra. *¡Qué inaudito modo de proceder es éste!,* exclama San Juan Crisóstomo; *había dispensado sus gracias a los que no las merecían; había soportado las molestias de los que le* *tentaban; y para esta infeliz madre que va en pos de Él e implora humildemente su piedad, ¿no tiene siquiera una palabra de pura atención?*

Cansados los discípulos de oir los clamores de la mujer aquella intercedieron, diciendo a Jesús:

— *Concédele lo que pide, a fin de que se vaya y no nos aturda más con sus gritos.*

La cananea, que no parecía dispuesta a desistir, siguió, sin hacer caso de los apóstoles, rogando al Señor que librase a su hija del poder del demonio.

Al cabo Jesús respondió:

— *Yo no he sido enviado sino a las ovejas perdidas de la casa de Israel.*

¡Qué horrible desengaño para la infeliz mujer! ¡Y se le había dicho que el Profeta de Palestina era tan afable y bondadoso con los atribulados! Sólo una madre pudo no desmayar ante aquella desdeñosa réplica y no marcharse desesperanzada. En lugar de esto apresuró más el paso para colocarse delante del Salvador, y, postrándose a sus pies y adorándole, exclamó:

— *¡Señor, ayúdame!*

A lo que respondió Jesús:

— *No es justo quitar el pan a los hijos para echarlo a los perros.*

Semejantes palabras debieron sonar en los oídos de la pobre mujer más duramente que en los nuestros, porque los perros en Oriente no son los compañeros, y, a veces, el objeto de las caricias del hombre, sino animales hambrientos y abandonados de quienes nadie hace caso. No convenía — quiso decir el Señor — que los favores concedidos a los hijos de Dios, es decir, a los judíos, se dispensaran también a los paganos como ella.

Y en vista de esto, ¿se retiraría al fin la pobre cananea, resentida y traspasada de dolor?

No, es bastante humilde para no resentirse y demasiado resuelta para desalentarse. Así, pues, toma las mismas palabras de Jesús y se vale de ellas a fin de reforzar su ruego y defender su causa.

— *Es verdad, Señor* — replica; — *pero, a lo menos, los cachorrillos comen debajo de la mesa las migajas que dejan caer los hijos del dueño.* Como si dijera: "Reconozco mi indignidad y que soy como un perro despreciable, mas ni aun a los perros, cuando son pequeños y débiles, suele negárseles los pedacitos que por casualidad caen de la mesa donde comen los hijos del Señor."

¡Cómo había de resistirse Jesús por más tiempo! Su conducta para con la pobre gentil había obedecido hasta ahora al intento de proponerla por modelo, que en el transcurso de los siglos pudieran imitar los cristianos todos, en cuanto a las condiciones de *humildad, confianza* y *perseverancia,* propias de la oración, si ha de merecer ser atendida. Y por tal razón tuvo necesidad de tratar a la cananea con fingida dureza. Porque debemos tener por cierto que el rigor de sus palabras era sólo aparente. Desde el primer momento se apiadó profundamente de ella y de su atormentada hija. Difirió la concesión de la gracia solicitada, teniendo que reprimir, digámoslo así, las tiernas y compasivas palabras que pugnaban por salir de su corazón. Al fin brotaron éstas en un desahogo de admiración, ansiosa de manifestarse:

—*¡Oh mujer!*—le dice,—*grande es tu fe, hágase conforme a tus deseos.*

El Señor, que había reprendido la incredulidad de los discípulos, se complació de la fe que descubrió en la cananea, y también del modo con que ésta supo sacar de las frases de repulsa y desprecio pronunciadas por Él, argumento en que apoyar su demanda. San Marcos da a entender que la agudeza de la mujer fué la que decidió la causa en su favor: *Por eso que has dicho*—le respondió Jesús—*vete, que ya el demonio salió de tu hija.*

Y cuando entró en su casa halló a la muchacha reposando sobre la cama y libre ya del demonio. ¿Valía la pena de haber esperado con paciencia y humildad, y de haber perseverado, a pesar del cansancio y de la tardanza de la concesión?

## XXXII

## En Cesárea de Filipo

En la parte septentrional de Palestina, al pie del nevado Hermón, se alzaba la magnífica ciudad de Cesárea de Filipo. El tetrarca de este nombre la había ensanchado y embellecido; después de lo cual la denominó Cesárea en honor de Tiberio César, y le añadió el sobrenombre de *Filipo* para honrarse a sí mismo y distinguirla además de otra Cesárea situada en la costa. La mencionada ciudad tiene interés especial para nosotros, no por sus recuerdos paganos, sino por la presencia de Cristo, Señor nuestro, entre sus moradores, y por los acontecimientos que allí ocurrieron en cierto día memorable.

En este punto de nuestro relato nos hallamos a diez meses de la época en que se verificó la pasión del Redentor, y los apóstoles llevaban ya en compañía de su Maestro cerca de tres años. Durante este tiempo fué creciendo gradualmente el conocimiento que tenían del Redentor. El concepto que de Él formaron al principio de su vocación era, a la verdad, bien imperfecto; y, aun más tarde, cuando, merced a las enseñanzas y milagros de que fueron testigos, llegaron a reconocerle por el Mesías esperado, su fe en la personalidad divina de Jesús permanecía vaga y mal definida. Como el resto de la nación judaica, sabían que el Mesías debía ser el gran Libertador, mas sin tener clara noticia de su verdadero carácter y naturaleza. Y, a fuerza de pensar sólo en los gloriosos vaticinios con que los profetas le habían anunciado, perdieron de vista, y aun quizá olvidaron por completo, las expresiones de Isaías que le designaban como *varón de dolores.*

El Salvador creyó llegado el tiempo de poner a prueba la fe de los apóstoles con el fin de prepararlos para su pasión y muerte, ya próximas, y también con el de echar los cimientos de la Iglesia, llamada a instruir a los hombres en el conocimiento de su sagrada Persona y en lo que deberían practicar a fin de alcanzar la eterna salvación.

Esta prueba hubo de verificarse en Cesárea de Filipo; y, al efecto, la mañana de aquel memorable día Jesús se entregó a solas a la oración.

Cuando se levantó de orar dijo a los apóstoles:

—*¿Quién dicen las gentes que soy yo?*

Respondieron ellos:

—*Unos aseguran que eres Juan Bautista, otros que Elías, y otros, en fin, que Jeremías o alguno de los profetas.*

Preguntóles de nuevo Jesús:

—*¿Y vosotros, quién decís que soy yo?*

Tomó la palabra Pedro y respondió:

—*Tú eres el Cristo, el Hijo de Dios vivo.*

¡Hermosa profesión de fe que declara y reconoce en Jesús al Cristo, al Hijo verdadero y único del Dios viviente!

El Salvador le dirigió entonces estas solemnes palabras:

—*Bienaventurado eres, Simón, hijo de Joná, porque no te ha revelado eso la carne y sangre, sino mi Padre que está en los cielos. Y yo te digo que tú eres Pedro, y que sobre esta piedra edificaré mi Iglesia, y las puertas del infierno no prevalecerán contra ella. Y a ti te daré las llaves del reino de los cielos. Y todo lo que atares sobre la tierra será atado en los cielos; y todo lo que desatares sobre la tierra será también desatado en los cielos.*

De este modo, en premio de su magnífica confesión, recibió Pedro la promesa de ser constituído en Vicario de Cristo sobre la tierra. Los demás apóstoles comprendieron ahora por qué su Maestro, al ver a Simón por primera vez, le denominó Pedro, es decir, *piedra* o *roca.* La razón es porque así como ésta sustenta con firmeza el edificio sobre ella levantado, así Pedro debería mantener inconmovible y unido el edificio de la Iglesia, fundada por Cristo. Y las puertas del infierno, es decir, el poder del demonio, no prevalecerán contra ella; pues en virtud de la prerrogativa de la infalibilidad, Pedro y sus sucesores quedarían preservados de incurrir en error al dirigirse a la Iglesia entera tratando de asuntos de fe y moral.

Pero Pedro no sólo había de ser el fundamento, sino el Gobernador y la Cabeza de la Iglesia. De consiguiente, al modo que, entre los antiguos, el gobernador de una ciudad murada tenía en su poder las llaves de la misma, así el Príncipe de los apóstoles recibió plena potestad sobre la Iglesia para dictar órdenes y promulgar leyes en la forma que creyera conveniente. Y Cristo, Cabeza invisible de la Iglesia, promete confirmar en los cielos los actos de su Vicario en la tierra. Además, como la Iglesia no debería extinguirse con su primer jefe, sino durar tanto como el mundo, lo prometido a Pedro se prometió también a sus sucesores hasta la consumación de los siglos.

Ahora que los apóstoles, por medio de su representante, habían confesado su fe en la divinidad del Salvador, comenzó Éste a mostrarles que el pecado requiere expiación, la cual sólo se obtiene por el sufrimiento. Poco a poco y gradualmente les fué revelando su designio de redimir al mundo padeciendo terribles dolores y cruel muerte; mas díjoles también que había de resucitar al tercer día. *Y comenzó a manifestar a sus discípulos* — escribe San Mateo — *que convenía que fuese Él a Jerusalén; y que allí padeciese mucho de parte de los ancianos, y de los escribas, y de los príncipes de los sacerdotes; y que fuese muerto; y que resucitase al tercer día.*

Ellos quedaron horrorizados. ¡Tan diferente era todo aquello de lo que habían esperado! ¿Cómo era posible, cuando tan poco hacía que el pueblo había tenido la intención de proclamarle Rey? ¿Cómo podía concebirse que el Mesías hubiera de sufrir espantosos tormentos? ¿Acaso cabía que el Hijo de Dios vivo fuera condenado a muerte y ejecutado? Esto era más de lo que Pedro podía soportar, dada su ardiente fe en la divinidad de su Maestro y la profunda reverencia e intenso amor que profesaba a la sagrada Persona de Jesús. Dejándose arrebatar el sencillo y rudo pescador de la vehemencia de su carácter, empujó al Señor aparte y —¡qué atrevimiento! — comenzó a increparle, diciendo:

—*De ningún modo, Señor; no, no ha de verificarse eso en ti.*

Pero Jesús, vuelto hacia él, le dijo:

—*Quítateme de delante, Satanás, que me escandalizas; porque no tienes conocimiento ni gusto de las cosas que son de Dios, sino de las de los hombres.*

¡Qué tremendas palabras! ¡Y salidas de labios del que acababa de decir: *Bienaventurado eres!* El pobre Pedro estuvo a punto de caer de espaldas desmayado entre los brazos de sus compañeros. Severa fué, sin duda, la reprensión; y ella sirvió para demostrar a los Doce que ninguno debería permitirse disuadir a su Maestro de pasar por los terribles sufrimientos que le estaban decretados. El corazón de Jesús se hallaba penetrado por entero del sentimiento de su próxima pasión. Desde esta época habló de ella varias veces, y cada vez con mayor riqueza de detalles: *El Hijo del Hombre será entregado en las manos de sus verdugos, los cuales se burlarán de Él y le quitarán la vida, y al tercer día resucitará de nuevo.*

Nunca separó la pasión de la resurrección, a fin de que el pensamiento de la vida futura y de las alegrías de la gloria nos sostuvieran y alentaran en medio de las tribulaciones de este mundo.

Pero los pobres discípulos fueron incapaces de hacerse cargo ni de las penalidades ni de los consuelos que les predecía; y *tuvieron miedo de interrogarle acerca de ellos,* asegura San Lucas; por lo cual acostumbraban después a cuestionar entre sí qué podrían significar tales cosas.

Y todavía hubo más. No sólo el Señor predijo sus propios sufrimientos, sino que hizo ver ahora con claridad a sus discípulos que, así ellos como los que en lo futuro profesaran su doctrina, debían imitar a su Maestro y seguirle, a través de todo género de trabajos y de pruebas, hasta entrar en el reino de los cielos. Tal empeño puso en que no cupiera error en este punto, que, dirigiéndose al pueblo todo junto con sus discípulos, pronunció estas graves palabras: *Si alguno quiere venir en pos de mí, niéguese a sí mismo, tome su cruz y sígame.* Expresiones que llenaron de dolorosa angustia el ánimo de los apóstoles. ¡Pensar que todas sus ilusiones y esperanzas venían a parar en seguir a un Mesías, condenado a morir entre un sin fin de humillaciones y de tormentos! Compadecióse el Salvador de su desmayo, y para fortalecerlos en la fe y reanimarlos les dió una prueba de su divinidad y el goce anticipado del galardón que les estaba reservado en los cielos.

Una tarde, ocho días antes de la confesión de Pedro en Cesárea de Filipo, Jesús tomó al mencionado discípulo junto con Santiago y Juan, y subió a una montaña con objeto de entregarse a la oración. El Señor amaba las montañas. Ellas le elevaban, siquiera por breve tiempo, sobre las tristezas y miserias de la tierra. Amaba la soledad augusta de las alturas, su silencio, su fortaleza. Amaba la magnífica placidez del cielo de media noche, contemplado desde las encumbradas cimas de los montes. Él era el Creador del firmamento que se extendía sobre su cabeza. Él conocía y regulaba todo lo que en el Universo se contiene. Si uno de sus santos exclamó: *Cuán pesada y triste me parece la tierra al levantar los ojos a los cielos,* ¡en qué efusiones de bendición y alabanza no derramaría su soberano espíritu el Dios-Hombre al arrodillarse y quedar a solas con la Creación en aquellas serenas y espléndidas noches orientales!

Subió, pues, la tarde que hemos dicho, a lo alto de una montaña — el Tabor o el Hermón, según todas las probabilidades, — y efectuó este ascenso acompañado de sus tres discípulos, elegidos al efecto. Obscurecía ya cuando ganaban la cumbre; y, llegados a ella, pusiéronse de rodillas a orar. Los compañeros del Salvador velaron con Él algún tiempo; mas luego, fatigados de los trabajos del día y de la subida de la montaña, comenzaron a sentir cierta somnolencia, que, fomentada por la frescura y delgadez del ambiente, acabó por convertirse en profundo sueño. Un resplandor como de relámpago vivísimo cayó súbitamente sobre sus rostros y los despertó. Se incorporaron al instante sobresaltados, y, al mirar a su alrededor, vieron la montaña, el cielo y el horizonte entero bañados en un fulgor sobrenatural. El foco de donde irradiaba aquella atmósfera de gloria era el mismo Jesús, de tal modo transfigurado que su semblante resplandecía como el sol, y sus rutilantes vestiduras brillaban con un albor incomparable, al lado del cual la misma nieve parecería obscuridad y negrura. La gloria de la Divinidad, que residía oculta en su Persona, dejóse translucir en el rostro y exterior de la Humanidad de Jesús en forma de un brillo tan intenso, que hasta sus ropas centelleaban transfiguradas. El Salvador había depuesto la figura de siervo para mostrarse con la majestad y esplendor correspondientes al Hijo de Dios. Su naturaleza humana era a modo de fanal en que ardía una luz deslumbradora, velada por opaca envoltura. En la transfiguración rasgóse ese velo por algún tiempo y dejó ver a los hombres la Luz de Luz en toda su sobrenatural belleza.

Y he aquí que dos personajes, Elías y Moisés, aparecieron con Él glorificados y hablaban con Jesús de su salida del mundo, la cual estaba a punto de llevar a cabo en Jerusalén. Obróse aquí un nuevo prodigio: Moisés, el Legislador del pueblo hebreo, y Elías, el Profeta más admirable del Antiguo Testamento, vinieron a rendir homenaje al Fundador de la Ley Nueva y a conversar con Él entre resplandores de gloria sobre sus tormentos y muerte, ya cercanos.

Una de las acusaciones que los enemigos del Salvador presentaron contra Él era que no respetaba la ley de Moisés. ¿Qué habrían dicho ahora si hubieran visto esta noche al mismo Moisés prestar humilde acatamiento a Jesús de Nazaret, ni más ni menos que un siervo a su señor?

La gloriosa escena que se desarrolló a vista de los tres apóstoles cautivólos de tal modo, que sólo pudieron gozarla en silencioso temor e íntimo arrobamiento. Escucharon las frases de admiración y gratitud que los dos grandes santos dirigían a Jesús por la pasión con que había de redimir al mundo. Oyeron las tiernas réplicas del Salvador, y olvidados de sí mismos, perdida enteramente la noción del tiempo, no pudieron darse cuenta de la duración de aquella escena. Pero, al fin, cuando los aparecidos hicieron ademán de retirarse, Pedro, en su vehemente deseo de retenerlos por más tiempo en su compañía, exclamó: *Señor, bueno es estarnos aquí. Si te parece, formemos aquí tres pabellones, uno para ti, otro para Moisés y otro para Elías.* Frases que el Apóstol pronunció maquinalmente — refiere San Lucas — y *sin saber lo que se decía.* Y la verdad es que tales palabras suponen un estado de inconsciencia bien notable. Porque fué una candorosa puerilidad, de que el mismo Pedro se asombraría después, pensar que aquella trinidad, rodeada de celestiales fulgores, pudiera necesitar viviendas hechas por mano de hombres terrenos.

Todavía estaba Pedro hablando, cuando una nube luminosa vino a envolverlos, y, al mismo tiempo, salió de ella una voz que decía: *Éste es mi Hijo amado, en quien tengo todas mis complacencias; a Él habéis de escuchar.*

Al oir lo cual los discípulos cayeron sobre su rostro en tierra y quedaron poseídos de gran espanto. Abrumados de terror, no se atrevían a levantar su rostro para mirar, hasta que Jesús vino y los tocó, añadiendo: *Levantaos y no temáis.*

Y, alzando los ojos, no vieron a nadie, sino sólo a Jesús. La nube de luz había desaparecido. El cielo se mostraba velado, como antes, por la obscuridad de la noche, y alumbrado sólo por el tenue brillo de las estrellas. Moisés y Elías no estaban ya allí; y Jesús, afable y humilde, como de ordinario, se inclinaba sobre ellos para decirles que no tuvieran miedo. Y, al bajar del monte, les impuso el precepto de que *a nadie dijeran lo que habían visto, hasta tanto que el Hijo del Hombre hubiera resucitado de entre los muertos.* San Marcos añade que, en efecto, ellos guardaron en su pecho el secreto, *bien que andaban discurriendo entre sí qué habría querido decir con aquellas palabras: "Cuando hubiera resucitado de entre los muertos."* ¡Pobres apóstoles! No sólo su Maestro, sino Moisés y Elías también habían hablado de la muerte que estaba ya próxima. Y todavía no alcanzaron a entenderlo. Pedro habría deseado que esta visión celestial hubiera durado siempre. *Bueno era* — según él — *estar en el Monte de la Transfiguración.* Ignoraba que la ráfaga de gloria experimentada tenía por objeto disponerlos a seguir el camino de la Cruz, y ni siquiera le pasó por las mientes la idea de otra montaña de ignominia, en la que uno de sus compañeros había de estar en pie junto a Jesús crucificado, pocos meses después.

El recuerdo de aquella admirable noche quedó hondamente grabado en el ánimo de los tres apóstoles. San Pedro, escribiendo a los fieles, treinta y cinco años más tarde, habla de lo que había oído *cuando estuvo con Él en el monte santo.* Y en el último Evangelio nos dice San Juan las siguientes palabras: *Y nosotros hemos visto su gloria, gloria cual convenía al Hijo Unigénito del Padre, lleno de gracia y de verdad.*

Fuéles mostrada esta gloria, a fin de que su fe no flaquease a vista de las afrentas de la pasión; y también para que todos los que en Él creyeran no olvidaran que el camino de los cielos es el del Calvario, y que los padecimientos de la vida presente no merecen ser comparados con la retribución que obtendrán en la futura bienaventuranza.

Al día siguiente, cuando el Señor bajaba del monte halló a los nueve apóstoles — de quienes se había separado la tarde anterior — rodeados de una gran multitud y puestos en grave aprieto. Habíaseles llevado un infeliz muchacho poseído, a fin de que le curasen, y no habían podido arrojar al demonio. La alegría que experimentaron al ver a su Maestro llegar en su auxilio no es para descrita. El padre del joven, abundando en el mismo sentimiento, se arrojó a los pies del Señor y exclamó:

—*Señor, ten piedad de mi hijo, que es el único que tengo. Y ¡oh desgracia! un espíritu maligno le toma, y de repente le hace dar alaridos, y le tira contra el suelo, y le agita con violentas convulsiones hasta hacerle arrojar espuma, y con dificultad se aparta de él, después de desgarrarle las carnes.*

Y Jesús, entonces, tomando la palabra dijo:

—*¡Oh generación incrédula y perversa! ¿Hasta cuándo he de estar con vosotros y sufriros? Tráeme aquí a tu hijo.*

Y, al acercarse el joven, el demonio le atormentó, y, arrojándole contra el suelo, le forzaba a revolcarse echando espuma por la boca.

El Salvador preguntó al padre del mozo:

—*¿Cuánto tiempo hace que le sucede esto?*

—*Desde la niñez* —respondió el interpelado.— *Y muchas veces le ha precipitado en el fuego y en el agua a fin de acabar con él; pero, si tú puedes hacer algo, socórrenos compadecido de nosotros.*

Jesús replicó:

—*Si tú puedes creer, todo es posible para el que cree.*

A lo que el padre del muchacho, bañado en llanto, contestó:

—*Creo, Señor, ayuda tú mi incredulidad.*

Jesús dijo entonces al espíritu inmundo:

—*Espíritu sordo y mudo, yo te lo mando, sal de este mozo, y no vuelvas más a entrar en él.*

Y, dando un gran grito y atormentando horriblemente al joven, salió de él, dejándole como muerto, de suerte que muchos decían: *Está muerto.* Pero Jesús, tomándole por la mano, le ayudó a levantarse, y desde aquel momento quedó sano.

Entrado que hubo el Señor en la casa donde moraba, sus discípulos le preguntaron secretamente:

—*¿Por qué motivo nosotros no hemos podido arrojarle?*

Respondióles:

—*Esta clase de demonios de ningún modo puede ser lanzada sino a fuerza de oración y de ayuno.*

## XXXIII

## Con los niños

A pesar de todo cuanto el Señor hizo y dijo, en el ánimo de los apóstoles dominaba todavía la idea del reinado temporal del Mesías, junto con la esperanza de gozar en él los primeros empleos. Bien fuera por la distinción hecha a los tres apóstoles escogidos para presenciar la resurrección de la hija de Jairo y para acompañar a Jesús al retiro del Monte, donde evidentemente habían visto cosas prodigiosas y recibido secretas confidencias; bien fuera porque la gran promesa con que Pedro fué favorecido después de su profesión de fe en Cesárea de Filipo, había despertado los celos y envidia de los demás apóstoles, el hecho es que sobrevino por este tiempo entre los Doce una violenta disputa sobre quién de ellos era superior a los otros y podía invocar mejor derecho a la jefatura. Andrés aventajaba a todos en antigüedad de vocación al Colegio Apostólico; Santiago y Juan eran primos, o, según el lenguaje de los judíos, hermanos del Señor, gozando además el segundo de su predilección. Por otra parte, Pedro parecía el más considerado del Divino Maestro, y desde luego había recibido la denominación especial de piedra o fundamento de la futura Iglesia; Judas procedía de la región más adelantada de Palestina, hablaba mejor que los otros y se consideraba muy por encima de todos ellos en inteligencia y valer. ¿Quién, pues, había de ser el primero? Tal era la cuestión que ventilaban entre sí los apóstoles mientras iban, cierto día, detrás del Señor por el camino de Cafarnaum. En esto llegaron a la ciudad, y, estando ya en casa, les preguntó Jesús:

—*¿De qué ibais hablando por el camino?*

*Mas ellos callaron* — dice San Marcos, — *porque la disputa había versado sobre quién de ellos era el mayor de todos.*

Al fin uno, más atrevido que los restantes, contestó a la pregunta del Salvador, siguiendo cierta moda o estilo, que consiste en proponer otra, y fué la siguiente:

— *¿Quién piensas tú que es mayor en el reino de los cielos?*

Aquí se nos pone de manifiesto una vez más la confianza que los apóstoles tenían con su Maestro y su costumbre de exponerle todas las dificultades; pues, avergonzados de verse sorprendidos en su altercado, todavía apelaban a Él para cortar sus diferencias y satisfacer su curiosidad.

Sentóse entonces Jesús y les mandó colocarse a su alrededor. Ocurrió por casualidad que había allí cerca un niñito. El Señor le llamó, y, después de darle un abrazo, le puso en medio de ellos. Contemplad a los apóstoles, fijando sus ojos en el pequeñuelo, preguntándose lo que iría a suceder y la razón de haberle puesto allí. Éste los mira inocentemente a todos, volviendo la cabeza de una parte a otra, mientras permanece de pie y sin preguntar nada junto a las rodillas del Salvador, conforme se le había ordenado.

Jesús les dijo luego:

— *En verdad os digo que si no os hacéis semejantes a los niños en la sencillez e inocencia no entraréis en el reino de los cielos.*

¡Qué sorpresa tan inesperada! Ellos habían estado disputando sobre los primeros lugares, y Jesús los amenaza con que no entrarán siquiera en el ambicionado reino si no desechan su modo de pensar. El Salvador prosigue después hablando de lo estimables y preciosos que son los niños a los ojos de Dios, de la recompensa que recibirán los bienhechores de estas criaturitas y del terrible castigo a que se hacen acreedores los que los pervierten, o los desprecian, o de algún otro modo les causan daño.

— *Cualquiera* — dijo — *que acoja a estos tales en mi nombre, a mí me acoge; mas quien escandalizare a*

MILAGRO DE LA MULTIPLICACIÓN DE LOS PANES Y PECES *Murillo*

*Rembrandt*

« DEJAD QUE LOS NIÑOS SE ACERQUEN A MÍ »

*uno de estos párvulos que creen en mí, más le valiera que le colgasen del cuello una piedra de molino, y así fuera sumergido en lo profundo del mar. Mirad que no despreciéis a ninguno de estos pequeñuelos, porque yo os digo que sus ángeles en los cielos están siempre contemplando la cara de mi Padre celestial.*

No debemos pensar que las promesas y amenazas anteriores rezan sólo con los adultos, sino que se refieren también a los que, siendo menores de edad, han entrado en el uso de razón. Los muchachos ejercen unos sobre otros una influencia favorable o perniciosa; y esto en grado mucho mayor de lo que ordinariamente se cree. Dondequiera que anden juntos — patios y lugares de recreo, calles, iglesias, escuelas o casas — están necesariamente conduciéndose bien o perjudicándose, agradando o desagradando a los ángeles de sus hermanos, amigos o compañeros. Los benditos ángeles de la guarda velan con el mayor cuidado sobre los niños confiados a su tutela. ¡Dichosos los que saben captarse la amistad de estos espíritus bienaventurados con su buen comportamiento! Empero ¡ay de aquellos que con la palabra o el ejemplo pervirtieren a cualquiera de estas inocentes criaturas! El invisible custodio del damnificado será testigo y acusador del escándalo ante el Supremo Juez, que cumplirá la sentencia consignada en el Evangelio.

Nuestro bendito Redentor ama entrañablemente a los niños, y por eso se complace en tenerlos cerca de sí. Cierto día estaba el Señor sentado descansando, cuando algunas madres judías que se apercibieron de tan buena coyuntura le llevaron un número considerable de chiquillos — muchos de los cuales, infantes aún, eran conducidos en brazos, — con el objeto de que Jesús pusiera sus manos sobre ellos y les recabara las bendiciones del cielo. Molestados los apóstoles por esta contingencia, que ellos calificaron de importuna, riñeron a madres e hijos y los echaron diciendo: "Marchaos de aquí, el Maestro está cansado, y conviene que le dejéis en paz." ¡Pronto habían olvidado la lección recibida en Cafarnaum y el cariño manifestado al minúsculo ejemplar, que en aquella ocasión les había propuesto por modelo! Continuaban, sin duda, creyendo que, para merecer el aprecio y atenciones del Salvador, era preciso ser algo más que criatura de pocos años. Hacíase, pues, indispensable que el celestial Maestro les enseñara por segunda vez la necesidad de imitar la ingenua sencillez de la infancia para merecer su compañía y amor. Un niño es — o debe ser — cándido e inocente; debe contentarse con la condición de inferior; resignarse gustoso a depender de sus superiores y a obedecerlos. Así es como parecerá grande a los divinos ojos y podrá servir de edificante modelo aun a personas de mayor edad.

Al ver Jesús que sus discípulos ahuyentaban a los párvulos, alejándolos de su presencia, disgustóse en sumo grado y dijo a los apóstoles: *Dejad que los niños se acerquen a mí; y no se lo prohibáis, porque de los que son como ellos es el reino de los cielos.*

Por las cuales palabras vemos que los pequeñuelos anhelaban llegarse por sí mismos al Salvador, sin que otros los condujeran. ¡Cuán afable y dulce no sería la persona adorable de Jesús cuando de tal modo atraía a la tímida turba de niñitos, a pesar de las ásperas y toscas repulsas de los apóstoles!

En un momento se le congregaron, como bandada de gorriones, todos los arrapiezos que por allí había, apoyándose unos contra sus rodillas, mientras otros le asían de las manos y pedían que los tomara en brazos. Sería de oirles gritar: ¡a mí! ¡a mí! al ver las caricias que el Señor prodigaba a los más próximos; sería de verlos charlotear a su alrededor, e instarle a que los reclinase sobre su pecho. ¡Felices criaturas que tuvieron la dicha de recibir las caricias del mismo Redentor! ¿Quién será capaz de saber las gracias y dones celestiales que con ellas recibirían?

## XXXIV

# Con los Doce

El Salvador no consintió que se prohibiera a los niños acercársele, así como tampoco permitió que nadie le impidiera beber el cáliz de su pasión. Cuando los discípulos trataron de hacer ambas cosas mostróse indignado con ellos. Uno de los grandes trabajos que afligieron a nuestro Redentor, durante el tiempo todo de su vida pública, fué el tener que sufrir a diario la cortedad, ignorancia y rudeza de los apóstoles — que por cierto no fueron escasas, — junto con sus flaquezas, pasioncillas y miserias, propias de gente rústica e ineducada.

Les había inculcado repetidas veces que fuesen pacientes y generosos en perdonar. Pero veamos cómo lo cumplen. Cuando los habitantes de una ciudad de Samaria se negaron a dejarlos pasar por su territorio, en ocasión de dirigirse ellos a Jerusalén, los hijos del Zebedeo, Santiago y Juan, arrebatados de indignación, dijeron: *Señor, ¿quieres que pidamos al Padre que mande bajar fuego del cielo y los abrase? — No conocéis el espíritu que os guía* — replicó el Salvador con gran tranquilidad; — *el Hijo del Hombre no ha venido a destruir las almas sino a salvarlas.*

Si los demás obraban de distinta manera que ellos, era seguro que reprobarían su conducta. *Maestro* — le dijo en cierta ocasión Juan, — *hemos visto a uno que arroja los demonios en tu nombre; y, sin embargo, no nos sigue ni se acomoda a nuestro género de vida. De consiguiente, se lo hemos prohibido.*

Jesús repuso: *No se lo estorbéis; el que no está contra mí está conmigo.* Otra vez que el Señor les estaba recomendando que tratasen de ganar por la benignidad a sus prójimos, cuando de ellos hubieren recibido alguna injuria, preguntó Pedro: — *Y ¿cuántas veces perdonaré al que me ofendiere? ¿hasta siete veces?*, pretendiendo encerrar en tan mezquinos límites la inmensa longanimidad de la divina misericordia. — *No siete veces, sino setenta veces siete* — contestó el Salvador.

Cierto día un joven se llegó apresuradamente a Jesús y, arrodillándose en su presencia, le dijo:

— *Maestro bueno, ¿qué debo hacer para conseguir la vida eterna?*

El Señor le respondió:

— *¿Por qué me llamas bueno? Dios sólo es bueno. Por lo demás, si quieres entrar en la vida eterna, guarda los mandamientos.*

Dícele el joven:

— *Todos los he guardado desde mi juventud; ¿qué más me falta?* Y al pronunciar estas palabras dirigió al Señor una mirada llena de ingenuidad.

El joven no mentía: su alma era pura y agradable a los ojos de Dios.

Jesús le miró con amor y le dijo:

— *Una cosa te falta: si quieres ser perfecto anda, vende cuanto tienes, dáselo a los pobres y tendrás un tesoro en el cielo; ven después y sígueme.*

Habiendo oído el joven estas palabras se retiró contristado; y era que tenía muchas posesiones.

Y, viéndole Jesús, se llenó de pena y dijo:

— *¡Oh, cuán difícil es a los que poseen grandes bienes de fortuna entrar en el reino de los cielos! Porque más fácil es a un camello pasar por el ojo de una aguja que a un rico entrar en el reino de Dios.*

Poco después decía Pedro:

— *Bien ves que nosotros hemos dejado todas las cosas por seguirte: ¿cuál será, pues, nuestra recompensa?*

El Salvador, en lugar de reprender esta exagerada ponderación de los pocos bienes que los apóstoles habían abandonado, respondió:

— *En verdad os digo que vosotros que me habéis seguido, en el día de la resurrección universal, cuando el*

*Hijo del Hombre se sentará en el solio de su majestad, vosotros también os sentaréis en doce tronos y juzgaréis a las doce tribus de Israel.*

Quizá fué esta promesa de los tronos la que dió ocasión a Santiago y Juan para pedir, algo más tarde, los primeros asientos en el reinado futuro. Jesús no se indignó con ellos, sino que los sufrió con paciencia, como lo hizo siempre con los otros apóstoles. Veía que estas faltas no procedían de malicia interior; estaban más bien en la corteza, por decirlo así, tan en la corteza que saltaban a la vista. Pero sus corazones eran rectos. A fuer de gente sencilla y honrada, no tuvieron secretos para su Maestro, declarándole cuanto sentían sin temor ni consideración a las reprensiones que pudieran merecer. Cuando el Señor los reprendió por sus faltas recibieron con docilidad sus amonestaciones, se reconocieron culpables, se arrepintieron y trataron de enmendarse. Nunca dieron entrada en su corazón al resentimiento, ni se retrajeron de tratar con Jesús por causa de las correcciones que les dirigía. Y de ordinario, aun en las mismas caídas, descubrían algo bueno y generoso. Si los hijos del Zebedeo se mostraron crueles y vengativos en desear que la ciudad samaritana pereciera abrasada, fué porque sentían en el alma ver a su Maestro rechazado irrespetuosamente. Si aspiraron a ocupar los primeros puestos en el reino del Mesías, justificaban tal aspiración, en parte, con el deseo de estar cerca de Jesús. Y si Pedro preguntó si perdonaría siete veces solamente, sin duda lo hizo temiendo que esta generosidad adoleciera de excesiva. Blasonaron de haberlo abandonado todo por Cristo, porque con la misma facilidad y resolución que se desprendieron de lo poco que tenían, habrían dejado también las riquezas del mundo entero, de haberlas poseído.

¡Apóstoles benditos del Redentor! En medio de su rustiquez e ignorancia, ¡qué almas tan bellas fueron! ¡qué encanto no se descubre en su misma sencillez y en la ruda lealtad de sus corazones! Nos fijamos, sin duda, demasiado en sus dichos inoportunos, en la intemperancia de su ambición, en las exageraciones de su celo. Y, no obstante, a no ser por esos defectos, no habríamos tenido ocasión de conocer a Jesús en una porción de interesantes detalles de su vida. Aparte esto, nuestra flaqueza halla motivos de aliento en el hecho de que los apóstoles permanecieran por tanto tiempo imperfectos, a pesar de las enseñanzas y ejemplos que tuvieron constantemente delante de los ojos.

Uno solo de los Doce no correspondió a las solicitudes de Jesús, llenando de mortal pesadumbre su amante corazón; uno solo esterilizó la semilla de la doctrina que en él depositara su Maestro, y no se aprovechó de sus milagros y bondades, endureciéndose más y más, a medida que las esperanzas del reinado temporal del Salvador se desvanecían. Éste fué Judas, que si bien continuó por largo tiempo formando parte del Colegio Apostólico y acompañando a Jesús, mas lo hizo sólo con el cuerpo, pues su espíritu había dejado de pertenecerle desde muy atrás. La mayor parte de su vida de apóstol se redujo a pura apariencia; sus rezos con los demás discípulos, sus predicaciones, sus pláticas con el Redentor, cuando las circunstancias le obligaban a conversar con Él, todo adolecía de doblez y fingimiento. Cuando Jesús los instruye, Judas no consulta jamás duda alguna; no propone, como los demás, dificultades. Faltábale interés en aprender, porque no pensaba en su adelantamiento y perfección. Si de algo se mostró preocupado fué del interés material del dinero. Había dejado que la codicia se enseñorease poco a poco de su espíritu, hasta que al cabo todos sus pensamientos se cifraron en alimentar esa pasión. Constituído en depositario de las limosnas recogidas para atender al sostenimiento de Jesús, de los apóstoles y de los pobres, comenzó por sustraer pequeñas cantidades del fondo que le estaba confiado. Las primeras veces sintió agudos remordimientos que le llenaron de amargura; temía además que el Señor, a quien nada podía ocultarse, le echara en rostro sus hurtos en presencia de sus compañeros de apostolado; pero con el tiempo, en vista de que su Maestro nada le decía en público, se hizo más atrevido, y continuó sin escrúpulo sus defraudaciones.

Jesús, no obstante, le amó con ternura. Habíale llamado al Colegio Apostólico porque deseaba salvarle, y le amonestó repetidas veces, exhortándole a guardarse de la avaricia que iba lentamente envenenándole el alma. Le conservó en su compañía; le trató con el mismo afecto que a los demás; le confió la misión de predicar, el poder de arrojar los demonios y de curar los enfermos; le habló con afabilidad y dulzura tratando de ganarle por el amor; pero todo en vano.

La amargura que el Señor experimentó, al considerar la pérdida irremediable de este desdichado apóstol, se manifestó cuando habló de su pasión. Sólo menciona una parte de los tormentos que le estaban preparados, eligiendo los más crueles, los que más le apenarían: escarnios, salivas, traición; y parece considerar este último sufrimiento como el peor de todos. Duros de soportar eran los insultos y crueldades de los gentiles que no le conocían; pero la deslealtad y falsía de uno de sus más íntimos amigos... ¡oh, qué horrible dolor para su alma nobilísima! Tan intensa es la fuerza de este mortal tormento, que rompe las consideraciones del sigilo y se desahoga en aquellas amargas frases de la última cena: "En verdad os digo que uno de vosotros me ha de entregar."

Oraba un día el Señor, mientras sus discípulos se mantenían a corta distancia observándole: nunca se cansaban de contemplarle cuando oraba. Su recogimiento, profunda reverencia, el fervor que se reflejaba en su actitud, los llenaba de admiración y deseo de orar como Él. Cuando la oración hubo terminado dijo uno de los apóstoles:

— *Señor, enséñanos a orar, al modo que enseñó también Juan a sus discípulos.*

Los profetas los habían instruído sobre el modo de practicar la oración, y también los rabinos lo habían hecho. Sus oraciones comenzaban con uno u otro de los nombres usados por los judíos para designar a Dios: *Oh Tú, el Fuerte, el Admirable, el Gran Señor, el Dios de los Ejércitos, el Altísimo, el Todopoderoso.* Un nombre había que les estaba vedado tomar en sus labios: éste era *Jehovah:* "El que fué, es y será." ¿Qu5 título o denominación será la preferida de su Maestro y la que les recomendará para dirigirse a Dios?

Vedlos reunidos en torno de Jesús, atentos y reverentes; y observad la expresión de su rostro, mientras el Señor contesta:

—*Cuando oréis habéis de decir:* PADRE, *sea santificado el tu nombre; venga a nos el tu reino; el pan nuestro de cada día dánosle hoy, y perdónanos nuestras deudas, así como nosotros perdonamos a nuestros deudores; y no nos dejes caer en la tentación.*

¡Sorpresa y consuelo inesperados! Nada de invocación terrible: y, en su lugar, el más sencillo y amoroso apelativo: "PADRE". De suerte que, en lo sucesivo, deberían dirigirse a su Creador, al modo que los hijos se dirigen al padre más tierno, y habrían de pedirle no sólo las grandes dádivas y mercedes, sino las pequeñas y aun las mínimas, todo, en una palabra. Ya en otra ocasión les había enseñado la misma forma de orar empleando idéntica advocación inicial, seguida de un calificativo afectuoso, expresión del sentimiento de caridad fraterna que debe informar nuestras súplicas, pidiendo cada uno por las necesidades de todos, como si fueran las suyas propias. "PADRE NUESTRO", VENGA A NOS TU REINO, DANOS, PERDÓNANOS, etc. Y esa invocación fué la preceptuada para los hombres en general, sin distinción de raza o clima, de idioma o nacionalidad, de edad, sexo ni condición. Todos los individuos de la gran familia humana deben, conforme a los deseos del divino Maestro, levantar los ojos a lo alto y decir: *Padre nuestro que estás en los cielos.*

Y en verdad que nada hay tan grato para Jesús como el vernos acudir a nuestro Padre celestial con entera confianza, pidiéndole una vez y otra todo lo que necesitamos, e insistiendo en nuestros ruegos si no lo obtenemos en seguida. A fin de poner de manifiesto lo mucho que importa la perseverancia, refirió al pueblo la parábola del hombre que va a la media noche a casa de un amigo suyo y le dice: *Amigo, préstame tres panes, porque una persona con quien me unen lazos de especial estimación y aprecio acaba de llegar de viaje a mi casa, y no tengo nada que darle.* El importunado contesta desde dentro: *No me molestes, la puerta está ya cerrada, y mis criados están, como yo, acostados; no puedo levantarme a darte lo que me pides. Sin embargo* — continúa el Señor, — *si el otro porfía en llamar con insistencia, yo os aseguro que, cuando no se levantara a dárselos por consideraciones de amistad, a lo menos para librarse del impertinente, se levantará al fin y le dará cuanto hubiere menester. Así os digo yo: Pedid, y se os dará; buscad, y hallaréis; llamad, y se os abrirá.* Necesitamos llamar a la oración, y cada vez con mayores instancias, perseverando, hasta que al cabo se nos abra la puerta con la concesión de lo que pedimos. Otro cualquier amigo se molestaría con la pesada tenacidad de nuestras súplicas; pero Dios, al contrario, se complace en ellas con amor y se goza en recompensarlas, como recompensó la perseverancia de la cananea. Y aquí debemos advertir de paso cuán hermosas oraciones nos suministra el Evangelio, oraciones que todos podemos sentir y pronunciar, oraciones de pecadores y necesitados, como lo somos nosotros mismos:

*¡Señor, ayúdame! — ¡Señor, si tú quieres, puedes limpiarme!—¡Señor, sálvame, perezco!—¡Oh Dios, ten misericordia de mí, pecador!*

Por este tiempo fué cuando Jesús eligió setenta y dos discípulos, y los envió, de dos en dos, a predicar el Evangelio. También por ahora fué cuando propuso al pueblo la bellísima parábola del hijo pródigo, tan rica de sentimiento y de interés, tan a propósito para infundir aliento a las almas que abandonaron la casa del Padre celestial, moviéndolas a volver en busca del abrazo de bienvenida que las aguarda amoroso.

Un hombre tenía dos hijos, de los cuales el más joven dijo a su padre: "Dame la parte de herencia que me toca." No había razón alguna para semejante petición, porque el autor de ella disfrutaba en compañía de su padre de todo cuanto podía desear, y nada le faltaba, a no ser el espíritu de tranquilidad y de gratitud. Pero al carecer de ambas cosas carecía de todo. Sintiéndose, pues, desasosegado y descontento, se figuró que hallaría la felicidad alejándose de su casa y país y huyendo a lejanas tierras, donde fuese dueño de sí y pudiera obrar con entera independencia, viviendo a su gusto, sin leyes ni deberes, ni autoridad de ningún género, sin pensar en otra cosa que en los placeres, gastando en ellos el día y la noche, y entregándose en cuerpo y alma a la satisfacción de sus antojos. La legítima que le correspondía no debía entrar en su poder hasta después del fallecimiento de su padre; mas el joven no quiso esperar. Así, pues, llegóse al anciano autor de sus días y le dijo: "Dame ahora la parte de hacienda que me pertenece." Esta petición, tan insolente como ingrata, no tuvo la severa contestación que merecía. Ocultando el padre su hondo pesar, repartió la hacienda entre los dos hermanos, y, pocos días después, el atolondrado mancebo recogió todas sus cosas y partió para un país muy remoto. En el camino halló multitud de lugares que le brindaban placer; pero no se detuvo en ellos, porque, estando demasiado cercanos, podía ocurrir que el padre, al tener noticia de sus excesos, le obligara a volver a su primer estado y condición. Al fin llegó el viajero a una ciudad que le pareció bastante apartada del paterno domicilio. Desde allí con dificultad llegarían a oídos de la familia noticias de su persona. Establecióse, pues, en aquella localidad; y pronto se vió rodeado de otros jóvenes que no desperdiciaron la buena ocasión de trabar amistad con un forastero rico para vivir y divertirse a costa suya. Mientras duró el dinero, todo fué regodeo y alegría; pero la pingüe herencia que había llevado se agotó más rápidamente de lo que el mozo esperaba. Entonces las cosas cambiaron. Uno por uno le fueron abandonando sus improvisados amigos hasta dejarle solo; para colmo de males sobrevino un hambre en aquella región, y el arruinado calavera comenzó a padecer necesidad: ¡necesidad el que había sido niño mimado de casa rica! Púsose, en vista de ello, a servir a un morador de aquella tierra, el cual le envió a su granja a guardar cerdos. Allí pasó el desgraciado mozo días y días sentado entre ellos, roto, hambriento, sin amigos, ávido de henchir su estómago de las algarrobas y mondaduras que veía comer a los inmundos animales, y sin que nadie se compadeciese de él. Aguijoneado por la miseria de su estado recordó entonces la abundancia que reinaba en su casa y exclamó, volviendo en sí: *¡Ay de mí! ¡Cuántos jornaleros en casa de mi padre tienen pan de sobra, mientras yo estoy aquí pereciendo de hambre!*

Reconoció su obstinada ingratitud, y, con gran provecho suyo, trajo a la memoria las bondades amorosas del que le dió el ser. *Me levantaré* — decidió entonces; — *iré a mi padre y le diré: "Padre mío, pequé contra el cielo y contra ti, ya no soy digno de ser llamado hijo tuyo, trátame como a uno de tus criados."* Sin duda no merecía la gracia de ser admitido en su antigua residencia y ganar en ella el sustento como cualquiera de los sirvientes; pero él esperaba conseguir esta merced de la piedad de su padre.

Con esta resolución se puso en camino para volver a casa. Había que arrostrar el cansancio, porque la distancia era larga; era preciso afrontar la vergüenza de ser visto en tan humillante situación por gente conocida, al atravesar parajes que por muchos años le habían sido familiares. Sin embargo, tan desfigurado se hallaba, que nadie le reconoció. Ninguno pudo ver en el harapiento y miserable mendigo, maltratado por el hambre y la enfermedad, al mozo vivaracho y rozagante de mejores días, al entusiasta aventurero que, volviendo la espalda a su hogar y pueblo, había salido para una región distante, de la que ni siquiera sus convecinos sabían el nombre. Pero... ¿es del todo exacto que nadie descubrió quién era aquel infeliz vagabundo? ¡Oh, no! Alguien hubo que lo averiguó en el acto; alguien que le había esperado de día en día, y que le esperaba aún en aquel instante. Todavía se hallaba el viajero a considerable distancia, cuando su padre le avistó, y enterneciéronsele las entrañas, y corriendo a su encuentro le echó los brazos al cuello y le cubrió de besos. El pobre mozo cayó de rodillas, y, cubriéndose el rostro con las manos, prorrumpió en sollozos diciendo: *Padre, yo he pecado contra el cielo y contra ti; ya no soy digno de ser llamado hijo tuyo.*

Ni una palabra más, porque los besos de su padre le sellaron los labios, mientras un estrecho abrazo le reanimaba y fortalecía. Los criados recibieron orden de apresurarse a evitar que la gente viera al recién llegado en estado tan deplorable, vistiéndole el traje más precioso de la casa, poniéndole un anillo en el dedo y calzándole las sandalias en sus destrozados pies. Y luego mandó también el padre que mataran un ternero cebado y prepararan un banquete con música y danza; porque aquel hijo estaba muerto y había resucitado, estaba perdido y había sido hallado.

Pues bien: ¿creeremos nosotros que Dios ha de mostrarse menos bondadoso que el padre del hijo pródigo? Jesucristo nos dió claramente a entender que la benignidad y misericordia del Padre celestial aventaja inmensamente a la de los padres terrenos. Porque, después de todo, el padre del hijo pródigo no se encaminó a la región extraña y distante en busca de su hijo para traerle a casa; pero Dios, por el amor que nos tiene, ha venido a buscarnos a este mundo desde lo más encumbrado de los cielos. Y, además de esto, cuantas veces nos sentimos arrepentidos de nuestros pecados con propósito de la enmienda y deseo de mejorar, otras tantas debemos ver en esas buenas disposiciones la voz paternal del Señor que nos llama para que volvamos a Él.

Explicando esto mismo, propuso Jesús la parábola del buen pastor que, dejando en el redil las noventa y nueve ovejas, va en pos de una que se había separado del rebaño y andaba perdida en los montes, donde las fieras se guarecen y salen de caza por la noche en busca de presas incautas, por el estilo de la oveja errante. El buen pastor la sigue a pesar del frío, la lluvia y la obscuridad, con los pies manando sangre de las cortaduras que en ellos abren los agudos guijarros del camino. Sube a una pequeña eminencia para desde allí escuchar. Y cuando, al fin, percibe su balido lejano acude presuroso al lugar donde la extraviada se halla, al borde del precipicio y a punto de caer en el abismo. Allá trepa el pastor con riesgo de su vida; toma en sus brazos la perdida oveja y la pone en salvo. No la golpea, ni le grita, ni la introduce bruscamente en el rebaño, sino que la acaricia, la pone gustoso sobre sus hombros, y así la conduce a casa; después de lo cual convoca a sus amigos y vecinos con estas palabras: *Regocijaos conmigo, porque he hallado la oveja que se me había perdido.*

*Yo soy el Buen Pastor* — dice el Señor — *y doy la vida por mi rebaño.* Cuando refirió esta parábola se acercaba el día en que iba a dar la vida por sus ovejas. Siempre estuvo pensando en ese día y suspirando por él, porque, mediante los tormentos de su pasión y muerte, nosotros, amadas ovejas suyas, habíamos de ser rescatados y puestos en condiciones de alcanzar la salvación eterna.

## XXXV

## Con sus amigos. Nuevos testimonios de divinidad

El odio de los enemigos de Jesús se acrecentaba de día en día. Al presente no estaban decididos aún a hacerle morir, porque temían al pueblo. Y la verdad es que razón tenían para ello. El Salvador había pasado con las multitudes cerca de tres años, curando toda clase de dolencias. Millares de infelices —demoníacos, leprosos, ciegos, paralíticos, sordos, mudos— habían quedado libres de sus padecimientos por la poderosa influencia de su palabra y contacto. No carecía, pues, de fundamento la siguiente pregunta: ¿Consentiría el pueblo que se ocasionara daño alguno a su bienhechor? Así se la proponían a sí mismos, no sin cierta ansiedad, las autoridades y clases directoras de los judíos: sacerdotes, escribas, fariseos, saduceos y herodianos, cuando se congregaban en concilio, unidos todos por el odio común a *El que había ido derramando beneficios por dondequiera que pasó.* ¿Cómo podrían llevar a cabo su muerte? ¿Cuál sería el medio de hacerle caer en su poder sin correr ellos peligro alguno? Desgraciadamente, bien a la mano tenían un traidor que estaba pronto a prestarles su ayuda.

Entretanto el Señor, conociendo todo lo que se trataba en los secretos conciliábulos de sus perseguidores, se dirigía a Jerusalén. El trance terrible estaba a punto de llegar, y Él salía valerosamente a su encuentro. San Marcos nos dice que caminaba tan aprisa en este su último viaje a la Ciudad Santa, que los apóstoles le seguían asombrados y temerosos. Acobardábales cierta vaga aprensión de la próxima catástrofe, a pesar de no hallarse todavía penetrados de que la redención del mundo debía efectuarse mediante los sufrimientos y muerte, de que su Maestro les había hablado por este tiempo con tanta frecuencia. ¡El reinado! ¡El reinado! Tal era el grito de sus corazones.

La inquina de los gobernantes judíos se había significado con harta claridad, para que nadie pudiera ver en ella un secreto; y muchos, que habrían gustado de brindar al Salvador agradecida hospitalidad, se retraían de hacerlo por temor a los gobernantes judíos. Nadie quería indisponerse con el Sanedrín, formidable concilio que podía fulminar y hacer cumplir toda clase de condenas, exceptuando sólo la pena de muerte.

Había, sin embargo, una casa donde el Señor era siempre bien recibido, y cuyos moradores, por gozar la dicha de recibirle bajo su techo, no vacilaban en arrostrar cualquier riesgo y castigo. Trabemos conocimiento con esta bienaventurada familia.

Al sudeste de Jerusalén, separado de la ciudad por el torrente Cedrón, está el Monte de las Olivas, así llamado por el número considerable de árboles productores del mencionado fruto que allí se crían. En el lado oriental desciende la falda hasta una aldea, situada cerca de media legua de la antigua capital judía y denominada Betania. Aquí moraban Marta y María en compañía de Lázaro, su hermano, pequeña sociedad doméstica, cuyos miembros disfrutaban de una dicha y tranquilidad inalterables, unidos entre sí por los lazos del más tierno afecto, y que se sentían ufanos de contar entre sus amigos más íntimos y asiduos huéspedes al mismo Hijo de Dios.

Las dos hermanas eran de muy diverso carácter, teniendo cada una su especial estilo de hacer los honores al Salvador. Marta, el ama de la casa, era una mujer práctica, rebosante de actividad y energía: iba y venía sin cesar de un lado a otro, inspeccionando y dirigiendo todos los preparativos para el recibimiento. No sabía escatimar molestia ni diligencia alguna a trueque de conseguir que las habitaciones, los muebles y el servicio quedaran arreglados con la más exquisita pulcritud: la mesa había de estar puesta con orden y gusto; las flores no podían faltar en los búcaros; la limpieza era preciso que brillara en los menores detalles, y todo debía testificar cuán cordial era la acogida dispensada a Jesús y cuán honrada se consideraba ella con su visita.

De María no podemos asegurar que carezcamos de antecedentes, porque aun cuando no consta con certeza que sea la misma María Magdalena, tal es, sin embargo, la opinión más común. Nada nos sorprenderá, por tanto, hallarla sentada a los pies de Jesús, tan absorbida por su presencia y conversación, que en ninguna otra cosa le es dado pensar.

¡Cuán grande era el regocijo en este modesto hogar cuando se esperaba en él la llegada del divino Maestro! Bien cabe suponer que a la caída de la tarde subirían los tres al terrado de la casa para ver desde allí aparecer en lo alto de la montaña la blanca figura de Jesús, que se acercaba poco a poco, a veces solo, a veces acompañado de sus discípulos. Luego saldrían al camino a encontrarle y le conducirían a casa, y, una vez allí, le regalarían con lo mejor que tuvieran. Marta, sobre todo, no creía nunca haber hecho bastante en materia de obsequiosos preparativos. Así que su contrariedad fué grande cierto día que el Señor con sus apóstoles se les entró por las puertas sin previo aviso, cogiéndolos de sorpresa. No había nada dispuesto; ni tiempo para prevenir lo necesario. Sin embargo, púsose a la faena con grandes alientos, dándose prisa por aderezar lo más urgente, y acudiendo aquí y allá con solicitud, mientras observaba con disgusto que María estaba sentada, según su costumbre, a los pies del Señor, tan tranquila y reposada como si nada hubiera que hacer.

¿Es posible que no se hiciera cargo de lo mucho que faltaba por arreglar? ¡Vaya con la egoísta! ¡No moverse de allí, ni pensar en otra cosa que en su propia conveniencia! Tales eran los pensamientos de la pobre Marta al pasar y repasar junto al grupo formado por el Señor y su hermana, percibiendo el murmullo de las palabras del Salvador pronunciadas en voz baja y que

MARTA Y MARÍA *Le Sueur*

*Bloemaert*

RESURRECCIÓN DE LÁZARO

María escuchaba extática y reverente. Al cabo se volvió hacia ellos y dijo:

—*Maestro, ¿no adviertes que mi hermana me ha dejado sola para atender al servicio? Dile, pues, que me ayude.*

El Señor la miró y respondió:

—*Marta, Marta, solícita andas y preocupada con muchos cuidados. En verdad, sólo una cosa es necesaria. María ha elegido la mejor parte, y no se la privará de ella.*

Jesús no se disgustó: ¿por qué había de hacerlo? Él, que se quejó de las desatenciones cometidas con su Persona en casa de Simón el Fariseo, ¿podía reprender la diligencia y celo de la obsequiosa ama de la casa? Habíala visto cargar la mesa de viandas, frutas y flores; y su complacencia fué grande al observar la generosidad y afecto de aquel corazón. Pero evidentemente Marta no tenía necesidad de sacar a plaza su desagrado, porque María agasajara al Salvador de diferente modo que ella; y además había algún dejo de censura para la condescendencia del Salvador en el hecho de reprender en su presencia la conducta de María. *Marta, Marta,* le dijo el Señor, repitiendo dos veces su nombre en señal de particular afecto, y poniendo en el tono de su voz mayor expresión de cariño que de enojo, porque así a ella como a María las amaba entrañablemente. Marta se parecía algo al Príncipe de los apóstoles, siendo, a su imitación, un alma ardiente e impetuosa, y cabiéndole además la gloria de asemejársele en la profesión de fe, hecha por ella con las mismas palabras que en Cesárea valieron a San Pedro la promesa de ser nombrado Jefe y Cabeza de la Iglesia. Cuando Jesús salió de Betania abandonó Judea para internarse en otra región de Palestina.

No mucho después acaeció que Lázaro cayó enfermo; y, desde luego, el primer pensamiento de sus hermanas fué mandar un aviso a Jesús concebido en estos términos: —*Señor, mira que el que amas está enfermo.*

Tal fué el mensaje. En él no se hace mención ninguna de la gravedad de la dolencia, ni se pide a Jesús que acuda con presteza. ¿Y para qué? Él que había acudido presuroso al llamamiento de cualquiera persona extraña, ¿dejaría de hacerlo tratándose de ellos, que tantas veces le habían tenido en su casa? Pero el enfermo empeoró, y las dos hermanas vieron que la muerte iba a ocurrir antes que el mensajero tuviera tiempo de llegar adonde estaba Jesús, que era en Perea, del otro lado del Jordán. No importaba, sin embargo: Jesús lo sabía todo, e indudablemente a esta sazón se hallaría ya en camino para venir a visitarlas. Penetradas de estos pensamientos, mientras una velaba junto al lecho del enfermo, la otra desde la azotea registraba con la vista la parte más lejana del camino, buscando allí el primer indicio que señalara la aproximación del Salvador.

Mas Jesús no vino, y Lázaro murió. Hasta el postrer momento sus hermanas no habían perdido la esperanza, volviendo la cabeza, cada vez que la puerta se abría, para saludar al Señor, a quien aguardaban ansiosas. Al fin todo concluyó, y cuando este mismo día, después de dejar a su hermano sepultado en una gruta, regresaron a casa desoladas, ¡quién podrá expresar la angustia que oprimió sus corazones!

Durante los días de pésame permanecieron sentadas en el pavimento, cubiertas las cabezas con un velo, los pies descalzos, silenciosas y solitarias, oyendo los lamentos de las plañideras y el entrar y salir de los amigos y personas que acudían a consolarlas. Pero si Jesús no es nuestro consolador en las horas de amargura, no podremos menos de sentirnos excesivamente tristes y desolados, como les pasó a estas infelices hermanas. Algunos, deseando manifestarse afectuosos e interesados en favor de las atribuladas Marta y María, expresaron la sorpresa que les causaba la ausencia de Jesús. En concepto de los tales, una persona como el Maestro, tenido por amigo tan íntimo de la familia, debería haber sido el primero en atenderlas en la desgracia; por más que —añadían— bien podía creerse que ignoraría la gravedad del mal que había llevado a Lázaro al sepulcro.

Cada palabra de éstas era un saetazo para las dolientes, tanto más sensible cuanto que nada podían replicar. El hecho a la verdad encerraba motivos para extrañarse. Lucharon, no obstante, valerosamente contra la tentación y no consintieron que la ausencia y silencio de Jesús alterase en lo más mínimo la confianza que en Él tenían depositada. Para mayor pena, el mensajero volvió diciendo que al recibir el Maestro la noticia había respondido sencillamente que la enfermedad no era mortal, continuando de nuevo su predicación. Devoraron en silencio la angustia producida por estas palabras y perseveraron confiando todavía.

Y bien: ¿por qué las probaba Jesús tan duramente? Las palabras de San Juan suenan de un modo raro en nuestros oídos: *Jesús amaba especialmente a Marta y a su hermana María y a Lázaro. Cuando oyó que éste se hallaba enfermo quedóse aún dos días más en el mismo lugar.* Las trazas del Señor no se parecen a las nuestras, a pesar de lo cual son siempre las más perfectas, como veremos claramente en algún tiempo.

Dos días después el Salvador dijo a sus discípulos:

—*Vamos otra vez a Judea* (1).

Respondiéronle ellos:

—*Maestro, hace poco que los judíos querían apedrearte, y ¿quieres volver allá?*

Jesús repuso:

—*Nuestro amigo Lázaro duerme, mas yo voy a despertarle del sueño.*

—*Señor*—dijeron a esto los discípulos,—*si duerme curará.*

Mas Jesús se refería al sueño de la muerte, y ellos pensaban que hablaba del sueño natural. Entonces les dijo claramente:

—*Lázaro ha muerto. Y me alegro por vosotros de no haberme hallado allí, a fin de que creáis; pero vamos a verle.*

—*¡Ea!*—replicó Tomás, dirigiéndose a sus compa-

---

(1) La presente relación, lo mismo que otras análogas, está tomada del texto mismo del Evangelio.—*N. del T.*

ñeros de apostolado. — *Vamos también nosotros, y muramos con Él.*

Llegó, pues, Jesús y halló que hacía ya cuatro días que Lázaro estaba sepultado. Y muchos de los judíos habían ido a consolar a Marta y María por el fallecimiento de su hermano. Marta, luego que oyó que Jesús venía, salió a encontrarle, y María se quedó en casa.

Dijo, pues, Marta a Jesús:

— *Señor, si hubieras estado aquí, mi hermano no hubiera muerto.*

Estas palabras no eran una lamentación ni una queja, sino la repetición de la sentida frase que tantas veces había salido de labios de las hermanas durante aquellos tristes días de vela y espera. Y luego continuó la misma Marta:

— *Pero estoy persuadida de que ahora mismo te concederá Dios cualquiera cosa que le pidieres.*

Ningún ruego se formula claramente en las expresiones precedentes. La interlocutora se ciñe a sostener y reforzar su fe y confianza en el Señor, insinuando sólo el deseo de ser oída en la forma que le agrade.

Jesús le responde:

— *Tu hermano resucitará.*

A lo cual contestó Marta:

— *Bien sé que resucitará en la resurrección universal, que será el último día.*

El Salvador repuso entonces:

— *Yo soy la resurrección y la vida: quien cree en mí, aunque hubiere muerto, vivirá. ¿Crees tú esto?*

Respondió ella:

— *¡Oh Señor! Sí que lo creo, y que tú eres Cristo, el Hijo de Dios vivo, que has venido a este mundo.*

¡Otra vez hallamos aquí la gran confesión de Cesárea de Filipo! Luego que Marta hubo dicho esto fuése y llamó secretamente a María, diciéndole:

— *Está aquí el Maestro y te llama.*

No bien lo oyó la interpelada se levantó apresuradamente y salió a encontrarle, porque es de saber que Jesús no había entrado todavía en la aldea, sino que estaba en aquel mismo sitio en que Marta le salió a recibir. Por eso los judíos que acompañaban a María en la casa, al verla levantarse de repente y salir fuera, la siguieron diciendo:

—*Ésta va sin duda al sepulcro para llorar allá.*

María, pues, habiendo llegado adonde se hallaba Jesús, al verle postróse a sus pies y le dijo:

—*Señor, si hubieras estado aquí no hubiera muerto mi hermano.*

Jesús, viéndola llorar, así como a los judíos que habían ido con ella, estremecióse en su alma y excitó en su corazón un movimiento voluntario de dolor y aflicción, preguntando después:

—*¿Dónde le habéis puesto?*

—*Ven, Señor* —le dijeron, —*y lo verás.*

Entonces a Jesús se le arrasaron los ojos en lágrimas; visto lo cual por los judíos, observaron:

—*Mirad cómo le amaba.*

Pero algunos de los circunstantes añadieron:

—*Pues éste que abrió los ojos al ciego de nacimiento, ¿no pudo evitar que Lázaro muriese?*

Finalmente, prorrumpiendo Jesús en nuevos sollozos, que le salían del corazón, llegó al sepulcro, que era una gruta cerrada con una gran piedra, y dijo:

—*Quitad la piedra.*

Marta le respondió:

—*Mira que ya hiede, pues hace cuatro días que está ahí.*

Respondióle Jesús:

—*¿No te he dicho que, si creyeres, verás la gloria de Dios?*

Quitaron, pues, la piedra, y el Salvador, levantando los ojos al cielo, oró con estas palabras:

—*¡Oh Padre mío! Gracias te doy, porque me has oído. Bien es verdad que yo sabía de antemano que siempre me oyes, mas lo he dicho por este pueblo que está alrededor de mí, para que crean que tú eres el que me has enviado.*

Dicho esto gritó con voz fuerte:

—*Lázaro, sal afuera.*

Y al instante el muerto salió ligado de pies y manos

con fajas y tapado el rostro con un sudario. Díjoles Jesús:

—*Desatadle y dejadle marchar.*

Con lo cual muchos de los judíos que habían venido a visitar a las hermanas de Lázaro y vieron lo que Jesús hizo creyeron en Él.

Hasta aquí son, con leves variantes, palabras de San Juan, que fué testigo del gran milagro.

No menos admirable y digno de ser transcrito, por el candor ingenuo y el vivo realismo que en él resplandecen, es el siguiente relato del mismo hagiógrafo. El hecho a que se refiere es de época anterior a la resurrección de Lázaro; pero lo ponemos a continuación, aunque hayamos de extendernos algo más de lo debido, para no privar a nuestros lectores de saborear el encanto de uno de los más hermosos pasajes del Evangelio.

Acababa Jesús de salir del Templo de Jerusalén, donde, a consecuencia de una disputa que con Él tuvieron los judíos, habían querido éstos apedrearle, cuando, al pasar por cierto lugar, vió a un hombre, ciego de nacimiento. Y sus discípulos le preguntaron:

—*Maestro, ¿qué pecados son la causa de que éste haya nacido ciego, los suyos o los de sus padres?*

Respondió Jesús:

—*No es por culpa de éste ni de sus padres, sino para que las obras del poder de Dios resplandezcan en él... Mientras estoy en el mundo yo soy la luz del mundo.*

Así que hubo dicho esto escupió en tierra, y formó lodo con la saliva, y aplicólo sobre los ojos del ciego, añadiendo:

—*Anda y lávate en la piscina de Siloé.*

Fuése, pues, y lavóse allí, y volvió con vista. Por lo cual los vecinos y los que antes le habían visto pedir limosna decían:

—*¿No es éste aquel que, sentado allá, pedía limosna?*

—*Éste es*—respondían algunos.

Y otros decían:

—*No es él, sino alguno que se le parece.*

Pero él replicaba:

—*Sí que soy yo.*

Le preguntaron entonces:

—*¿Cómo se te han abierto los ojos?*

Respondió:

—*Aquel hombre que se llama Jesús hizo un poco de lodo, y lo aplicó a mis ojos, y me dijo: "Ve a la piscina de Siloé y lávate allí." Yo fuí, me lavé y veo.*

Interrogáronle de nuevo:

—*¿Dónde está el que te ha curado?*

Y él contestó:

—*No lo sé.*

Llevaron, pues, a los fariseos al que antes estaba ciego. Es de advertir que cuando Jesús formó el lodo y le abrió los ojos era día de sábado. Nuevamente los fariseos le preguntaron cómo había logrado la vista. Y él repitió la contestación antes dada a la misma pregunta. Sobre lo cual decían algunos de los fariseos: "No es enviado de Dios este hombre, pues no guarda el sábado." Otros, empero, objetaban: "¿Cómo un pecador puede obrar tales milagros?" Y había discusión entre ellos. Dirígense, en vista de todo, al ciego y le preguntan:

—*Y tú ¿qué dices del que te ha abierto los ojos?*

Respondió el interpelado:

—*Que es un profeta.*

Pero, por lo mismo, no creyeron los judíos que hubiese sido ciego y recobrado la vista, hasta que llamaron a sus padres y les preguntaron:

—*¿Es éste vuestro hijo, de quien decís que nació ciego? Pues ¿cómo ve ahora?*

Sus padres respondieron:

—*Sabemos que éste es hijo nuestro y que nació ciego; pero cómo ve ahora no lo sabemos, ni tampoco quién le ha abierto los ojos. Preguntádselo a él: edad tiene; él dará razón de sí.*

Contestaron de este modo sus padres por temor a los judíos, porque ya éstos habían decretado echar de la sinagoga a cualquiera que reconociese a Jesús por el Cristo o Mesías.

Llamaron de nuevo al hombre que había sido ciego y dijéronle:

—*Da gloria a Dios, confesando la verdad; nosotros sabemos que ese hombre es un pecador.*

Mas él les respondió:

—*Si es pecador yo no lo sé; lo que sé es que yo antes era ciego y ahora veo.*

Replicáronle:

—*¿Qué hizo él contigo? ¿Cómo te abrió los ojos?*

Respondióles:

—*Os lo he dicho ya, y lo habéis oído: ¿a qué fin queréis oirlo de nuevo? ¿Si será que también vosotros deseáis haceros discípulos suyos?*

—*Sélo tú enhoramala, que nosotros lo somos de Moisés* —respondieron los judíos llenándole de maldiciones. Y añadieron:—*Nosotros sabemos que a Moisés le habló Dios; mas éste no sabemos de dónde es.*

A lo que el hombre repuso:

—*Pues es bien admirable: vosotros no sabéis de dónde es, y, con todo, ha abierto mis ojos. Lo que sabemos es que Dios no oye a los pecadores, sino que aquel que honra a Dios y hace su voluntad, éste es a quien Dios oye. Desde que el mundo es mundo no se ha oído jamás que alguno haya abierto los ojos de un ciego de nacimiento. Si este hombre no fuera enviado de Dios no podría hacer lo que hace.*

Furiosos entonces ellos al oirle, dijeron:

—*Naciste envuelto en pecados, ¿y pretendes darnos lecciones?* —Y le arrojaron fuera.

Oyó Jesús que le habían echado, y, haciéndose encontradizo con él, le preguntó:

—*¿Crees tú en el Hijo de Dios?*

Respondió él:

—*¿Quién es, Señor, para que yo crea en Él?*

Díjole Jesús:

—*Le viste ya, y es el mismo que está hablando contigo.*

Entonces contestó él:

—*Creo, Señor.*

Y postrándose a sus pies le adoró.

En vista de tan estupendos prodigios los fariseos reunieron un concilio de sanedristas y propusieron la siguiente cuestión:

—*¿Qué hacemos? Porque este Hombre obra muchos milagros. Si le dejamos continuar en la misma forma, vendrán los romanos y arruinarán nuestra ciudad y la nación.*

Mas el Sumo Pontífice de aquel año, Caifás, les respondió:

—*Vosotros no entendéis nada de esto, ni reflexionáis que os conviene que muera un solo hombre por el bien del pueblo y para que no perezca toda la nación.*

Desde entonces decidieron hacerle morir. Por lo que Jesús ya no se dejaba ver entre los judíos, antes bien se retiró a cierto territorio vecino al desierto, en la ciudad llamada Efrem, donde moró con sus discípulos hasta que llegó la época de su último viaje a Jerusalén.

Nada más pudo hacer el Salvador: lleno estaba el país de los signos que se le pedían, cumplidos los vaticinios y demostrado que era el Mesías prometido. Sólo restaba mostrarse *varón de dolores,* tal como le anunciaba Isaías, y como el Sumo Sacerdote Caifás había profetizado diciendo de Él *que le faltaba morir por el pueblo.*

## XXXVI

## El principio del fin

Llegó por fin la hora. Cumplióse el tiempo de subir a la Ciudad Santa para ofrecer el gran sacrificio. Antes de emprender el viaje tomó aparte a sus doce discípulos y les dijo:

—*Mirad que vamos a Jerusalén, donde el Hijo del hombre ha de ser entregado a los príncipes de los sacerdotes y a los escribas, los cuales le condenarán a muerte, y le entregarán a los gentiles para que sea escarnecido y azotado y crucificado; mas Él resucitará al tercer día.*

San Lucas nos dice que los discípulos *no comprendieron ninguna de estas cosas.* Acostumbrados a ver a su Maestro seguido de multitudes que le admiraban, y, habiendo sido testigos de su poder para salir ileso de los que intentaron apedrearle, y de los corchetes enviados con objeto de prenderle, no querían creer que pudiera sobrevenirle daño alguno. Al contrario, se persuadieron que iba a la capital de Judea a fin de tomar posesión del trono e inaugurar el glorioso reinado temporal del Mesías. Por lo menos, en tales ideas abundaban los dos hermanos Santiago y Juan. Separáronse ambos disimuladamente de los demás, y volvieron al poco tiempo, trayendo con ellos a su madre, la cual se llegó al Señor, le adoró y manifestó que deseaba pedirle alguna gracia.

—*¿Qué gracia es ésa?*—preguntó Jesús.

—*Dispón*—respondió la madre—*que estos dos hijos míos tengan su asiento en tu reino, uno a tu derecha y otro a tu izquierda.*

Volviéndose entonces el Señor a los inspiradores de esta súplica les dijo:

—*No sabéis lo que pedís. ¿Podéis beber el cáliz de la pasión que yo tengo de beber?*

—Respondieron los dos hermanos:

—*Bien podemos.*

Replicóles Jesús:

—*Mi cáliz sí que lo beberéis; pero el asiento a mi diestra o siniestra no me toca concederlo a vosotros, sino que será para aquellos a quienes lo ha destinado mi Padre.*

Enterados los otros diez de la anterior demanda se indignaron contra los hijos del Zebedeo. Mas Jesús, llamándolos a todos a sí, les dijo que en su reino los que desearan estar en los primeros lugares debían hacerse aquí siervos de los demás. Con esto quedó terminada por entonces la disputa. El Salvador sabía que tales envidias, contiendas y ambiciones de grandeza terrena desaparecerían al influjo de la gracia del Espíritu Santo, y esperó.

Siguiendo el Señor el camino de la Ciudad Santa se le agregó una multitud de peregrinos que se dirigían también allí con motivo de la Pascua; y, ya en las cercanías de Jericó, el gentío que le rodeaba era enorme. Pasados los jardines de rosas, que tan célebre hicieron el nombre de la mencionada ciudad, pasados después los huertos de higueras y palmas, la inmensa procesión continuó avanzando lentamente, hasta que Jesús se detuvo de pronto debajo de una higuera silvestre que crecía al lado del camino. Alzó el Señor el rostro para mirar el ramaje del árbol, y entonces la muchedumbre se detuvo silenciosa. Sobre la higuera se hallaba encaramado Zaqueo, el jefe de los cobradores de tributos, porque deseaba conocer a Jesús, que, según sus noticias, era amigo de publicanos y pecadores. Demasiado corto de estatura para alcanzar a ver por encima de los hombros de los demás, y seguro de que nadie había de cederle el paso permitiéndole ponerse en primer término entre los que rodearían al popular Profeta, no le quedó otro recurso para salir con su intento que colocarse en aquel lugar de observación. Este Zaqueo se había enriquecido a expensas de sus compatriotas, sirviendo a los romanos, razón por la cual era odiado y despreciado de todos. En su empeño de ver al Salvador prescindió de las burlas que la vista de su persona en tan impropia y ridícula situación provocaría necesariamente en los pasajeros, y a horcajadas sobre una rama aguardó pacientemente a que Jesús pasara por allí debajo. ¡Cuál no sería su asombro al verle detenerse, levantar los ojos para mirarle y llamarle por su nombre!

—*Zaqueo*—le dijo,—*baja luego de ahí, porque conviene que yo me hospede hoy en tu casa.*

¡En su casa! ¡La casa de un publicano! Y entre toda aquella incontable muchedumbre ¡él era el único llamado al honor de agasajar al divino Maestro! *Bajó, pues, a toda prisa, y le recibió gozoso,* dice San Juan. *Todo el mundo, al ver esto, murmuraba diciendo que había ido a hospedarse a casa de un hombre de mal vivir.*

Zaqueo soportó humildemente aquellos duros juicios; su corazón rebosaba de felicidad al sentirse objeto de tal distinción, y se dispuso a corresponder, a cualquier precio, al favor que se le había dispensado. Llegóse a Jesús, y de pie en su presencia hizo pública confesión de sus culpas, acompañándola de sincero propósito de la enmienda y de la correspondiente satisfacción de obra.

—*Señor*—dijo,—*desde ahora doy la mitad de mis bienes a los pobres, y a quien hubiere defraudado algo le restituiré cuatro veces más.*

El Señor le respondió:

—*Hoy ha sido día de salvación para esta casa. El Hijo del hombre ha venido a buscar y salvar lo que había perecido.*

He ahí la absolución.

A la mañana siguiente emprendió Jesús de nuevo su camino, precediéndole, rodeándole y siguiéndole una multitud tan crecida como en otras ocasiones.

El mendigo Bartimeo, ciego muy conocido en los alrededores de Jerusalén, estaba sentado junto al camino pidiendo limosna, y al oir el ruido de numerosas pisadas preguntó qué significaba aquello. Dijéronle que era Jesús de Nazaret que pasaba por allí, y entonces comenzó a dar grandes voces clamando:

—*¡Jesús, hijo de David, apiádate de este desgraciado!*

Muchos de los transeuntes le riñeron para que callara; pero él, en vez de hacerles caso, alzaba mucho más el grito: *¡Hijo de David, misericordia!*

Parándose Jesús le mandó llamar, con lo que algunos de los circunstantes, cambiando de actitud, le dijeron:

—*Ea, buen ánimo; levántate, que te llama.*

Arrojando al instante su capa o manto se puso en pie y tendió los brazos en busca de alguien que le sirviera de lazarillo. Cuando llegó donde estaba Jesús temblaba de emoción y de esperanza; postróse en seguida de rodillas, y, cruzando las manos en actitud suplicante, levantó el rostro y dirigió sus apagados ojos hacia el Salvador.

—*¿Qué quieres que te haga?*—le preguntó Jesús.

—*Maestro, haz que vea*—respondió el ciego.

—*Anda*—le respondió Jesús,—*que tu fe te ha curado.*

Y de repente vió. y fué siguiendo por el camino a su bienhechor glorificando a Dios. Al presenciar el pueblo este milagro se hizo eco de los mismos sentimientos del afortunado Bartimeo.

Seis días antes de la Pascua, según San Juan, volvió Jesús a Betania, acompañado de un gran golpe de gente; y llegó allí en viernes, puesto que el jueves siguiente, en que se verificaba el sacrificio del cordero, era considerado como el primer día de la gran fiesta. Dejó el Salvador a la multitud que siguiera el camino de Jerusalén, y Él con sus apóstoles se fué a casa de sus amigos. La excitación de los ánimos en la capital de Judea era grande, tanto entre las autoridades como entre el pueblo, a consecuencia de haberse publicado un mandamiento de prisión contra Jesús de Nazaret, intimando a todos los que supieran su paradero que lo comunicasen a los príncipes de los sacerdotes. En todas partes se hacían averiguaciones y diligencias acerca de la conducta y persona de Jesús.

Algunos de los que estaban en el Templo se decían unos a otros: —*¿Qué será, que no ha venido a la fiesta?*

Poco después, los peregrinos llegados de Jericó trajeron de allí la noticia de que estaba en Betania. Inmediatamente acudió allá una gran muchedumbre, atraída, no sólo por la fama de Jesús, sino por el deseo de ver con sus propios ojos a Lázaro, a quien Aquel había resucitado de entre los muertos. Muchísimos de los curiosos que le vieron regresaron creyendo en Jesús de Nazaret. Furiosos hasta el paroxismo por el entusiasmo creciente en favor de su perseguido, los príncipes de los sacerdotes llegaron a concebir el proyecto de quitar también a Lázaro la vida. Desde ahora en adelante ellos son los que dirigen las conspiraciones organizadas para condenar a muerte al Señor. El pueblo, en especial el de Galilea, creía en Él; pero los gobernantes — escribas, fariseos, ancianos, ricos saduceos, herodianos, el sanedrín y los sacerdotes, — todos los cuales desde el principio le fueron hostiles, lejos de conmoverse con sus milagros, se endurecían más cada vez. La resurrección de Lázaro a las mismas puertas de Jerusalén colmó la medida de su furor. Pero nada podía hacerse, mientras aquellas muchedumbres le sirvieran de escolta. Por lo pronto importaba destruir su reputación y levantar al pueblo entero contra Él.

Por eso veremos frecuentemente a los enemigos del Salvador entrar y salir por entre los grupos de gente, moviendo los ánimos contra el *Nazareno*, propalando, en frases rebosantes de indignación, que era un blasfemo con pretensiones de hacerse pasar por el Hijo de Dios, un amigo de publicanos y pecadores, un impostor que aspiraba a venderse por el Mesías y acabaría por ponerlos en terrible conflicto con los romanos, como lo habían hecho ya otros impostores, y, por último, un hombre que tenía comercio con Belcebú, en cuyo nombre arrojaba los espíritus malignos. El pueblo se hallaba confuso; veía que la parte más respetable de la nación estaba en contra de Jesús; temía además a los romanos, y comenzó a vacilar.

Tal era el estado de cosas en Jerusalén.

El viernes y sábado Jesús permaneció tranquilamente con sus amigos de Betania. Siempre se consideraban éstos dichosos de hospedarle en su casa, y ahora más que nunca, cuando los otros a quienes había amado y consolado temían darle acogida y mostrarle su agradecimiento.

El sábado por la tarde estuvo en casa de Simón el leproso en la misma aldea; y San Juan dice que le prepararon una cena en casa de Lázaro. El anfitrión era rico, y las provisiones, de lo más selecto. Jesús ocupaba el sitio de honor; y los convidados que se reclinaban alrededor de la mesa volvían con sorpresa y admiración los ojos al rostro de Aquel que yacía en su lecho, tan sereno y grave y al mismo tiempo tan atrayente, de Aquel a quien los gobernantes judíos buscaban para quitarle la vida. Al lado de Jesús estaba su amigo Lázaro el resucitado. La presencia de ambos comunicaba al banquete cierta solemne gravedad; los comensales platicaban reposadamente; el ruido y algazara hubieran estado allí fuera de su sitio.

Marta hizo los honores y sirvió a la mesa más tranquila y reposada que en otra ocasión anterior, pero solícita en medio de su silencio, complacida de hallarse tan cerca del Señor y reverenciarle así a Él como a los suyos, esmerándose en atender por sí misma las necesidades de los discípulos, y esforzándose por hacerles olvidar su pasada intemperancia, y por mostrarles tan afable cordialidad, que llegaran a considerarse como en su propia casa.

Durante la cena entró María con un vaso de alabastro que contenía una libra de ungüento o perfume de nardo puro, y ungió con él los pies de Jesús en la misma forma que lo había hecho otra vez; los enjugó luego con sus cabellos, y, rompiendo después el vaso, derramó el resto de su contenido sobre la cabeza del divino huésped, con lo cual se llenó la casa de la fragancia del perfume.

Viendo esto Judas Iscariote, tan circunspecto y taciturno de ordinario, no pudo disimular su contrariedad; y, olvidado de la reverencia que debía a su Maestro y de sus deberes de convidado, dijo:

—*¿Por qué no se ha vendido este perfume por trescientos denarios para limosna de los pobres?*

Esto lo dijo, añade San Juan, no porque le importasen nada los pobres, sino porque era ladrón, y teniendo en su poder la bolsa común defraudaba el dinero que se echaba en ella.

Los demás discípulos, o algunos a lo menos, se contaminaron con el ejemplo de Judas, y, llenos de indignación, añadieron:

—*¿A qué fin semejante desperdicio?*

—*Dejadla en paz* —respondió Jesús; —*¿por qué la molestáis? El agasajo que acaba de dispensarme está bien. A los pobres los tenéis siempre con vosotros, y cuando quisiereis podréis favorecerlos; pero a mí no siempre me tendréis en vuestra compañía. Ha hecho lo que debía hacer, que es ungir de antemano mi cuerpo para el sepulcro. En verdad os digo que dondequiera que se predique este Evangelio —y será en todo el mundo— se celebrará también en memoria suya la acción que acaba de ejecutar.*

ENTRADA TRIUNFAL DE JESÚS EN JERUSALÉN

*Plockhorst*

*Ticiano*

EL DINERO DEL TRIBUTO

## XXXVII

# ¡Jerusalén! ¡Jerusalén!

Estamos en la última semana de la vida de nuestro Salvador. Los escritores sagrados no pudieron registrar todos los hechos maravillosos de la vida de Jesús, porque, según nos dice San Juan, cada día se obraban a millares. Mas al llegar a este postrer período los evangelistas siguen al Señor paso a paso, relatando lo sucedido con mayor detenimiento y reverencia, dando cuenta cabal y minuciosa de sus acciones, día por día.

Muchas razones hay para esto. Porque no solamente en la referida semana llevó a cabo la grande obra que le había traído a la tierra, es a saber: redimirnos del pecado y del infierno, reconciliarnos con la Eterna Justicia, abrirnos las puertas del cielo, y establecer la Nueva Ley, los nuevos sacramentos y el nuevo sacerdocio en lugar de los antiguos, sino que, además, dentro de esta semana final fué cuando la ternura de su amor se manifestó de un modo más admirable que en ningún otro tiempo. En sus palabras, actos y oraciones rebosan de tal modo la caridad y la dulzura, que los hagiógrafos no pueden resignarse a pasarlos en silencio. Seguramente les debemos más por lo que de esta semana nos refieren, que por el resto de sus narraciones. Por consiguiente, deberíamos procurar penetrarnos de la historia de estos últimos días que el Señor pasó en la tierra, con el corazón lleno de reverente amor y gratitud en mayor grado que hasta aquí, a fin de disponernos a creer, comprender y sentir todo lo concerniente a nuestro Redentor, en la medida que Él quiere y nuestras almas necesitan.

El día siguiente al de la cena en casa de Simón fué el escogido por Cristo para hacer su entrada solemne en la ciudad que debía ser teatro de los acontecimientos más augustos y trascendentales de su vida. Salió el Salvador de Betania, acompañado de sus apóstoles y de un gran gentío que acudía a celebrar la Pascua. Cuando llegaron cerca de Betfage, pequeña aldea situada en la vertiente oriental del Olivete, envió el Señor a dos de sus discípulos, diciéndoles:

—*Id a ese lugar que está enfrente, y, luego al entrar en él, hallaréis atada un asna con un jumentillo en el cual nadie ha montado hasta ahora; desatádmelos y traédmelos. Y si alguien os objetara alguna cosa respondedle que los ha menester el Señor, y al punto os los dejará llevar.*

*Todo lo cual sucedió* —escribe San Mateo— *en cumplimiento de lo anunciado por el Profeta: "Decid a la hija de Sión, mira que viene a ti tu Rey, lleno de mansedumbre, sentado sobre un asna y un pollino, hijo de la que está acostumbrada al yugo."*

Jesús tuvo presentes en su ánimo con perfecta claridad todas las profecías referentes a su Persona, y, en el tiempo oportuno, daba cumplimiento a cada una de ellas hasta en sus mínimas circunstancias. Esta cabal realización de los vaticinios debió ser para los judíos una de las señales por donde reconocer a Jesús como al Mesías esperado; pero no quisieron reparar en lo que tampoco tenían deseo de ver.

Obedeciendo los discípulos el mandato de su Maestro fueron adonde los había enviado y hallaron el pollino y su madre, atados delante de una puerta, exactamente como el Señor había dicho, y comenzaron a desatarlos.

—*¿Qué hacéis? ¿por qué desatáis ese pollino?* —les gritaron los dueños.

A lo cual respondieron ellos lo que se les había ordenado; y satisfechos con esto los dueños dejaron que se llevaran las bestias.

Condujéronlos, pues, adonde estaba el Señor; y, acomodando los apóstoles sus capas sobre el pollino, a guisa de arreos, subió Jesús sobre él. Formóse en seguida la procesión y comenzó su marcha. Iba a efectuarse la solemne entrada del Mesías en su capital, ceremonia augusta y humilde, en la que el Rey, cabalgando en una rústica bestezuela, aún no domada, llevada por acompañamiento y séquito, no un cuerpo brillante de guardias, sino un tropel regocijado de hombres, mujeres y niños del pueblo, y, en especial, de pobres y desvalidos que le rodeaban llenando el aire con sus aclamaciones de júbilo.

*Una gran muchedumbre de gente* — dice San Mateo — *tendían por el camino sus vestidos, mientras otros cortaban ramos y follaje y los arrojaban por donde había de pasar.*

Cuando, siguiendo monte arriba la empinada vereda de Jerusalén, llegaron a la cima hicieron alto en espera de otra multitud que, procedente de la ciudad mencionada, subía por la pendiente occidental. Habíase esparcido por la capital de Judea que Jesús de Nazaret, el que había resucitado a Lázaro, se encaminaba a ella; y el pueblo comenzó luego a salir por todas partes al encuentro del gran Profeta, para regresar con Él en triunfo. Los dos grupos se encontraron y confundieron en el punto del camino desde donde aparece de pronto el panorama entero de la ciudad. Jerusalén se mostraba allá abajo en toda su majestad; y, al verla, el concurso entero de discípulos y partidarios del Salvador, así los que le precedían como los que iban detrás, prorrumpieron arrebatados de gozo en alabanzas y bendiciones a Jesús con las expresiones más entusiastas que conocían.

— *¡Bendito sea* — gritaban — *el Rey que viene en nombre del Señor; paz en los cielos y gloria en las alturas! ¡Bendito sea el reino de nuestro padre David, que vemos llegar! ¡Hosanna en lo más alto de los cielos!*

Iban en la vasta procesión algunos fariseos, ocupándose como siempre en señalar defectos y proferir censuras. Después de intentar en vano imponer silencio a los que aclamaban a Jesús, se abrieron paso hasta llegar a Él y le dijeron:

—*Maestro, reprende a tus discípulos.*

Respondióles Jesús:

—*En verdad os digo que si éstos callan, las mismas piedras darán voces.*

Los apóstoles estaban fuera de sí de puro contentos. "¡Llegó por fin!", se decían uno a otro caminando con orgullo al lado de su Maestro. Y dejándose arrastrar del sentimiento que los embargaba tremolaban también ramos de palma y unían sus voces a las del pueblo, que gritaba:

—*¡Bendito sea el reino de nuestro padre David, que vemos llegar! ¡Hosanna en lo más alto de los cielos!*

Al llegar a la cima del Monte Olivete se detuvo la comitiva y dió cara a la ciudad. Palacios, torres, almenajes y jardines se presentaban a la vista, bañados en la cálida escarlata del sol próximo a ocultarse; y, campeando por encima de todo, se alzaba la suntuosa fábrica del Templo, orgullo de los hijos de Israel, con sus mármoles blancos como la nieve, y sus doradas techumbres centelleando a modo de deslumbrador incendio. El pueblo se dirigía con su verdadero Rey, su Mesías por tanto tiempo esperado, a efectuar la entrada solemne en la Ciudad Santa; y, por eso, al verla aparecer de repente en toda la magnificencia de su gloria, los vítores y aplausos estallaron de nuevo con mayor entusiasmo.

Y entretanto ¿qué sentimientos despertaba en el aclamado Rey el espectáculo de la capital judaica?

San Lucas nos refiere que, al llegar Jesús cerca de Jerusalén, poniéndose a mirar esta ciudad derramó lágrimas sobre ella, diciendo: *¡Oh, si conocieses también tú, por lo menos en este día que se te ha dado, las cosas que pueden atraerte la paz! Mas ahora está todo oculto a tus ojos. Y lo más triste es que vendrán unos días sobre ti en que tus enemigos te circunvalarán y rodearán de contramuro, y te estrecharán por todas partes y te arrasarán con los hijos tuyos que habitan en tu recinto, y no dejarán en ti piedra sobre piedra; por cuanto has desconocido el tiempo de tu visita.*

Jesús, leyendo en lo por venir, veía entonces que,

cinco días después, se hallaría pendiente de una cruz, extramuros de Jerusalén, abandonado de todos. Pero no era esta la causa de su llanto, sino la desgracia de la culpable ciudad, presta a rechazarle y a pedir que su sangre cayera sobre ella y sobre sus hijos. Representáronsele, con toda la viveza de su espantosa verdad, los horrores de que aquellos lugares serían teatro cincuenta años más tarde, cuando atacada la capital deicida por el ejército romano, precisamente en esta misma época de la Pascua, los sitiadores estrecharían el cerco y harían perecer de hambre a millones de sus moradores; cuando el Templo sería abrasado hasta los cimientos; cuando faltarían maderos para crucificar a tantos condenados a muerte, y compradores para los millares de prisioneros reducidos a esclavitud. Contemplaba la ruina y desolación que amenazaban a la infortunada Jerusalén, y ese espectáculo le arrancaba amargas y abundantes lágrimas.

En este momento el Señor entraba en su recinto entre aclamaciones de alegría y palmas de triunfo, precedido de una turba de niños que gritaban: *¡Hosanna! ¡Bendito el que viene en nombre del Señor!* Conmovióse la población entera con el suceso: los terrados se llenaron de hombres, mujeres y niños, y en las calles hormigueaba el gentío, preguntando todos:

—*¿Quién es éste?*

Los que formaban el acompañamiento del Señor respondían con aire de triunfo:

—*Éste es Jesús, el Profeta de Nazaret.*

Desalentados los fariseos murmuraban unos con otros:

—*¿No veis que en nada prevalecemos? He ahí el pueblo en masa yendo en pos de Él.*

Poco después el concurso se dispersaba; y Jesús, apeándose de la cabalgadura, penetraba en el Templo. Contemplémosle en el momento de cruzar los umbrales de la monumental y bella puerta. Su figura es fina y delicada. Larga y flexible cabellera cae sobre sus hombros por debajo del pañuelo, que le ciñe las sienes y protege la parte posterior del cuello. Encima de la túnica — especie de toga ceñida a la cintura — lleva, terciado al hombro y cayendo de él hasta las fimbrias del vestido interior, un amplio manto, llamado *abba,* de color azul, bordado y guarnecido de borlas en las puntas. Las sandalias, desgastadas por el largo uso, apenas son otra cosa que unas raídas suelas atadas a los pies. En todo su vestido se manifiestan la sencillez, la pureza y las huellas del incesante viajar. Y, no obstante, su porte es verdaderamente regio al avanzar por entre la muchedumbre. En su aspecto, actitudes y continente resplandece una armoniosa mezcla de grandeza y humildad. El encanto de su Persona y la gracia de sus modales cautivan al pueblo y atraen aun a los niños, que se agrupan en torno de Él, sin que por eso sus amigos y entusiastas apasionados dejen de venerarle a la vez con el más profundo respeto. Todos los que con Él conversan y le tratan sienten en su presencia el influjo de un poder extraño y superior que jamás les produce la vista de otro hombre alguno. Lo cual obedece a que, a través del exterior humano del Salvador, se traslucen vislumbres de la Divinidad. ¡Jesús, verdadero hombre, es también Dios!

Cantando todavía el *Hosanna (Salvad, os ruego)* los niños siguieron a Jesús hasta dentro del Templo. Una vez allí, llamaron a los hijos de los levitas, y, poco después, desde el atrio de mármol subían al azul del firmamento las delicadas y argentinas voces de los diminutos coristas, saludando la venida del Salvador con el *Hallel,* o himno de alabanza que habían aprendido para celebrar el advenimiento del Mesías. Los sacerdotes y principales repudiaban a Jesús; pero los niños le recibían con cánticos de júbilo. Más dulce y agradable a los ojos de Dios que todos los cantos solemnes de las adoraciones tributadas en el Templo fué el servicio de aquella bendición vespertina, espontáneamente prestado por los niños.

Jesús necesitaba bien de tal consuelo, porque su corazón se había inundado de tristeza al contemplar las mismas escenas profanas que deshonraban tres años antes la casa de su Padre. Hasta el Atrio de los Gentiles llegaban los pregones de los vendedores, los balidos de las reses, los altercados de los cambiadores de monedas, en una palabra, todo el confuso vocerío de un mercado, más animado hoy que otras veces, por ser el día de la elección del cordero pascual, que se conservaba después aparte hasta la hora del sacrificio.

El Señor nada dijo. Había venido al Templo para ofrecerse a sí mismo en calidad de Cordero elegido desde toda la eternidad, que debía ser inmolado por la salvación de los hombres. Prefirió, pues, pasar en pacífico sosiego estas últimas horas de visita en la casa de Dios, gozando la tranquila compañía de los niños.

Acercáronsele al poco tiempo numerosos ciegos y cojos implorando su piedad, y Él los curó a vista de los infantiles testigos. Después, al caer la tarde, volvió para Betania con sus apóstoles. Ninguno de tantos como le habían aclamado por la mañana le ofreció hospedaje en que pasar la noche. Subió por el sendero que la multitud había recorrido horas antes, y llegó a la casa de Betania, donde le dispensaron amistosa acogida.

Al día siguiente, lunes, en las primeras horas de la mañana, siguiendo el camino de Jerusalén, vió una higuera un poco distante. Dirigióse a ella, porque sentía necesidad de tomar algún alimento, y no hallando más que hojas la maldijo, diciendo: *No crezca jamás en ti fruto alguno. Y la higuera quedó luego seca* — dice San Mateo. — *Lo cual visto por los discípulos se maravillaron y preguntaron: ¿Cómo se ha secado en un instante?*

Llegaron a Jerusalén, y, habiendo Jesús entrado en el Templo, halló en el Atrio de los Gentiles una repetición de las desagradables escenas de otras veces: millares de cabezas de ganado lanar y vacuno, desparramadas por todo el claustro e intercolumnios y moviéndose constantemente de un sitio a otro; vendedores que pregonaban sus mercancías; peregrinos de distintas regiones disputando en diversas lenguas con los cambiantes de monedas.

De pronto, dominando aquella confusión y baraúnda, resonó una voz clara y vibrante que decía: *Escrito está: mi casa será llamada casa de oración; pero vosotros la habéis convertido en cueva de ladrones.* Todos los rostros se volvieron a mirar al que había proferido las palabras anteriores. El Señor se quedó de pie sobre la escalinata que conducía al atrio superior, contemplando desde allí lo que abajo ocurría. No había ahora azote en su mano: la majestad divina de su semblante bastó para despejar el sitio. Huyeron apresuradamente los vendedores de aves, llevándose las jaulas como mejor pudieron, y se alejaron a toda prisa los cambiadores y negociantes de todas clases, prefiriendo el abandono de sus asuntos a soportar la indignación de aquella mirada.

Ni una palabra pudieron los sacerdotes alegar en propia defensa. Ellos eran los que toleraban este profano tráfico, por los beneficios que secretamente reportaban de él. De aquí que se sintieran heridos en lo más vivo al mirar el público descrédito que sobre ellos lanzaba Jesús, y comenzaran a tratar entre ellos sobre la manera de acabar con Él. Lo primero que les ocurrió fué que, si lograban a su vez avergonzar al Nazareno en presencia del pueblo, se resarcirían en gran parte del daño que acababan de sufrir. Y, al efecto, pusiéronse a discurrir un plan que les permitiera llevar a cabo su propósito. Veamos a qué ardid apelaron.

Todo el mundo sabia que los escribas, cuyo oficio era interpretar la ley, sólo podían desempeñar este cargo después de haber hecho largos estudios y recibido en señal de aprobación la tablilla y llave, símbolos de su profesión, competencia y autoridad. Ahora bien; ¿dónde había estudiado este carpintero de Nazaret? Hagámosle esta pregunta — se dijeron — y pidámosle delante del pueblo que nos muestre sus atributos de doctor.

Más todavía: para el caso de que saliera airoso de este apuro le prepararon otro lazo, en el que no podría menos de enredarse. Una comisión de herodianos se llegaría a Él cuando se hallara enseñando, y, con el pretexto de tener dudas sobre una cuestión de conciencia referente al tributo que los judíos estaban obligados a satisfacer al César, le preguntarían si era o no lícito el pago de tal impuesto. De responder negativamente le entregarían sin dilación a la venganza del gobernador romano, Poncio Pilatos; y si declaraba que era lícito le delatarían al pueblo como traidor a la patria. Ahora sí que no podía escaparse, pensaban muy satisfechos. Tan contentos quedaron de los expedientes ideados, que aguardaban con impaciencia la llegada del día siguiente y la hora en que Jesús daría principio a su predicación.

Cumplióse, en efecto, el plazo que ellos esperaban; y el Salvador se encaminó como de costumbre al Templo, atravesando por entre la multitud que se hallaba ya en el Atrio de las Mujeres, lugar donde acostumbraban a reunirse los adoradores. Púsose el Señor a pasear por uno de los pórticos y comenzó su predicación. Cuando llevaba en ella algún tiempo, los príncipes de los sacerdotes, los escribas y los ancianos o senadores se acercaron a Él y le preguntaron:

—*¿Con qué autoridad haces esas cosas? ¿Y quién te ha dado tal potestad?*

Respondióles Jesús:

—*Yo también quiero haceros una pregunta; y si me respondéis a ella os diré luego con qué autoridad hago estas cosas: el bautismo de Juan ¿de dónde era, del cielo o de los hombres?*

Quedáronse ellos silenciosos, pensando en su interior: si respondemos del cielo nos dirá: ¿pues por qué no habéis creído en él? Y si decimos que de los hombres nos exponemos a las iras del pueblo. Salieron, pues, de la dificultad con la siguiente evasiva:

—*Nosotros no lo sabemos.*

Replicóles Jesús:

—*Pues ni yo tampoco os diré a vosotros con qué autoridad hago estas cosas.*

Continuó, en seguida, el Salvador refiriéndoles una palabra de cierto padre de familia que envió criado tras criado a los arrendatarios de una viña suya, para que éstos entregaran la parte de los frutos que le correspondían. Pero los colonos maltrataron al primer enviado e hirieron y llenaron de baldones al segundo y al tercero. Visto lo cual por el dueño de la heredad, les envió el más querido de sus hijos, pensando que, acaso cuando le vieran, le reverenciarían. Mas ellos, al reconocerle, se dijeron: "Éste es el heredero; matémosle, a fin de que la heredad quede por nuestra." Y, en efecto, sacándole fuera de la viña, le mataron.

Después de esto, prosiguiendo el Señor su plática, les habló de nuevo por parábolas, proponiendo la de un rey que celebró las bodas de su hijo, a las cuales no quisieron acudir los invitados. Por esta causa el monarca mandó llamar a otros para que ocuparan los lugares destinados a los primeros.

Los enemigos de Jesús entendieron claramente que en ambos ejemplos se trataba de ellos, por lo cual se llenaron de rabia; pero la presencia del pueblo los retrajo de llevar por entonces a cabo ninguna medida contra el Nazareno.

Presentóse después la comisión de herodianos, y uno de ellos, haciendo profunda reverencia a Jesús, le dijo:

—*Maestro, sabemos que eres veraz en tus palabras y que enseñas el camino o ley de Dios. Dinos, por tanto, qué te parece de esto: ¿es lícito pagar el tributo al César o no?*

Jesús, conociendo su perfidia, respondió:

—*¿Por qué me tentáis, hipócritas? Enseñadme la moneda con que se paga el tributo.*

Y ellos le presentaron un denario. Jesús preguntó entonces:

—*¿De quién son esta imagen e inscripción?*

Respondieron ellos:

—*De César.*

—*Pues bien* —añadió Jesús; —*dad al César lo que es del César y a Dios lo que es de Dios.*

¿Qué podían objetar a esto? Según su misma ley, el señor de un estado era aquel cuya imagen e inscripción figuraban en las monedas del país. Tan desconcertados quedaron con la anterior respuesta, que no supieron ni replicar ni disimular su confusión. Lo mejor en aquellas circunstancias era retirarse de allí lo antes posible. Y así lo hicieron.

De modo que los adversarios del Señor subieron allá

unos en pos de otros, para ver desbaratados sus designios, como se desbarata un castillo de naipes. El auditorio presenció maravillado la escena. Viéronle interrumpido una vez y otra en la predicación por sus malignos enemigos, y conservando, no obstante, aquella calma y dignidad soberanas que ni insultos ni cobardes astucias podían alterar. ¿Se le mantendrá fiel el pueblo en la hora de la prueba? Lo veremos en breve.

Jesús había sufrido con longanimidad y paciencia a los fariseos. Pero, al observar el endurecimiento creciente de sus corazones, y el grave daño que a otros ocasionaban, pronunció al cabo contra ellos terribles condenaciones, que sólo al oirlas hacen estremecer. Repetidas veces y con especial insistencia salieron de sus labios estas amenazadoras palabras: *¡Ay de vosotros, escribas y fariseos hipócritas!*

Echóles en cara su orgullo, avaricia y doblez. Anuncióles luego que les enviaría, a pesar de todo, a sus siervos para instruirlos y avisarles el próximo juicio; pero ellos los perseguirían, azotarían y crucificarían de igual modo que a Él mismo. —*Jerusalén, Jerusalén*— exclamó al fin, —*que quitas la vida a los profetas y apedreas a los que te son enviados, ¡cuántas veces quise recoger a tus hijos como la gallina recoge a sus polluelos bajo las alas, y tú no lo has querido! He aquí que vuestra casa va a quedar desierta. Y así os digo que dentro de poco ya no me veréis más, hasta tanto que, reconociéndome por Mesías, digáis: "Bendito sea el que viene en nombre del Señor."*

Dejando a los principales de los judíos, Jesús fué a sentarse frente al arca de las ofrendas y púsose a mirar cómo la gente echaba dinero en ellas. Muchos ricos desfilaron a su vista depositando considerables cantidades. Vino entre otras una pobre viuda, la cual ofreció dos blancas, o moneditas equivalentes cada una a medio céntimo de peseta; y entonces, convocando el Señor a sus discípulos, les dijo: *En verdad os digo que esta pobre viuda ha echado más en el arca que todos los otros.*

En esta misma tarde del jueves salió del Templo por última vez. Los discípulos, penosamente impresionados al observar la tristeza de su Maestro, le siguieron silenciosos por el valle abajo; atravesaron en su compañía el torrente Cedrón, y subieron a la falda del Monte de las Olivas. No pudo Jesús abandonar la ciudad sin echar sobre ella otra mirada de despedida. Amaba a Jerusalén, y su corazón se partía de dolor al pensar en su pasada grandeza, en la que podría haber alcanzado y en el fatal porvenir que le esperaba dentro de pocos lustros.

Llegado a la cima del monte volvió de nuevo a contemplar a Jerusalén. Tan bella aparecía en aquel momento, envuelta en el manto de suave púrpura que sobre ella tendía el sol de occidente, con sus macizas murallas, palacios, azoteas, marmóreas columnatas y doradas techumbres del Templo, que uno de los apóstoles le dijo:

— *Maestro, mira qué piedras y qué fábrica tan asombrosa.*

A lo cual repuso Jesús:

— *¿Ves todas esas magníficas construcciones? Pues serán de tal modo destruídas, que no quedará piedra sobre piedra.*

Sentóse luego al pie de una roca, de frente al Templo, y pareció entregarse a hondos pensamientos. Pedro, Andrés, Santiago y Juan se llegaron a Él y le preguntaron aparte:

— *Dinos cuándo sucederá eso y cuál será la señal de tu venida y del fin del mundo.*

El Señor les anunció lo que acaecería antes de la destrucción de Jerusalén y al acercarse el día postrero. Añadió que el camino de los cielos para sus seguidores ofrecería muchas y penosas dificultades de todas clases; mas que *el que perseverase hasta el fin se salvaría.*

Les vaticinó, después, que al aproximarse el tremendo día del Juicio Universal aparecerían señales en el sol, la luna y las estrellas, sobrevendrían terremotos, pestilencias y hambres, turbación y estruendo de los mares, secándose los hombres con el terror y sobresalto por los trastornos que ocurrirían en todo el mundo.

Díjoles que, a pesar de estas señales y terrores, el Gran Día Final llegaría de improviso, sorprendiendo a los hombres en medio de sus regocijos y pecados. Como llamarada de relámpago, que no da tiempo a ser esperada, así estallaría de repente la espantosa catástrofe.

Los que se preciaren de verdaderos siervos y discípulos de Jesucristo habrán de estar siempre dispuestos, no tanto para la postrer jornada del mundo como para el día de la muerte, que será el último para cada uno de nosotros.

Ahora fué también cuando les expuso la parábola de las diez vírgenes que debían salir al encuentro del esposo con lámparas encendidas. Pero cinco de ellas fueron necias, que no se proveyeron de aceite. Y cuando, a media noche, se oyó de pronto la voz que gritaba: "Mirad que viene el esposo, salidle al encuentro", no estuvieron preparadas y les fué cerrada la puerta de la casa donde se celebraban las bodas.

—*Velad, pues, vosotros* —concluyó Jesús, —*porque no sabéis cuándo llegará el Señor. Y lo que os digo a vosotros lo digo a todos. ¡Velad!*

Otras cosas prosiguió comunicándoles, que habrán de verificarse al fin de los tiempos, cuando Él venga a juzgar a los hombres. Veránle éstos aparecer sobre una nube con gran poder y majestad. Y Él enviará sus ángeles, que, a voz de trompeta sonora, congregarán a sus escogidos de las cuatro partes del mundo, desde un extremo a otro del orbe. Y todas las naciones comparecerán ante Él, y separará unos de otros, como el pastor separa las ovejas de los cabritos, y colocará a los buenos a su derecha y a los protervos a su izquierda.

Luego dirá el Juez de vivos y muertos, y Rey de la gloria, a los que están a su diestra: *Venid, benditos de mi Padre, a poseer el reino que os está preparado desde el principio del mundo.*

Y, a continuación, dirá también a los que están a su izquierda: *Apartaos de mí, malditos; id al fuego eterno que la Eterna Justicia tiene aparejado para el diablo y sus ángeles.*

Y éstos caerán en la mansión del inacabable padecer, mientras los justos entrarán en el goce de la vida perdurable.

## XXXVIII

## La noche en que fué entregado

El Señor había predicho su pasión una y otra vez, pero vagamente, sin precisar la fecha en que debía verificarse. El viernes de esta semana hizo a los Doce la advertencia siguiente: *Vosotros sabéis que después de dos días se celebrará la Pascua, y el Hijo del hombre será entregado, y morirá en una cruz.*

Sus enemigos no se descuidaban en disponerlo todo para el cumplimiento de este vaticinio. El mismo día los sanedristas se reunieron en casa de Caifás, a fin de ultimar sus planes. No teniendo valor para apoderarse de Jesús por la fuerza, ni en el Templo, a causa del riesgo que corrían de concitar contra sí las iras del pueblo, acordaron prenderle secretamente y entregarle a los romanos, confiando en que éstos se encargarían de hacerle desaparecer.

Mientras discutían la manera de ejecutarlo se les dijo que un hombre, de condición ordinaria, solicitaba audiencia. Luego que le fué concedida entró haciendo grandes reverencias, y manifestó que venía en cumplimiento de la orden dictada por las autoridades, y en virtud de la cual todos estaban obligados a denunciar el paradero de Jesús de Nazaret. —*¿Qué me daréis, y yo le entregaré en vuestras manos?* —preguntó luego. Añadió que estaba constantemente con Él en calidad de discípulo suyo; que conocía sus secretos y podía facilitar a aquel respetable cuerpo la realización de sus designios.

Aun siendo de ruines sentimientos los miembros todos de la asamblea, y a pesar de la satisfacción que les produjo la noticia de aquel inesperado auxilio, apenas pudieron disimular el desprecio que sintieron hacia el traidor. Aceptaron, no obstante, sus servicios, y por treinta siclos de plata, es decir, por unas cien pesetas, el falso discípulo convino en entregarles a su Maestro tan luego como se ofreciera la primera ocasión de hallarse la víctima aislada del pueblo y sin partidarios capaces de prestarle ayuda. De este modo se cumplieron las palabras de Zacarías: *Y ellos me pesaron o contaron treinta siclos por mi salario, lindo precio en que me estimaron.* ¿Cómo pudo llegar Judas a tal extremo? Por aquella mala pasión que no trató de sofocar en sus principios. La caída del desdichado apóstol no fué repentina. En el principio de su vocación la sola idea de tan horrendo crimen le habría horrorizado. Pero su corazón se fué endureciendo poco a poco; y, al fin, cuando la tentación se presentó en toda su fuerza, sucumbió hasta el extremo de entregar y vender por algunas monedas de plata al Maestro, por cuyo amor había abandonado todas las cosas.

Mientras Judas conjuraba en Jerusalén con los miembros del Sanedrín, el Señor, en su pacífica residencia de Betania, se ocupaba en preparar a los discípulos para su próxima pasión y muerte. Según todas las probabilidades, su bendita Madre se halló también allí. Él le había manifestado todo lo que en breve acaecería; y, aunque el corazón de la Virgen se desgarraba de dolor, no trató como Pedro de apartar a Jesús de los tormentos y afrentas de la crucifixión, sino que aceptó la voluntad divina con generosa y heroica abnegación.

El jueves por la mañana los apóstoles se llegaron al Señor y le dijeron:

—*¿Dónde quieres que te preparemos la cena de la Pascua?* —Judas se adelantó entonces tranquilamente para oir la respuesta.

El Salvador respondió:

—*Id a la ciudad y encontraréis a un hombre que lleva un cántaro de agua; seguidle, y en donde entrare decid al amo de la casa: El Maestro os envía a decir: ¿dónde está la sala en que he de celebrar la Pascua con mis discípulos? Y él os mostrará un amplio comedor, bien amueblado: preparad allí lo necesario.*

La contrariedad de Judas fué grande, porque, como depositario de los fondos, aguardaba ser el designado para proveer la mencionada necesidad. Por eso se había anticipado a los otros apóstoles, mostrándose dispuesto a intervenir en el asunto. No él, sino Pedro y Juan fueron los encargados de ejecutar las diligencias conducentes a la preparación de la Cena Pascual, con lo que recibió un nuevo desengaño. En la habitación destinada a servir de cenáculo iban a verificarse los más augustos misterios. El Señor no consentiría que fuesen interrumpidos por ningún disturbio, permitiendo que las bandas armadas del falso discípulo invadieran el domicilio de su anfitrión. Cuando llegara la hora, y en otro lugar, dejaría que le prendieran: mas, entretanto, era preciso que el traidor se mantuviera oculto en las sombras.

Al entrar en la ciudad, Pedro y Juan vieron al hombre que llevaba el cántaro en la cabeza, y le siguieron, no sin dificultad, por las estrechas y concurridas calles. De todas las naciones del mundo habían acudido a Jerusalén cerca de tres millones de judíos, número excesivamente grande para las viviendas contenidas dentro de los muros, aun cuando se aprovechasen los locales hasta donde humanamente fuera posible. Así que los que llegaron tarde se vieron precisados a acampar en el Olivete y en los alrededores de la Ciudad Santa hasta Betania.

¡Qué variedad de trajes y qué babel de idiomas! Aquí avanza en correcta formación, luciendo sus brillantes armaduras, una división de soldados romanos, dirigiéndose a hacer los honores al Gobernador que ha llegado, como todos los años, de Cesárea, y establecido su residencia en el Pretorio. En la fortaleza Antonia, desde la que se dominan los atrios del Templo, se halla acuartelada una poderosa guarnición dispuesta a caer sobre la muchedumbre a la menor señal de disturbio. La Pascua solía ser época de revueltas. Allí aparecen grupos formados por cortesanos de Herodes, ricos saduceos y odiosos publicanos. Más allá sobresalen por en-

LA SANTA CENA — *Champaigne*

*Van Dyck*

PRENDIMIENTO DE JESÚS

cima de la multitud los altos turbantes de los rabinos. Sacerdotes, gentiles llegados de remotos países, esclavos... ¡qué turba más abigarrada la que los dos apóstoles necesitan atravesar al dirigirse al punto de su destino!

Llegan, por fin, a una casa que se levanta sobre el Monte Sión en el barrio sudeste de la ciudad. Detiénese aquí el guía que los conduce; y ellos entran y comunican su mensaje. El semblante del dueño brilla de alegría a las primeras palabras: *El Maestro dice;* y mientras Pedro sale a comprar el cordero, el mismo señor de la casa ayuda a Juan en su labor de limpiar y disponer la sala del piso alto, que es la ofrecida al Salvador. Los apóstoles no se explican tan amable generosidad, y piensan en su interior que acaso se trata de un secreto discípulo de Jesús.

Pedro compra la víctima, un cordero de un año, blanco, sin mancha alguna, y lo lleva al Templo a que lo degüellen. Al aderezarlo, después, deben tomarse las mayores precauciones para no romperle hueso alguno. Este cordero es el tipo del Cordero de Dios, del cual había dicho el Profeta: *No le romperán ningún hueso.* Antes de ponerle al horno para ser asado se le sujetaba a dos trozos de madera, disponiendo las patas anteriores de la víctima en forma de cruz. Cuando Pedro regresa lo halla todo ya arreglado. En las mesas que se alzan muy poco sobre el suelo se han colocado los delgados panecillos ácimos, las hierbas amargas, el vino mezclado con agua y la salsa roja llamada *charoseth.* Alrededor, formando un semicírculo, Juan había puesto los divanes de modo que el suyo estuviera a un lado del lugar que ocuparía el Maestro y el de Judas al otro, en una de las cabeceras de la mesa; el de Pedro ocupaba la otra cabecera, quedando los restantes dispuestos de dos en dos, en la forma que creyó más conveniente. Jarrones de agua y jofainas para lavarse las manos había aquí y allá en diversos puntos del salón, el cual se hallaba iluminado por lámparas de día de fiesta.

Al expirar la tarde llegó Jesús con los otros apóstoles, y, cuando se hubieron acomodado en sus puestos, les dijo:

—*Ardientemente he deseado comer este cordero pascual con vosotros antes de mi partida.*

Entonces Juan, como el más joven de los presentes, preguntó el significado de aquella ceremonia, y el Señor refirió la historia del pueblo de Israel, sacado de la cautividad de Egipto; explicó el rito de rociar el umbral y las dos jambas de las puertas con la sangre del cordero pascual; el maná del cielo que les sirvió de alimento en su peregrinación por el desierto; la serpiente de bronce, levantada en alto, por la que sus antepasados se libraron de la muerte. Al contemplar el cordero que tenía delante de sí tendido en cruz, sin duda pensó en el día siguiente, fecha en la que se verificaría el cumplimiento de lo que aquella típica representación había venido prefigurando por espacio de catorce siglos, y en la que el verdadero Cordero de Dios borraría con su muerte los pecados del mundo.

Acabada la cena Jesús se levanta de la mesa deja su manto, y, habiendo tomado una toalla, se la ciñe. Echa después agua en un lebrillo, llégase con él donde está Pedro y se pone de rodillas para lavarle los pies. El discípulo, atónito, los retira exclamando:

—*¡Señor! ¿tú lavarme a mí los pies?*

Jesús le responde:

—*Lo que yo hago tú no lo entiendes ahora; lo entenderás después.*

Pedro insiste:

—*Jamás consentiré que me laves los pies.*

Visto lo cual por el Salvador le conmina con las siguientes palabras:

—*Si no te lavare no tendrás parte conmigo.*

A lo cual repuso Pedro, cambiando repentinamente de actitud:

—*Señor, no solamente los pies, sino las manos también y la cabeza.*

El Salvador le dice entonces:

—*El que está lavado sólo necesita limpiarse los pies, puesto que lo restante del cuerpo se halla limpio.*

Luego que hubo terminado la operación tomó de nuevo su manto, sentóse a la mesa y les dijo:

—*¿Comprendéis lo que acabo de hacer con vosotros? Llamáisme Maestro y Señor; y decís bien, porque lo soy. Sí, pues, yo, que soy el Maestro y el Señor, os ha lavado los pies; vosotros debéis también hacer lo mismo unos con otros. Porque ejemplo os he dado, para que lo que yo he hecho con vosotros, lo hagáis vosotros de igual modo.*

Luego añadió tristemente:

—*En verdad, en verdad os digo que uno de los presentes me hará traición.*

Los discípulos, oyendo esto, miráronse unos a otros consternados y dudando de quién sería el aludido. Jesús excitó en su corazón un hondo sentimiento de amargura, y, al advertirlo sus discípulos, preguntaron uno por uno:

—*¿Soy yo, Señor?*

Y Él les respondió, diciendo:

—*Es uno de los doce, uno que mete conmigo la mano en el mismo plato. Verdad es que el Hijo del hombre camina a su fin conforme a lo que de Él está escrito; pero, ¡ay de aquel por quien será entregado! ¡Más le valiera no haber nacido!*

Aterrados con estas espantosas palabras, los discípulos guardaron silencio. Pero al poco tiempo Judas, temeroso de ser descubierto si no preguntaba como los demás, dijo:

—*¿Soy yo, Maestro?*

Jesús le respondió en voz baja:

—*Tú lo has dicho.*

Grande fué el cuidado que puso el Salvador en conservar la buena fama del falso apóstol; y por esto ninguno de sus compañeros de apostolado concibió sospechas contra él. Aun ahora el miserable debió abrigar la confianza de que su Maestro no le descubriría, pues de otro modo no se hubiera atrevido a formular la anterior pregunta. ¿Qué habría sucedido si Pedro o Santiago hubieran oído la respuesta: *Tú lo has dicho?*

El corazón de Jesús se retorció de angustia al considerar la desgracia en que se precipitaba uno de sus elegidos. Repetidas veces durante la cena habló el Señor de la traición, ora en términos afectuosos y tiernos, ora terribles y amenazadores, apelando al temor, cuando los recursos de la benignidad amorosa resultaban inútiles, para ver de salvar al desgraciado, antes de que fuera demasiado tarde.

Poco después la espesa nube que envolvía al Salvador y a sus apóstoles en sombras de tristeza pareció disiparse por breve tiempo. Porque, al mirar los discípulos a su Maestro, le vieron con el semblante encendido de un amor y fervor tan intensos, que aparecía como transfigurado. Jesús despejó un pequeño espacio de la mesa, frente a Él, y tomó en sus venerables manos uno de los panes sin levadura. Mientras los apóstoles le contemplaban admirados levantó sus ojos al cielo y, dando gracias, bendijo el pan que tenía en la mano, lo partió y dióselo diciendo: — *Tomad y comed, éste es mi cuerpo, el cual se entrega por vosotros. Haced esto en memoria mía.*

Los apóstoles recibieron de manos del Señor el verdadero cuerpo de Él bajo los accidentes de pan. Aquí vemos cumplido el significado de las palabras de Cafarnaum: *El pan que yo os daré es mi carne, que será la vida del mundo.* Aun ahora no entendieron los apóstoles la grandeza de aquel donativo, pero sabían que las palabras del Señor eran de vida eterna; creyeron, pues, y adoraron.

Durante la cena pascual tres copas o cálices de vino mezclado con agua debían pasar sucesivamente de mano en mano para que bebieran los comensales. La tercera y última estaba aún intacta frente a Jesús, y ella fué el *cáliz de bendición* que había de ser consagrado y consumido antes de cantar los himnos postreros. El Señor tomó aquel cáliz en sus manos, dió gracias, lo bendijo y entregó a sus apóstoles diciendo:

— *Bebed de él todos. Porque ésta es mi sangre, sello del Nuevo Testamento, la cual será derramada por muchos para remisión de los pecados.*

Y segunda vez recibieron los discípulos de manos del Salvador lo que Él les dió, su verdadera sangre bajo los accidentes de vino. El donativo era el mismo de anteriormente, el mismo que se nos da en la sagrada Comunión, pero bajo otra apariencia. Y porque era Él mismo todo entero, allí estaba, junto con su cuerpo y sangre, su alma y divinidad, es decir, cuanto Jesús es y posee. ¡Con qué gran verdad no pudo decir el discípulo amado, refiriéndose a la institución de este Sacramento de Amor, que, *habiendo el Señor amado a los suyos que estaban en el mundo, los amó hasta el fin!*

El amor, aun siendo tan inmenso como el presente, no pudo llegar más allá. Precisamente por haber ido tan lejos hay gentes que se resisten a creerlo.

Con esto quedó dicha la primera Misa, verificada la primera consagración, distribuído el primer pan eucarístico, verdadero pan del cielo contenido en el más augusto de todos los sacramentos, y ordenados los primeros sacerdotes. Cristo, conforme al vaticinio de David, había de ser sacerdote, no sólo una vez en el Calvario, sino eternamente según el orden de Melquisedec, cuya ofrenda consistió en pan y vino. El nuevo sacrificio sería el sacrificio de los gentiles, predicho por Malaquías, el cual debería ofrecerse en todo país y a todas las horas del día, no disminuyendo, sino magnificando el primero y cruento sacrificio, de donde recibe su virtud. ¿Dónde, sino en el sacrificio de la misa, hallaremos el cumplimiento de las anteriores profecías? A fin de continuar su altísima misión de sacerdote, aun después de salir del mundo, Jesús, el Sumo Sacerdote, determinó ordenar otros, y así lo hizo con estas palabras: *Haced esto en memoria mía.*

Los comulgantes dieron gracias inclinando la cabeza con fervoroso recogimiento. Cuando fijaron de nuevo la mirada en el semblante de su Maestro, el carmín encendido que teñía sus mejillas en el acto de dispensarles el mayor de todos sus dones había desaparecido, y una vez más se pintaba en su rostro la angustia producida por la traición del pérfido amigo. Pedro no pudo soportar por más tiempo aquella situación de ansiedad, y, desde el sitio que ocupaba frente al de Juan, indicó a éste por señas:

—*¿Quién es ése de quien habla?*

El interrogado se hizo atrás en su lecho, y, recostándose más sobre el pecho de Jesús, le miró y dijo:

—*Señor, ¿quién es?*

Jesús respondió:

—*Aquel a quien alargaré ahora pan mojado.*

Y habiendo empapado en la salsa un pedazo de pan se lo dió a Judas Iscariote. Viendo el Señor entonces que todas las advertencias eran inútiles le dijo:

—*Lo que piensas hacer, hazlo cuanto antes.*

Ninguno de los que estaban a la mesa—dice San Juan—entendió a qué fin se le dijo aquello; y pensaron que el Señor enviaba a Judas a comprar algo o a dar alguna limosna a los pobres. Judas se levantó inmediatamente y salió. Era de noche.

La blanca luz de la luna de Pascua penetró en el cenáculo iluminando de lleno el rostro del divino Maestro. Estaba pálido y alterado. Y su turbación se reflejaba en los semblantes de los que le rodeaban. Los discípulos se hallaban tan acostumbrados a confiar en Jesús, a descargar en Él todos sus cuidados, que no pudieron menos de desmayar al ver nublada por la tristeza aquella faz, hasta entonces tan serena en medio de las más deshechas tempestades. Cierta confusa aprensión de la pena que les aguardaba, al sentirse sin la compañía de Aquel que era todo para todos, oprimía como losa de plomo sus ánimos, y, profundamente abatidos, volvieron a Él los ojos en busca de consuelo.

Jesús no se le hizo esperar. Jamás sus palabras fueron tan tiernas como en aquella ocasión.

—*Hijitos míos*—les dijo tendiendo sobre ellos la mirada,—*por un poco de tiempo aún estoy con vosotros. Vosotros me buscaréis; pero adonde yo voy no podéis venir vosotros.*

Pedro le respondió:

—*Señor, ¿adónde vas?*

—*Adonde yo voy tú no puedes seguirme; pero me seguirás después.*

—*¿Por qué no puedo seguirte?*—replicó Pedro.—*Estoy dispuesto a dar por ti la vida.*

—*¿A dar por mí la vida?*—repitió Jesús.—*En*

*verdad, en verdad te digo que antes que el gallo cante me negarás tres veces.*

¡Pedro negar a su Maestro! Los discípulos quedaron atónitos. De todas las sorpresas recibidas ésta era la mayor. Pero al fin, puesto que Pedro había de faltar definitivamente — pensaron, — algún otro debería sucederle. ¿Quién sería? Y al instante renació la antigua contienda sobre quién de ellos había de ser el mayor o jefe de los demás.

Pedro, no obstante, a pesar de su caída, no perdería el alto puesto a que su Maestro le había elevado.

El Señor continuó luego:

— *Simón, Simón, mira que Satanás va tras de vosotros para zarandearos como trigo; mas yo he rogado por ti, a fin de que tu fe no perezca, y tú, cuando te conviertas y arrepientas, confirma en ella a tus hermanos.*

— *Señor* — insistió Pedro, — *yo estoy pronto a ir contigo a la cárcel y aun a la muerte misma.*

Pero Jesús le replicó:

— *Yo te aseguro, ¡oh Pedro!, que no cantará hoy el gallo dos veces antes que tú niegues tres haberme conocido.*

Cada acción, cada palabra de nuestro adorable Redentor en la última cena habla de amor. A la sazón comienza a despedirse de sus discípulos, tan tiernamente amados, y a darles sus últimas instrucciones. Y ahora es cuando les impone aquel precepto que Él denomina especialmente suyo por ser tan caro a su corazón.

— *Un nuevo precepto os lego* — les dijo, — *y es que os améis unos a otros como yo os he amado. Por esto conocerán los hombres que sois mis discípulos, porque os profesáis mutuo amor. No consintáis que la turbación invada vuestros corazones. Voy a prepararos un lugar. Mas volveré para llevaros conmigo, a fin de que vosotros estéis allí donde yo estoy. Y rogaré al Padre que os dé otro Consolador. La paz os dejo, mi paz os doy. Al presente padecéis tristeza, pero yo volveré a visitaros, y vuestro corazón se bañará en un gozo de que nadie os podrá despojar.*

Levantando después los ojos al cielo oró por ellos a

su Padre, a fin de que los librase de la corrupción del mundo, en medio de cuyos peligros habían de vivir, y para que fueran capaces de seguirle en sus padecimientos y en su triunfo. Después de lo cual recitaron un himno y salieron. Era tarde, y la luna derramaba sobre la ciudad su claro resplandor. El tejado del Templo brillaba como lámina de bruñida plata. Jesús y sus discípulos cruzaron el torrente Cedrón y comenzaron a subir el Monte de las Olivas.

—*Todos vosotros os escandalizaréis con ocasión de lo que me ha de acaecer esta noche, según está escrito: "Heriré al pastor y se descarriarán las ovejas."*

Pedro le dijo entonces:

—*Aun cuando fueras para los demás un objeto de escándalo, no lo serás para mí.*

Jesús le replicó:

—*En verdad te digo que tú, hoy mismo, en esta noche, antes de cantar el gallo la segunda vez, me habrás negado tres veces.*

Al sincero y leal anciano no podía caberle tal cosa en la cabeza; y así se afirmó más y más en lo dicho, añadiendo:

—*Aunque me sea forzoso morir contigo, yo no te negaré.*

Y lo mismo decían todos los demás.

A pocos pasos del torrente hay una granja, llamada Getsemaní. Era ésta un lugar tranquilo adonde el Señor iba frecuentemente a orar, y más de una vez había pasado allí toda la noche en esta ocupación al amparo de los copudos olivos. Esta noche dejó a la entrada ocho de los apóstoles y llevó consigo a Pedro, Santiago y Juan.

—*Mi alma* —dijo a sus acompañantes— *siente angustias de muerte: aguardad aquí y estad en vela.*

El manto de luz que la luna tendía sobre el huerto aparecía desgarrado en mil partes por los manchones de sombra que proyectaba el follaje de los árboles. Jesús avanzó solo y se postró de rodillas en uno de los sitios que se ofrecían velados por la obscuridad. Cayó en seguida sobre su rostro y oró presa de terrorífica agonía, pidiendo ser eximido de los espantosos tormentos que tan cerca estaban ya. *Padre* — dijo, — *todas las cosas te son posibles; aparta de mí este cáliz, pero no se haga mi voluntad, sino la tuya.*

Habíase ofrecido para quitar los pecados del mundo, y ahora todos se le presentaban distintamente con especificación de cada pecado y cada pecador. El castigo de la Justicia Divina iba a caer sobre su Persona, como si ella fuera la delincuente y responsable de tantos crímenes y horrores. Previó los sufrimientos de su pasión: salivas, azotes, clavos, crucifixión y afrentas del patíbulo que durarían tres horas largas. Vió también que todo lo que iba a padecer de nada serviría para muchas almas a quienes amaba. Y la pena que con todo esto sintió fué tan inmensa y profunda, que se levantó y llegó adonde estaban sus discípulos para recibir de ellos algún consuelo. ¡Pero los halló dormidos!

Despertándolos suavemente, dijo a Pedro:

— *¿Es posible que no hayáis podido velar una hora conmigo? Velad y orad para que no caigáis en la tentación.*

Volvióse de nuevo y repitió la misma oración que anteriormente. La turbación de su ánimo fué esta vez tan terrible, que apenas puede comparársela con las ansias y angustias de un moribundo. De sus poros brotó un sudor copioso de sangre que, después de empapar sus vestiduras, corrió por ellas hasta regar la tierra. En aquel momento bajó del cielo un ángel a confortarle poniéndole a la vista los inmensos beneficios que de sus amarguras y dolores reportaría la humanidad. *Padre mío* — dijo entonces, — *si no puede pasar este cáliz sin que yo lo beba, hágase tu voluntad.*

No abandonó la oración en esta terrible noche, enseñándonos así con su ejemplo a perseverar con especial insistencia en nuestros ruegos cuando nos hieran los filos de la tribulación. *Y sintiendo agonía y ansias de muerte oraba con mayor fervor,* escribe San Lucas.

A eso de la media noche aparecieron unas luces que se movían por entre el arbolado. Entonces el Salvador se puso en pie y volvió otra vez al lugar en que estaban sus discípulos, los cuales dormían como anteriormente. Dejólos tranquilos, porque sus ojos estaban cargados de sueño, y oró todavía por tercera vez.

En seguida se levantó, y llegándose a los tres apóstoles los despertó, diciendo:

—*Ea, levantaos; mirad que se acerca el que me ha de entregar.*

Una turba de soldados y ministriles, enviados por los príncipes de los sacerdotes, penetraba a la sazón cautelosamente en el huerto, llevando consigo linternas, antorchas y armas. Al frente de ellos, sirviéndoles de guía, iba un hombre que miraba a todas partes, escudriñando los lugares por donde pasaban, en ademán de buscar a alguno. Este hombre, que parecía el jefe del destacamento, se volvió un instante a los que le seguían para decirles: *Aquel a quien yo besare, ése es: aseguradle.* Y arrimándose luego a Jesús le dijo:

—*Dios te guarde, Maestro.*

Y le besó.

Jesús le replicó:

—*¡Oh amigo! ¿A qué has venido aquí? ¿Así entregas al Hijo del hombre con un beso?*

Esta fué la postrera amonestación que recibió el pérfido discípulo; amonestación tan tierna como solemne, y también despreciada como las anteriores.

Y Jesús, que sabía todas las cosas que le habían de sobrevenir, salió al encuentro de los soldados y les dijo:

—*¿A quién buscáis?*

Respondieron ellos:

—*A Jesús de Nazaret.*

—*Yo soy*—repuso Jesús.

Apenas hubo pronunciado estas palabras retrocedieron todos y cayeron en tierra. Permitióles entonces recobrarse y les interrogó de nuevo.

—*¿A quién buscáis?*

Respondieron como la primera vez:

—*A Jesús de Nazaret.*

—*Ya os he dicho que yo soy*—añadió el Salvador:
—*si, pues, me buscáis a mí, dejad partir a éstos.*

Al hablar así señaló con el dedo a sus discípulos y prohibió a los soldados que los tocasen. Entonces sus enemigos se apoderaron de Él y le ataron fuertemente. Viendo esto los que acompañaban a Jesús le dijeron:

—*Señor, ¿heriremos con la espada?*

Y sin aguardar más, Pedro desenvainó la que llevaba, y tirando un tajo a uno de los criados del Sumo Sacerdote le cortó la oreja derecha.

Pero Jesús le detuvo diciendo:

—*Vuelve tu espada a la vaina. ¿Por ventura no he de beber el cáliz que mi Padre me ha ordenado beber?*

E inclinándose tocó con su mano la oreja del herido y le curó.

Los discípulos le abandonaron entonces y huyeron. Mas Pedro y Juan, avergonzados de su cobardía, retrocedieron poco después y siguieron a su Maestro mientras era conducido al palacio del Sumo Sacerdote. Era éste Caifás, aunque muchos de los judíos que no querían reconocer la validez de su nombramiento, hecho por los romanos, consideraban como investido de la suprema autoridad a Anás, cuñado de aquél. Los palacios de ambos estaban separados sólo por un patio. Todo era allí actividad y movimiento cuando los soldados llegaron con el prisionero. Anás, hombre cruel y perverso, el principal autor de las conjuraciones armadas contra Jesús, había enviado por Él para gozar la satisfacción de verle indefenso y humillado; y los miembros del Sanedrín acudían a casa de Caifás para hallarse presentes al juicio que se celebraría allí inmediatamente.

Anás interrogó a Jesús acerca de su doctrina y discípulos, con la esperanza de ponerle en ocasión de decir algo que pudiera servir para acusarle. Pero Jesús, que leía sus secretas intenciones, le remitió a los que habían oído sus enseñanzas. Por tal razón, un criado de Anás, pensando agradar a su señor, dió a Jesús una fuerte bofetada, diciendo:

—*¿Así respondes al Pontífice?*

Jesús respondió mansamente:

—*Si he hablado mal, haz ver en dónde está la falta; y si bien, ¿por qué me hieres?*

Los miembros del Sanedrín se hallaban al presente reunidos en asamblea en casa de Caifás; allí estaban sentados en sus cojines, dispuestos en forma de semicírculo, con el presidente ocupando la plataforma. El Señor fué introducido en la sala por los guardias y puesto en presencia de sus jueces para comenzar el juicio. Cosa extraña por demás era el tal juicio, pues la muerte del prisionero había sido decretada de antemano, y lo único que se buscaba era alguna prueba capaz de dar apariencia de justicia a la sentencia. Pero la vida del reo había sido tan santa, que ni esperanzas pudieron abrigarse de hallar en ella el menor delito. Trajéronse falsos testigos, pero sus declaraciones no concordaban unas con otras.

Jesús lo oía todo y callaba. El profeta Isaías había dicho de Él: *Como cordero se dejará trasquilar sin exhalar un balido.* Al fin Caifás, rojo de ira, se levantó de su sitial y exclamó:

—*¿No respondes nada a los cargos que te hacen estos hombres?*

Jesús, empero, calló y nada respondió.

¿Qué partido seguir? ¿Cómo se conseguiría hacerle hablar? El astuto presidente descubrió el medio: bastaba dirigirle una pregunta a la que el acusado tuviera obligación de responder, y la misma contestación podría servir de fundamento en que basar la condena.

Helos allí en pie y frente a frente: el Sumo Sacerdote con las vestiduras propias de su elevado cargo, y el Hijo de Dios con las manos atadas a la espalda.

—*Yo te conjuro de parte de Dios vivo* —dijo Caifás— *que nos digas si tú eres el Cristo o Mesías, el Hijo de Dios vivo.*

Respondióle Jesús:

—*Tú lo has dicho, y os declaro que después veréis al Hijo del hombre sentado a la diestra de la majestad de Dios venir sobre las nubes del cielo.*

Esto era precisamente lo que se necesitaba. Fingiendo el Pontífice sentirse arrebatado de santa indignación, tomó nerviosamente sus vestiduras y las rasgó de arriba abajo, exclamando:

— *Ha blasfemado; ya habéis oído la blasfemia: ¿qué pensáis, pues?*

A lo cual respondieron todos los miembros de la asamblea:

— *Reo es de muerte.*

Siguióse a esto una escena ignominiosa de insultos y crueldades, en la que los mismos sacerdotes dieron, según parece, el ejemplo. *Luego empezaron a escupir a Jesús en el rostro y a darle puñadas, y otros, después de haberle vendado los ojos, le abofeteaban diciendo: Cristo, profetízanos, adivinando quién es el que te ha herido.*

Mientras tales cosas pasaban en presencia de Anás y Caifás, en el patio inferior, donde la servidumbre aguardaba el resultado del juicio, estaba ocurriendo otra escena bien lamentable. La noche era fría, y los que estaban en el atrio habían hecho una hoguera y colocádose de pie alrededor del fuego para calentarse. Pedro, que había logrado introducirse allí, figuraba entre ellos. Él resplandor de la lumbre le dió de lleno en el semblante, en el momento en que la portera que le había permitido la entrada le miraba atentamente.

— *Tú eres también de los que andaban con Jesús Nazareno* — le dijo la mujer como si quisiera reconocerle.

Intimidado Pedro ante la idea de que aquella gente le tuviera por discípulo del que a la sazón comparecía como reo en presencia del supremo tribunal, lo negó en presencia de todos, diciendo:

— *Mujer, no le conozco.*

Y el gallo cantó la primera vez.

Poco después llegó otra criada y dijo a los circunstantes:

— *Éste también estaba con Jesús Nazareno.*

Pedro negó de nuevo y confirmó su negación con juramento:

— *Caiga* — dijo — *sobre mí la cólera del cielo, si no digo verdad, cuando afirmo y juro que no conozco a semejante hombre.*

Esta vez añade el infeliz discípulo maldiciones, juramento y desprecio de su Maestro, a quien designa con las palabras "semejante hombre".

Cerca de una hora más tarde, cuando circulaba entre la servidumbre del Pontífice la noticia de que uno de los discípulos del Galileo se había atrevido a penetrar en el palacio y a mezclarse con ellos, se acercaron varios a Pedro y le dijeron:

—*Seguramente eres tú uno de los partidarios del Nazareno, porque tu misma habla te descubre.*

Hasta el pueblo bajo de Jerusalén se reía de la pronunciación y lenguaje peculiar de la gente del norte de Palestina; así que bastó que Pedro profiriese la primera palabra para que cualquier ciudadario de Jerusalén conociese, sin riesgo de equivocarse, que procedía de Galilea. El pobre Pedro se sintió cada vez más dominado por el miedo. Aterrado al presente, al ver que la noticia de su condición y origen había cundido entre la multitud que se hallaba en el atrio, y que los circunstantes le rodeaban con aire hostil, comenzó a maldecir y perjurar con doblada insistencia, y repitió la negación anterior:

—*No conozco, ni sé siquiera quién es ese hombre de quien estáis hablando.*

El gallo cantó entonces por segunda vez, y en el mismo punto Jesús era conducido a través del patio. Crueles eran los sufrimientos recibidos de manos de sus atormentadores, pero más cruel era todavía el que le venía de labios de su elegido discípulo que le negaba en aquella forma. A pesar de todo, su corazón no se indignó contra el perjuro, antes bien se compadeció de la flaqueza del que, en medio de todo, le había seguido arrostrando el peligro, sin otro móvil que el del amor.

Volvió Jesús el rostro y dirigió a Pedro una mirada bien significativa, una mirada que encerraba el contenido de un largo discurso. Y Pedro entonces, recordando las palabras del Salvador: *Antes que el gallo cante dos veces me negarás tres,* salió del atrio y rompió a llorar amargamente.

# XXXIX

## Todo está cumplido

Alboreaba apenas el siguiente día. No bien serían las cuatro de la madrugada cuando ya los sanedristas acudían presurosos a celebrar una segunda reunión, a fin de confirmar la sentencia dictada la noche precedente y discutir los medios de arrancar al gobernador romano la confirmación de la pena de muerte que ellos no estaban autorizados para ejecutar. Pilatos, en su calidad de gentil, no daría gran importancia al delito de blasfemia que atribuían a Jesús; pero cabía sacar gran partido del miedo que, según era público, tenía el citado gobernante a incurrir en la desgracia del César.

A la sazón se había difundido ya por toda la ciudad la noticia de que Jesús de Nazaret estaba preso y declarado reo de muerte. Maravillados quedaron algunos de que un hombre que había gastado su vida en hacer bien pudiera ser objeto de persecución tan encarnizada. No faltaba quien decía que se había descubierto intervención diabólica en sus milagros. Los sacerdotes habían declarado — y seguramente ellos lo sabrían mejor que nadie — que el preso era hombre peligroso, capaz de ocasionar la ruina de la nación entera si no se le ponía luego a buen recaudo.

Y, entretanto, ¿cuáles eran los sentimientos del traidor discípulo que le había entregado a sus enemigos?

Quizá Judas se persuadió de que el Señor saldría ileso de las manos de sus enemigos, como lo había hecho ya en varias ocasiones. De todos modos, la noticia de que se le había condenado a muerte, y de que sería conducido ante Pilatos a fin de que éste confirmara la sentencia, le llenó de indecible horror. ¿Qué haría a fin de acallar los remordimientos de conciencia que le atormentaban? La gente decía que los sacerdotes estaban a la sazón entrando en el Templo, para continuar luego su camino hasta el Pretorio. Iría, pues, allá inmediatamente y les devolvería las odiosas monedas de plata que a extremo tan lamentable le habían conducido.

Algunos minutos más tarde, los adoradores del Templo se llenaron de admiración al ver a un hombre de aspecto miserable entrando atropelladamente en seguimiento de los sacerdotes que atravesaban los atrios con el prisionero.

—*He pecado* —exclamó— *vendiendo la sangre de un inocente.*

Y, al decir esto, les mostró ambas manos cargadas con el dinero recibido.

Los sacerdotes echaron sobre él una mirada de desprecio y le replicaron:

—*¿Qué tenemos que ver nosotros con eso? Allá te las hayas.*

Estas crueles frases colmaron la medida de su desgracia. Pudo aún haberse salvado arrojándose a los pies de Jesús, o retirándose a llorar su pecado, como Pedro. Mas, aunque su corazón estaba lleno de furiosa rabia contra sí mismo, le faltaba la verdadera contrición y la esperanza de ser absuelto. Entregóse, pues, a la desesperación, y, arrojando el dinero en el Templo, huyó a un lugar solitario cerca del huerto en que había entregado a su Maestro y se ahorcó.

Había sabido el gobernador que los príncipes de los sacerdotes, seguidos de inmensa multitud, conducían a Jesús de Nazaret al Pretorio para ser juzgado, y se preparó a celebrar una de sus violentas entrevistas con los directores del pueblo judío. Pilatos los aborrecía y despreciaba, y era duro y muchas veces cruel en su trato con ellos. En cambio, no tenía prejuicio alguno contra la persona de Jesús, de quien no solamente la voz pública, sino su misma esposa le habían dado excelentes referencias. No le eran tampoco desconocidas

*Velázquez*

« FUÉ DESTROZADO A GOLPES POR NUESTROS PECADOS »

ECCE HOMO *Ciseri*

la elocuencia poderosa del joven orador de Galilea, el odio que le profesaban las autoridades judías, los peligros que por todas partes le amenazaban; y su corazón se inclinó en favor del perseguido. Cuando Jesús padecía en el huerto de Getsemaní las ansias mortales de su agonía, Prócula era avisada, por medio de fantásticas visiones nocturnas y medrosas pesadillas, del crimen espantoso que en breve se perpetraría en Jerusalén con la condenación del Justo. Aterrorizada por el presentimiento de que su esposo fuera uno de los partícipes en la gran iniquidad, determinó observar el curso del proceso, hasta donde fuera posible, desde uno de sus departamentos, cuya situación le permitía ver sin ser vista. Púsose a una de las ventanas que miraban a la plaza contigua al Pretorio; y, no mucho después, la aparición de las turbas amotinadas que se aproximaban a la residencia del gobernador la llenaba de inquietud y sobresalto.

Noticioso Pilatos de que los príncipes de los sacerdotes entregaban a Jesús de Nazaret por envidia del prestigio que gozaba entre el pueblo, resolvió avocar a sí la causa con objeto de facilitar la absolución del acusado. Ordenó, por lo tanto, que compareciesen en su presencia los sacerdotes. Éstos objetaron que no les era lícito, en el santo tiempo de Pascua, contaminarse atravesando los umbrales de un gentil; en vista de lo cual el gobernador, demasiado complaciente, salió de su palacio para recibirlos en audiencia en la espaciosa plaza, situada enfrente y que llevaba el nombre de *Litóstrotos*, o *Pavimento*, a causa de las piedras de color con que su piso se hallaba guarnecido.

Cuando estuvo en el sitial que allí había para casos como el presente preguntó:

—*¿Qué acusación traéis contra este hombre?*

Ellos contestaron a voces:

—*Si no fuera malhechor no te le entregaríamos.*

Y en el mismo tono lleno de cólera añadieron:

—*Nos consta que es un perturbador del orden público y un corruptor de la nación, pues prohibe pagar el tributo al César y se proclama a sí mismo Cristo Rey.*

Este repentino celo por el interés del César encerraba para Pilatos cierta novedad curiosa, que hizo asomar involuntariamente a sus labios una burlona sonrisa de incredulidad. De cualquier modo que fuere, no convenía condenar a muerte a un hombre sin otras pruebas que las imputaciones de sus acusadores, como éstos aparentaban pretenderlo. Puesto que los cargos presentados contra el supuesto delincuente eran serios, la justicia romana pedía que fueran seriamente examinados. Así, pues, el juez manifestó su voluntad de tener una entrevista privada con el acusado: y, al efecto, dos de sus guardias recibieron orden de llevar a Jesús al Pretorio, mientras Pilatos, que los precedía, entraba en uno de los salones.

Cuando el Salvador estuvo en su presencia le preguntó el Gobernador romano:

—*¿Eres, en verdad, Rey?*

Jesús le respondió:

—*Tú lo dices: soy Rey. Para esto nací y para esto vine al mundo... Pero mi reino no es de aquí abajo.*

Declaración que se hallaba en perfecto acuerdo con los informes recibidos por Pilatos de boca de confidentes que le merecían entero crédito. El acusado no era un peligro para Roma. Sus pacíficas predicaciones se habían enderezado siempre a pacíficas multitudes. Por consiguiente, si los enemigos de Jesús tenían que alegar algo contra su víctima sería por razón de alguna superstición judaica, que él, como romano, desconocía. Convencido, por tanto, de la inocencia del hombre que tenía ante sí, le mostró al pueblo por uno de los balcones, diciendo:

—*No hallo en Él causa alguna para la condenación que pedís.*

Los príncipes de los sacerdotes comenzaron entonces a gritar, arrebatados de furor, acumulando cargos contra el *Nazareno.*

El Gobernador aguardó a que Éste replicase en su defensa; pero Jesús no abrió los labios. Maravillado Pilatos de este silencio miró atentamente al Salvador.

Jamás había comparecido ante él un prisionero de tan noble aspecto; nunca habían contemplado sus ojos tanta majestad y augusta calma, ni tan impasible desprecio de la muerte. Dominado por el asombro que la actitud de la víctima le producía volvió a decir:

—*No hallo delito en este hombre.*

Pero los sacerdotes clamaron entonces con mayor vehemencia:

—*Tiene alborotado al pueblo con la doctrina que va sembrando por todo el país, desde Galilea, donde comenzó, hasta esta ciudad.*

Pilatos apreciaba con exactitud la situación de las cosas. Al través de las acusaciones de los judíos veía claro que Jesús era inocente y debía ser puesto en libertad sin dilación alguna. Pero el procurador romano era de carácter débil. Temía además que los malignos sacerdotes le acusaran al cruel emperador Tiberio; y esta desgracia, o algo peor todavía, le amenazaba en el caso de ponerse abiertamente a favor de uno que pretendía ser Rey del pueblo judío. En vista de esto trató de hallar una componenda que le librara de todo compromiso, y dió principio a la serie de subterfugios y miserables evasivas, causa de vergüenza y agonía para el Señor y de congojosas perplejidades para él mismo. El nombre de Galilea, pronunciado por los sacerdotes, pareció sugerir un medio de eludir la dificultad. Aquel tetrarcado pertenecía a la jurisdicción de Herodes, quien, con ocasión de la Pascua, se hallaba en Jerusalén. A Herodes, por tanto, era a quien competía entender en la causa de Jesús de Nazaret, súbdito suyo. Como quien se descarga de un grave compromiso, Pilatos respiró con satisfacción viendo la manera de echar sobre otro la responsabilidad; y así remitió el preso a Herodes, congratulándose de haber hallado solución satisfactoria para un caso tan delicado y espinoso.

Herodes sintió tanta complacencia al ver a Jesús, como la que el juez romano experimentó al creerse dispensado de intervenir en su condenación. Tiempo hacía que aquel soberano deseaba conocer a un hombre de quien se referían cosas tan extraordinarias; y ahora concibió la esperanza de presenciar alguno de sus milagros. La coyuntura no podía ser más favorable, porque el preso indudablemente había de considerarse dichoso de poder agradarle y conquistar su benevolencia. Cuando Jesús compareció ante él y sus cortesanos, reunidos como para una sesión de esparcimiento, Herodes le trató con respetuosas consideraciones, hizo demostración de interesarse en su causa y le hizo numerosas preguntas. Pero Jesús, que no había contestado a Pilatos, menos había de dignarse hablar a un príncipe vicioso, asesino de Juan Bautista y calificado por Él de "raposa vil y despreciable".

Herodes pudo leer en su propia conciencia la razón de este silencio; pero, mortificado de verse puesto en evidencia ante su corte resolvió tomar venganza burlándose del Nazareno. Mandó, por tanto, que le vistieran un rico y blanco traje como a rey de teatro y hombre demente, y le envió en tal forma a Pilatos.

Al cabo triunfaban los esfuerzos persistentes de los sacerdotes para deshonrar a Jesús ante el pueblo. Las multitudes que habían acudido al Templo a escuchar sus predicaciones, y que seis días antes habían salido de Jerusalén a recibirle y acompañarle entre aclamaciones en su entrada en la ciudad; las multitudes a quienes había amado, enseñado y curado comenzaban a volverle la espalda y mostrársele hostiles. Al salir del palacio de Herodes en traje de bufón fué recibido con silbidos, mofas y todo género de insultos usados por el populacho de Oriente.

Una hora o dos después que Pilatos envió a Jesús a Herodes recibió aviso el procurador romano de que los soldados le traían de nuevo. El débil y cobarde juez volvió a caer en sus anteriores vacilaciones. Bien sabía lo que tenía que hacer, pero se sentía sin fuerzas para ejecutarlo. En justicia no podía condenar a Jesús, pero tampoco se atrevía a ponerle en libertad. De pronto ocurrióle la idea de que el pueblo podía prestarle su auxilio. Era costumbre conceder el indulto de algún reo en tiempo de Pascua, permitiéndose a los judíos residentes entonces en Jerusalén designar el que había de recibir esa gracia. Precisamente comenzaban a oirse los gritos de la muchedumbre pidiendo la concesión de tal privilegio. Pilatos vió en semejante circunstancia la manera de salir del apuro. Tenía, a la sazón, preso en la cárcel a cierto bandido y asesino llamado Barrabás; el pueblo, pues, debería elegir entre este criminal y Jesús — el pueblo, no los envidiosos sacerdotes; — el pueblo, que seguramente se aterraría al ver puesto en libertad al temible azote de sus vidas y haciendas.

Subió Pilatos a la plataforma del *Litóstrotos* y ocupó su silla de oro y marfil. Los soldados y ministros se colocaron en sus puestos detrás de él, y el prisionero fué llamado de nuevo ante el juez. En torno suyo se extendía la multitud, llenando materialmente la plaza.

— *¿A quién queréis que ponga en libertad* — dijo en voz alta el juez romano, — *a Barrabás o a Jesús llamado Cristo?*

Y, acabadas de pronunciar estas palabras, volvió a un lado el rostro para oir un recado de su esposa concebido en los siguientes términos: *No te mezcles en las cosas de ese justo, porque son muchas las congojas que he padecido en sueños por su causa.*

Digno de notarse es el hecho que hemos apuntado, tomándolo de San Mateo. Los apóstoles de Jesús andaban ocultos; sus amigos Nicodemo y José de Arimatea habían tenido miedo de defender en el Sanedrín su inocencia; los sacerdotes de su nación pedían a gritos su muerte, y en la ciudad entera de Jerusalén la única persona que se atrevía a hablar en favor de Él era una mujer gentil que, desde sus espléndidas habitaciones, le estaba contemplando con reverencia y compasión. Esta mujer era Claudia Prócula, esposa de Pilatos.

Su misiva impresionó hondamente al juez y le confirmó en la resolución de salvar al Justo del furor de sus enemigos. Pero lo que habría sido fácil de lograr dos horas antes, al presente ofrecía dificultades insuperables. Los príncipes de los sacerdotes redoblaban sus esfuerzos; y la misma interrupción de algunos minutos, ocasionada por el mensaje de Prócula, no fué tiempo perdido para ellos. Así que, cuando el Procurador volvió a interrogar al pueblo, éste, a quien los sacerdotes incitaban hasta el frenesí, se hallaba ya preparado para la respuesta.

— *¿A quién queréis que os ponga en libertad* — gritó por segunda vez Pilatos, — *a Barrabás o a Jesús llamado Cristo?*

Toda la muchedumbre contestó a una voz:

— *¡Fuera ese hombre! ¡danos a Barrabás!*

Atónito y disgustado, el Presidente les preguntó:

— *¿Qué queréis, pues, que haga con el Rey de los judíos?*

El pueblo respondió:

— *¡Crucifícale! ¡Crucifícale!*

— *¿Y por qué? ¿Qué mal ha hecho?* — insistió Pilatos. — *Yo no hallo en él delito alguno. Le castigaré únicamente y le daré en seguida la libertad.*

Mas de nuevo resonó el feroz grito: *¡Crucifícale! ¡Crucifícale!*

Cansado de esta lucha, Pilatos pidió agua, se lavó las manos a presencia del pueblo y dijo:

— *Inocente soy de la sangre de este Justo. Allá vosotros carguéis con la responsabilidad.*

¡Oh, qué horrible grito salió entonces de la multitud!

— *¡Su sangre caiga sobre nosotros y sobre nuestros hijos!* — exclamaron.

En vano el cobarde juez lavaba sus manos, porque la mancha del crimen quedaba íntegra en su alma. De él dependió la condena o liberación de Jesucristo. Y por esto los cristianos todos repetirían en el Credo hasta la consumación de los siglos: "padeció bajo el poder de Poncio Pilatos".

El furor de las turbas se hacía cada vez más imposible de dominar: parecían sentir sed de lobos por la sangre del inocente Cordero; y con nada se satisfarían ya sino con su vida. Pilatos cedió de nuevo, y con objeto de apaciguarlos y salvar a Cristo sin comprometerse recurrió al vergonzoso expediente de ordenar que Jesús fuera azotado.

Los azotes eran un castigo tan cruel y degradante, que se reservaba sólo para los esclavos. Con frecuencia ocurría que la víctima sucumbía en el tormento, y en sí mismo era peor que la misma muerte. Temblando de miedo, porque al fin era verdadero hombre, el Señor fué atado por las muñecas a una pequeña columna. Luego los verdugos, colocándose de manera que pudieran herirle con toda su fuerza, le golpearon sin piedad con sus disciplinas armadas de puntas de hierro, que desgarraban la carne hasta los huesos mismos. Bien pronto el sagrado cuerpo de Jesús quedó hecho una llaga; *desde las plantas de los pies hasta la coronilla de la cabeza no había en él lugar sano: todo eran heridas, rasguños y cardenales,* como el profeta había dicho. Y ni el consuelo de ver en aquel trance un rostro amigo; ¡ninguno de los incontables, a quienes había curado y confortado, estaba allí para prestarle algún socorro! Sintiendo angustias de muerte y falto de aliento, cayó desmayado en tierra, de donde fué levantado a poco para un nuevo tormento.

El reo, según públicos rumores, pretendía ser rey; y en vista de ello los soldados quisieron celebrar la coronación en el cuarto de guardia. Desgarráronle el traje de burlas que Herodes mandara ponerle, y, al hacerlo, tiraron sin compasión de las ropas que estaban debajo pegadas a las heridas—ropas que ellos mismos le habían vestido con bruscas y violentas maneras después de los azotes;—echáronle sobre los hombros un viejo manto de púrpura, y colocaron en su mano una caña a guisa de cetro. Luego trenzaron una corona de duras y agudas espinas, con que le cubrieron la cabeza y sienes; y para mejor adaptarla y asentarla golpearon sobre ella con palos hasta que la sangre manó con abundancia a través de sus cabellos y corrió en regueros por su semblante. Después de lo cual se pusieron en fila y marcharon ante Él, arrodillándose al pasar y diciéndole entre carcajadas y aclamaciones burlescas: *¡Salve, Rey de los judíos!* Cansados de este cruel entretenimiento, se llegaron a Él; y unos le escupieron en el rostro, otros le golpearon en la cabeza, rivalizando en maltratarle de la peor manera posible.

Nuestro Salvador era Rey, y sintió, como sólo un rey verdadero es capaz de sentir, la vergüenza y la pena de tales ultrajes. Mas los soportó con paciencia y mansedumbre, conforme a las palabras del profeta: *he entregado mi cuerpo a los que le golpeaban y no he retirado mi rostro de los que le escupían.*

Aunque Pilatos estaba acostumbrado a presenciar sangrientos espectáculos, no pudo menos de estremecerse de horror y compasión al aparecer de nuevo el Señor en su presencia. Aquel rostro tan majestuoso y bello una hora antes, se hallaba ahora completamente desfigurado, cubierto de cardenales e hinchazones, de rasguños y manchas de sangre. Los labios de la víctima temblaban; sus piernas se negaban a sostenerle en pie. Sus ojos, medio cerrados, se hallaban obscurecidos por la sangre y lágrimas que los velaban. Los azotes han debido ser terribles — pensó el Presidente; — pero, en cambio, ellos le librarían de la muerte; un aspecto tan lastimoso como el del reo no podría menos de ablandar aquellos corazones de piedra. Había sobre el arco de la puerta del Pretorio un balcón, desde el que se dominaba el concurso de gente que llenaba los alrededores del palacio. Aquí, donde todos podían contemplarle, colocó Pilatos al Señor, todavía cubierto con la vieja púrpura que pendía de sus hombros ensangrentados, con el semblante pálido y acardenalado y los ojos apagados y medio ciegos por la fuerza del dolor.

— *¡Aquí tenéis al hombre!* — dijo en voz alta. — *Os le traigo para que veáis que no hallo en él delito.*

— *¡Crucifícale! ¡Crucifícale!*—rugió la multitud.— *Debe morir, porque ha querido hacerse pasar por el Hijo de Dios.*

¡El Hijo de Dios! Pilatos se sintió asaltado de un nuevo temor. Inocente lo era sin duda alguna el Hombre que tenía delante de sí; pero ¿y si además fuera un ser de origen superior? ¿y si fuera un Dios? Por cierto que no parecía posible que un puro hombre pudiera conducirse con tan serena y augusta dignidad, con tan invencible paciencia en medio de los tormentos y afrentas que acababa de sufrir. No se atrevió a dejar sin resolver esta terrible cuestión, y quiso tener a solas con él una segunda entrevista.

—*¿De dónde eres tú?*—le preguntó en cuanto pudo hablarle aparte.

Jesús no respondió, y Pilatos, ofendido por este silencio, le dijo:

—*¿A mí no me hablas? ¿No sabes que está en mi mano el crucificarte o el ponerte en libertad?*

El Señor le contestó entonces:

—*No tendrías poder alguno sobre mí si no te fuera dado de arriba.*

Serían entre las diez y once de la mañana cuando el infeliz e irresoluto juez apareció de nuevo con su prisionero en el sitial del *Litóstrotos.* La plebe le gritó al verle:

—*Si sueltas a ese hombre no eres amigo del César.*

—*Mirad*—les dijo Pilatos—*a vuestro rey. ¿A vuestro soberano he de crucificar?*

—*Quita, quítale de en medio*—vociferó la multitud.—*Nosotros no tenemos más rey que César.*

Pilatos, al oir tales palabras, perdió los escasos restos de entereza que le quedaban. Se le daba a elegir entre César y Cristo; y decidiéndose en seguida por conservar el favor del César, *les soltó a Barrabás, que había sido encarcelado por asesino y sedicioso, y les entregó a Jesús para ser crucificado,* refiere San Lucas.

El estruendoso clamoreo de triunfo con que la sentencia fué acogida resonó en todos los ámbitos de la ciudad. No había que perder tiempo en la ejecución, no fuera que Pilatos se arrepintiera y revocase lo hecho. Trájose inmediatamente la cruz, que ya estaba preparada junto con el título destinado a ser fijado en ella por orden del mismo Presidente, y que decía: JESÚS NAZARENO, REY DE LOS JUDÍOS.

La procesión se formó y partió a toda prisa. Rompía la marcha el centurión a caballo, con el encargo de presidir la ejecución y mantener el orden; a continuación seguía un pregonero que llevaba la inscripción de la cruz y publicaba en voz alta los crímenes del condenado a muerte. Detrás venían dos ladrones para ser crucificados con Jesús, y al final el Redentor, débil y vacilante, cargado además con el pesado madero que había de servirle de suplicio. A sus dos lados iban los sayones encargados de su ejecución y custodia hasta que expirase. Delante de este fúnebre cortejo corría gritando y riendo una turba de niños y muchachos, los mismos que habían cantado el *Hosanna* seis días antes. Y, rodeando y envolviendo el conjunto, una multitud inmensa vociferaba insultos y escarnios al Nazareno, arrojándole lodo y piedras los más próximos a Él, según la costumbre del populacho de Oriente.

¡Qué espectáculo ofrecía Jerusalén aquella mañana del viernes de hace diecinueve siglos! Una masa de hombres, mujeres y niños obstruyendo todas las vías públicas, apiñándose bajo los arcos que cruzaban las estrechas carreteras, subiendo y bajando en interminable procesión las escarpadas calles de la ciudadela; todos dirigiéndose al mismo punto, todos conversando acaloradamente, y felicitándose la mayoría de que la justicia hubiera triunfado, al cabo, del "seductor" y "blasfemo". Azoteas, ventanas, portales estaban repletos de curiosos. Y distribuídos en los sitios más importantes veíanse a los rabinos y sacerdotes excitando con ansia febril al pueblo a que se apresurase, no fuera que alguna contingencia inesperada suspendiera la ejecución de los reos.

El camino del Calvario era largo y penoso: cuándo una pequeña eminencia, cuándo una hondonada; a veces una serie de escalones. El Redentor avanzaba lentamente y a costa de grandes esfuerzos. Por tres veces le abandonaron los escasos alientos que le quedaban, y entre mortales congojas cayó desmayado bajo la carga que le oprimía. Temiendo que sucumbiese antes de llegar al Calvario, los soldados echaron mano de un tal Simón, natural de Cirene, fornido labriego que venía de una granja, y le cargaron la cruz para que la llevara en pos de Jesús.

En la esquina de una calle aguardaba el paso del Señor un pequeño grupo formado por su bendita Madre, el discípulo amado, Magdalena, María Cleofás y Salomé. El semblante de María habría bastado para conmover a corazones que no fueran de roca; pero los corazones de Jerusalén eran en aquel día más insensibles que las mismas piedras, y no hubo mayor compasión para la Madre que para el Hijo. Ella vió las escaleras, las cuerdas, la cruz. Y no mucho después vió también a Jesús acercarse vacilante y moribundo. Encontráronse las miradas de ambos: la de María reflejaba el supremo dolor de que es capaz la naturaleza humana; la de Jesús expresó la más tierna y honda compasión por su martirizada Madre. Nada se dijeron con palabras; mas ¿quién podrá explicar lo que sus almas se comunicaron en aquella mirada de un instante? El Salvador fortaleció el corazón desgarrado y agonizante de la Virgen, dándole los alientos necesarios para resistir hasta el fin. Horribles sufrimientos hubo para Jesús en el camino del Calvario; mas para su ternura de Hijo de María el más horrible de todos fué la vista del rostro de su Madre.

Un poco más lejos se detuvo para hablar con las mujeres de Jerusalén que le seguían llorando. Durante el curso entero de su vida, en medio de las penalidades y persecuciones que el Salvador sufrió, las mujeres le sirvieron y atendieron en sus necesidades, le acogieron en sus casas cuando todas las puertas se le cerraban, y le prodigaron agasajos que los mismos apóstoles calificaron de excesivos. En los críticos instantes en que se deliberaba sobre su vida o muerte, la voz de Claudia Prócula fué la única que se levantó en su defensa; y aun ahora que se dirige al patíbulo, un grupo de mujeres le rodean y lloran su muerte, sin cuidarse de los brutales insultos de la soldadesca ni de la gritería soez de la chusma. ¿Qué maravilla es que el Redentor no las dejase sin una frase de despedida? Ésta fué, sin embargo, no un mero adiós de agradecida correspondencia, sino un solemne aviso de las terribles desgracias que amenazaban así a ellas como a los niños que llevaban en sus brazos.

—*Hijas de Jerusalén*—les dijo:—*no lloréis por mí; llorad por vosotras mismas y por vuestros hijos.*

Cerca de las doce serían cuando el Señor llegó al Calvario. Era éste un montículo que se alzaba fuera de los muros de la ciudad, sitio destinado a la ejecución de los malhechores, lugar de ignominia y de muerte. Jesús se hallaba casi agonizante. Los sacerdotes que le rodeaban vieron que la muerte se acercaba por momentos y repetían: "*¡Aprisa, aprisa, o luego será demasiado tarde!*" Y, mientras los soldados despejaban y defendían el sitio en que iban a ser ejecutados los reos, los sayones desnudaban cruelmente al Redentor, y, colocándole sobre la cruz, le mandaron tender los brazos. Obedeció el Señor sin proferir una palabra. Poco después resonaba el golpear de un martillo, y un clavo traspasaba la mano derecha de Jesús, dejándola adherida al madero, crispada por la vehemencia del dolor y convertida en un manantial de sangre. El brazo izquierdo no alcanzaba hasta el agujero destinado a la mano correspondiente, por lo cual fué preciso estirarle con cuerdas hasta dislocarle. Así quedó luego clavada también la segunda mano. Los verdugos procedieron de igual modo con los pies, rompiendo los tendones de la víctima y descoyuntándole todos los huesos. La tortura fué horrible, incapaz de ser descrita, porque el delicado organismo de Jesús poseía una sensibilidad muy superior a la de los demás mortales.

No obstante, en medio de tan horribles dolores, sus pensamientos no se apartaron un instante de nosotros y de nuestras necesidades. Las expresiones que salen entonces de sus labios se dirigen a aplacar la cólera del Padre Celestial, irritado por tan espantoso crimen, a orar por sus verdugos y por todos los que después le crucificarían de nuevo con sus pecados.

— *Padre, perdónalos* — exclamó, — *porque no saben lo que hacen.*

San Juan, que presenció la escena, nos refiere que cuando le hubieron crucificado, los soldados tomaron las vestiduras del Señor y dividieron el manto en cuatro partes, una para cada soldado, cosa fácil de hacer con la mencionada prenda, por constar de cuatro pedazos cosidos y unidos entre sí, conforme puede verse en el Deuteronomio, donde prescribe Moisés el traje que debían usar los hebreos. Mas con la túnica no podía hacerse otro tanto, por carecer de costura y ser de una sola pieza, tejida de arriba abajo. Por lo que los soldados se dijeron:

—*No la dividamos, sino echemos suertes para ver a quién ha de corresponder.*

Lo cual sucedió para que se cumpliese lo que estaba escrito: *Repartieron entre sí mis vestidos y sortearon mi túnica.* Así lo hicieron, en efecto, los soldados.

Entretanto dos ladrones habían sido también crucificados entre quejidos y blasfemias; y las tres cruces se erguían verticales, sólidamente clavadas en tierra y afianzadas con cuñas. Al cabo los enemigos del Salvador podían estar satisfechos. Los sacerdotes se acercaron a la de Jesús, y, colocándose frente a Él, le contemplaban con aire de triunfo, diciendo:

—*¡Hola! Tú, que destruyes el Templo de Dios y en tres días lo reedificas, sálvate a ti mismo. Si eres el Hijo de Dios, baja de la cruz, y creeremos en ti.*

La gente del pueblo se llegó también a mirar de hito en hito al crucificado y hacer coro a las blasfemias de sus gobernantes. Uno de los ladrones exclamó:

—*Si eres el Cristo, sálvate a ti mismo y sálvanos también a nosotros.*

Mas el otro le respondía con estas palabras:

—*Nosotros, a la verdad, sufrimos la pena merecida por nuestros delitos; pero éste ningún mal ha hecho.*

Y, volviendo el rostro hacia Jesús, añadió:

—*Señor, acuérdate de mí cuando estés en tu reino.*

Respondióle Jesús:

—*En verdad te digo que hoy estarás conmigo en el Paraíso.*

El Redentor había amado siempre a los pecadores. ¿Por qué no había de conceder a este infeliz ajusticiado la gracia de reconocerle como Mesías y Rey de los cielos y la tierra? Pero ¡ay! uno solo de los malhechores abría los ojos de su alma a la luz de la verdad, se arrepentía de sus pecados y aceptaba humildemente su castigo, recibiendo, en lugar del recuerdo que pedía, el perdón de sus culpas y delitos, junto con la promesa de la bienaventuranza en compañía del Salvador, antes de que el sol se pusiera.

Los pecadores primero; los pecadores, preferidos siempre en la consideración y atenciones de Jesús, y antepuestos, digámoslo así, aun a su misma Madre. Allí estaba también transida de dolor, perdiéndolo todo con Jesús, abandonada y sin hogar. Con sobrehumano valor se mantenía en pie, junto al afrentoso madero donde agonizaba el único Hijo de sus entrañas, entre dolores y congojas indescriptibles. La extraña obscuridad que comenzó a enlutar el cielo, robando la claridad del día, había sembrado el espanto en la multitud, la cual se alejó del Calvario, presa de supersticioso temor; el sitio en que se levantaba la cruz aparecía ahora desierto: el discípulo amado había conducido a María hasta el pie mismo de la cruz de Jesús, a quien quería acompañar en su martirio hasta el fin. Los ojos del Salvador se apagaban: apenas podía ya distinguir los objetos. Volvióse entonces penosamente, primero hacia su Madre, después hacia su discípulo, e hízoles este postrer encargo:

—*Mujer*—dijo a María:—*ahí tienes a tu hijo.* Y en seguida a Juan: *He ahí a tu Madre.*

Y, desde aquel punto, encargóse de ella el discípulo y la tuvo consigo en su casa. El Redentor dejaba a Juan, y en la persona de éste a todos sus discípulos, como precioso legado de última hora, la maternidad adorable de María Santísima. La Madre de Dios quedó así solemnemente constituída en Madre de todos nosotros.

Y entonces las tinieblas se extendieron por la sobrehaz de la tierra; tinieblas espesas de noche negra y cerrada. El Señor había guardado silencio por un largo rato, cuando, de pronto, exhaló este grito de angustia:

—*Dios mío, Dios mío, ¿por qué me has abandonado?*

Exclamación de queja, difícil de comprender. Lo natural es pensar que el Padre celestial se hubiera inclinado amorosamente sobre aquella dolorosa cruz, llenando de consuelos el alma de su hijo moribundo. Él había bajado de los cielos para rescatar y devolver a su Padre las almas que estaban perdidas; en todo el discurso de su vida había buscado, no su propia gloria, sino la de su Padre. Él había hecho todo lo que a su Padre plugo disponer; ¿por qué este Padre, glorificado, servido y obedecido hasta la muerte, abandonaba a Jesús en su agonía? La razón es porque el Salvador del mundo debía ser tratado como pecador. Los infractores de la ley de Dios merecen ser abandonados por Él en este mundo y en el otro. Jesús padeció en lugar de ellos esa dolorosísima pena y castigo, dándonos a entender así que el Señor no nos abandonará jamás en esta vida por grandes que fuesen nuestros pecados y aunque todos los demás hombres nos desprecien y huyan de nosotros.

De todos los sufrimientos de la crucifixión, el más terrible e insoportable es la sed. Lo cual es hasta tal punto verdad, que los colocados en ese tormento parecen olvidarse de los demás dolores, y como si ninguna otra cosa necesitaran, piden a los que pasan junto a ellos un poco de agua para calmar su mortal padecer. Esa sed abrasadora es producida por la pérdida de sangre. ¿Cuál no debió ser la sed que sentiría el Redentor, después del copioso sudor en el huerto de Getsemaní, después de los crueles azotes que le desgarraron la piel y las carnes, y tras las nuevas heridas abiertas al crucificarle? Sin embargo, Jesús no pidió alivio al exclamar desde la cruz: *Sed tengo*, sino que quiso cumplir la profecía de David que dice: *En mi sed me dieron a beber vinagre.* Oyendo las palabras del Redentor, un soldado corrió y empapó en vinagre una esponja y, fijándola en una caña, la aplicó a los labios de Jesús.

Y ahora, por último, después de tres horas de agonía, se aproxima el término del padecer.

Cuando Jesús hubo tomado el vinagre dijo:

— *Todo está cumplido.*

Todo lo que Él había venido a hacer en este mundo quedaba perfectamente realizado: la humanidad redimida: las enseñanzas de su doctrina predicadas y practicadas, dejándonos ejemplo que imitar en todos los estados de su admirable vida: los vaticinios cumplidos en sus mínimos detalles; y fundada la Iglesia, por medio de la cual sus seguidores de todos los tiempos aprenderían lo que necesitan practicar para salvar sus almas. No se dispensó de cosa alguna: por nuestro bien sacrificó todo lo que era preciso abandonar: casa, amigos, reputación. Nos había amado, pues, hasta el fin: todo estaba consumado.

A punto ya de expirar recogió el Señor sus últimos alientos y, con voz alta y fuerte, dijo:

— *Padre, en tus manos encomiendo mi espíritu.*

Cerráronse entonces sus ojos: inclinóse su cabeza sobre el pecho, y el cuerpo cayó exánime, pendiendo de los clavos: estaba muerto.

Y el velo del Templo que cubría el *Santo de los Santos*, ocultándolo a las miradas de los hombres, se rasgó de arriba abajo. Y la tierra tembló, abriéndose en las rocas grandes hendiduras, y los sepulcros se abrieron, resucitando muchos de los santos que dormían el sueño de la muerte y apareciéndose a sus allegados en Jerusalén. Y el Centurión y sus guardias, al presenciar el terremoto y las extraordinarias señales de la naturaleza que le precedieron y acompañaron, se llenaron de temor y exclamaron:

— *Verdaderamente era éste el Hijo de Dios.*

Y el concurso de los que habían venido a presenciar el espectáculo y vieron lo que había ocurrido se volvían a sus casas, dándose golpes de pecho.

En vano los sacerdotes se esforzaron por tranquilizar al pueblo: el terror se había apoderado de los moradores de la ciudad deicida, los cuales estaban como fuera de sí al contemplar las violentas sacudidas del suelo, el abrirse de los sepulcros y las espesas tinieblas que cubrieron el cielo. Imponente debió de ser, en ver-

*Rafael*

JESÚS CON LA CRUZ A CUESTAS

*Van Dyck*

JESÚS AGONIZANDO EN LA CRUZ

dad, aquel espectáculo de la Naturaleza haciendo luto por la muerte de Aquel cuyo cuerpo inanimado pendía de la cruz.

Nadie pudo acordarse más de la festividad del día siguiente: el pensamiento dominante en el ánimo de todos era Jesús de Nazaret. Entonces comenzaron a hacer elogios de su bondad, mansedumbre y misericordia, de sus enseñanzas y curaciones; entonces volvieron a resonar en sus oídos el antiguo clamor del profeta: *hizo bien todas las cosas;* sus propias aclamaciones de seis días antes: *¡Hosanna al Hijo de David!*, y sus gritos del mismo día: *¡Crucifícale! ¡Crucifícale! ¡Caiga su sangre sobre nosotros y sobre nuestros hijos!* Se persuadieron de haber cometido un espantoso crimen, y el sentimiento de la cólera divina que los amenazaba oprimió angustiosamente sus corazones.

Entretanto la tarde avanzaba, y la Madre de Jesús había presenciado en el Calvario los últimos ultrajes inferidos a su Hijo. Los soldados habían roto las piernas de los dos ladrones con propósito de apresurar su fin y poder retirar los cadáveres, que no debían permanecer en la cruz proyectando una sombra de luto y de tristeza sobre las alegrías de la próxima festividad. Cuando vieron que Jesús estaba ya muerto no le rompieron las piernas, y, en lugar de esto, un soldado le abrió con su lanza el costado, cumpliéndose así las profecías: *No le quebraréis ningún hueso.—Dirigirán sus ojos hacia Aquel a quien traspasaron.*

No había sepulcro en que depositarle; pero la Virgen sabía que Dios había de proveer. En efecto, poco después se llegaron a la cruz dos hombres, que hasta ahora habían sido discípulos de Jesús, pero en secreto por miedo de los judíos. Mas en este trance, cuando toda Jerusalén se hallaba poseída de terror, sus corazones cobraron alientos y vinieron a dar honrosa sepultura a su Maestro. José de Arimatea tuvo el valor de presentarse a Pilatos y pedirle el cuerpo de Jesús para depositarlo en un sepulcro, propiedad del mismo José, el cual sepulcro estaba en un huerto cercado que había inmediato al Calvario. Nicodemo le acompañó, y ambos llevaron lienzos finos y especies aromáticas para ungir y fajar el cadáver conforme a la usanza judía. Ayudados por sus sirvientes desprendieron y bajaron cuidadosamente el sagrado cuerpo, depositándolo en tierra con la cabeza apoyada en las rodillas de María. El alma, en tanto, había descendido al Limbo, llenando de júbilo a todos los santos de la Antigua Ley, desde Adán hasta el buen ladrón, y convirtiendo aquel lugar de prolijo y fatigoso esperar en un verdadero Paraíso. La Divinidad permaneció unida al alma sacratísima del Redentor y también a su cuerpo muerto, los cuales por tal razón debían ser adorados con los honores debidos a Dios.

Los preparativos para el entierro tuvieron que ser apresurados a causa del descanso del sábado, que obligaba desde el punto en que se dejaban ver las primeras estrellas. Con la ayuda de Magdalena y Juan, la Virgen fajó el cadáver con largas bandas de lino, cubriendo luego con un sudario su desfigurado rostro. Inmediatamente le condujeron, en triste y silenciosa procesión, por el huerto hasta el sepulcro, que era un hueco abierto en roca viva. Allí le colocaron y, volcando la gran piedra de la entrada, se retiraron.

Cuando anocheció por segunda vez y terminó este lúgubre día los discípulos salieron de los lugares en que se ocultaban y se encaminaron cautelosamente al salón alto que les había servido de cenáculo, en el Monte Sión, y al que fueron llegando uno por uno. Éste fué en lo sucesivo su punto de reunión. Allí rodearon a Juan para oirle referir todo lo ocurrido con su Maestro desde que ellos le abandonaron en el huerto de Getsemaní. Escucháronle llenos de turbación y de vergüenza; Pedro con lágrimas que corrían abundantes por su arrugado rostro, y todos doliéndose de la cobardía con que habían desertado del lado de su Maestro y envidiando a Juan que le había acompañado hasta el último instante.

Luego es de suponer que hablarían de lo pasado, de los felices días de Galilea, de las noches que velaron con Él en la falda de la montaña, de sus apacibles y pacientes enseñanzas y de la ternura que había usado con ellos en aquel mismo lugar la noche de la última cena. ¡Todo había concluído, y concluído de aquel modo! ¿Había alguna razón para continuar viviendo? Recordarían también cuán clara y exactamente les había predicho cuanto iba a acaecer: la traición, los azotes, la crucifixión, y, sin duda, ninguno de ellos haría mención de las últimas palabras con que terminaba siempre los anuncios de su pasión: *y al tercer día resucitaré*. La conversación es de creer que durase hasta bien adelantada la noche, y entonces la reunión se disolvería, regresando cada uno a su casa. El sábado se congregaron de nuevo en el mismo lugar y hablaron sobre los asuntos de la noche precedente. Sentíanse huérfanos y desconsolados: — *¡Todo ha concluído!* — repetían entre sollozos y lágrimas.

Sus amigos se hallaban no menos oprimidos por un dolor sin esperanza. ¿Y sus enemigos? ¿No sentirían remordimientos? ¿gozarían a su sabor el placer del triunfo? Por lo menos los sacerdotes se habían prometido una noche tranquila, después de las ansias y fatigas que les ocasionara la condenación y muerte del Nazareno. Las cosas habían salido mejor de lo que se atrevieron a esperar. Gracias a la imbecilidad de Pilatos los insultos y tormentos padecidos por "el seductor" habían colmado con exceso la medida de sus deseos y aspiraciones; y, en fin, el Nazareno bien asegurado quedaba en su sepulcro, remate final e infranqueable de sus peregrinaciones y doctrinas.

Pero ¿sería así, en efecto? He aquí la pregunta que se ofreció inesperadamente en la hora misma del triunfo. Las tinieblas misteriosas que cubrían el cielo al expirar el crucificado, el terremoto espantoso que siguió después y el hecho mismo de rasgarse el velo del *Santo Lugar* habían de ser interpretados por señales milagrosas de la inocencia de Jesús y de la indignación de Dios contra sus enemigos; y esto, no sólo por la gente del pueblo, sino por personas de nota, y aun por algunos miembros del Sanedrín. No faltó, además, quien les refiriera que el centurión y sus soldados habían proclamado al crucificado verdadero Hijo de Dios, y que Nicodemo y José de Arimatea le habían dado honrosa sepultura.

Por supuesto, ellos no tenían ya por qué temer. El Nazareno estaba bien muerto, y sus discípulos eran demasiado tímidos para que pudiesen inspirar recelos ni temores de alarma alguna. Pero es el caso que "el impostor" había prometido reedificar el Templo en tres días. ¿Y si este anuncio encerrara algo de verdad? ¿Y si sobrevenía el día tercero algún acontecimiento inesperado? Por si acaso no estaba de más el prevenirse contra esta posible contingencia. Todas las precauciones serían escasas para evitar una reaparición, que daría al punto carácter de divinidad a todas sus obras y palabras, y probaría que el crucificado estaba en lo cierto al afirmar que se entregaba a sí mismo a la muerte, sin perjuicio de volver otra vez a la vida. Pero todo quedaría arreglado, acudiendo a Pilatos en solicitud de una guardia que custodiase el sepulcro hasta el tercer día.

Era la noche del sábado cuando el Presidente recibió aviso de que una comisión de sacerdotes pedía audiencia. Atormentado por los remordimientos, y hondamente impresionado por los extraordinarios sucesos ocurridos a raíz de la crucifixión, Pilatos no estaba de humor para recibir visitas, y mucho menos la de aquellos hombres aborrecibles que le habían obligado el día antes a dictar una injusta sentencia. De malísima gana dió el permiso de que pasaran a exponer el asunto que allí los había llevado.

—*Señor*—le dijeron haciéndole una profunda reverencia,—*hemos recordado que "el seductor" dijo públicamente estas palabras: "Después de tres días resucitaré." Ordena, por tanto, custodiar el sepulcro hasta el día tercero, no sea que sus discípulos vayan y roben el cuerpo para decir luego al pueblo que Jesús ha resucitado de entre los muertos, en el cual caso esta última impostura sería de peores consecuencias que la primera.*

—*Tomad una guardia; id y custodiadlo como queráis*—respondió secamente Pilatos. Y ellos, satisfechos de haber conseguido con tanta facilidad lo que pretendían, fueron en seguida al lugar del sepulcro, sellaron la piedra y pusieron cuatro soldados romanos para que la vigilasen y defendiesen.

# LA VIDA GLORIOSA

## XL

# Jesucristo ayer, hoy y el mismo por toda la eternidad

Las tinieblas de la noche del sábado comenzaban a disiparse. Apuntaba la aurora del primer día de la nueva semana. En el interior del sellado sepulcro todo era reposo y obscuridad. El destrozado cuerpo del Redentor yacía envuelto en sus fajas y sudario, inmóvil, rígido y yerto.

Súbitamente una ráfaga de gloria iluminó el hueco de la peña y en medio de ella apareció Jesús; Jesús resucitado de la muerte para no volver jamás a morir. Su alma santísima había vuelto del Limbo y reinformado el cuerpo; y el Salvador surgió con su cuerpo y alma unidos para siempre, y rodeado de la majestad y hermosura que competen al Hijo de Dios.

Es el mismo Jesús; mas ¡oh, qué cambio tan asombroso se ha operado en Él! Todas las huellas de los tormentos y humillaciones han desaparecido, a excepción de las cinco llagas de sus manos, pies y costado, que, lejos de desfigurarle, al contrario, le adornan y glorifican con deslumbradora belleza. Por su propia virtud resucitó y, de igual modo, con sólo su poder salió del sepulcro. No fué necesaria la intervención de ángel alguno que desviase la gran piedra de la entrada para abrirle paso, sino que atravesó aquel obstáculo con la sutileza propia de los cuerpos glorificados, dejando a los guardias inadvertidos del suceso y el sello colocado por los judíos enteramente intacto. Mas, en el instante siguiente, Jerusalén fué sacudida hasta sus cimientos por un gran terremoto, pues el ángel del Señor bajó de los cielos y volcando la piedra del sepulcro se sentó sobre ella. Y el semblante de este celestial enviado brillaba como el relámpago, y era su vestidura blanca como la nieve. De lo cual los guardias quedaron tan aturdidos que, derribados en tierra, parecían como muertos.

Entre las personas que amaban a Jesús y se dolían de su muerte, una, sólo una se preparaba a recibirle, después de resucitado, con tierno saludo de bienvenida. Era aquella que había guardado y meditado en su corazón todas las palabras del divino Maestro; la que había permanecido fiel depositaria de su promesa: *al tercer día resucitaré otra vez.* Ella sabía que su reaparición no estaba lejana, y por eso contó las horas de aquel triste sábado una por una, y, cuando llegó la noche, la pasó en vela y volviendo continuamente el rostro hacia el Oriente, en busca de los primeros albores del amanecer. Quizá no acertamos a explicarnos cómo, abrigando tan consoladora esperanza, pudo la tristeza oprimir y destrozar el alma de María. Pero mientras Jesús estuviera ausente y el recuerdo de sus recientes dolores e ignominias la dominase por entero, ¿podía haber consuelo alguno para la desolada Madre? No, no le había, como no fuera el de repetir incesantemente sus actos de fe y esperanza en la promesa de su venida.

Y vino al fin. Con la velocidad del relámpago que cruza el horizonte de un extremo a otro, Jesús resucitado pasó del recinto sepulcral de la roca a la estancia donde su bendita Madre le esperaba ansiosa; y con igual rapidez tornóse la negra noche de tristeza que angustiaba aquel corazón dolorido en espléndido y brillante día de júbilo y regocijo. Apenas comenzaban a mostrarse los primeros reflejos de la aurora, no bien había comenzado el tercer día, cuando el Redentor dejaba su sepultura para acudir presuroso a consolar a los que lloraban su muerte, y a su Madre en primer término. La Escritura no hace, en verdad, mención de esta visita; pero ¿cómo puede concebirse que el mejor de los hijos rehusara semejante honor y alegría a la que le llevó en sus entrañas? San Ignacio de Loyola dice que si alguno dudare de que la primera visita de Cristo resucitado fué para su Madre merecería oir aquellas palabras con que el Salvador reprendió la ignorancia y rudeza de los apóstoles: *¿Tampoco vosotros me habéis entendido?* La entrevista de María y Jesús resucitado no tuvo más testigos que Dios. Una de las alegrías de los cielos consistirá en saber lo ocurrido en ella. María pudo exclamar entonces con mayor razón que el Real Profeta: *Tus consuelos han dado alegría a mi alma, tanto como la muchedumbre de mis tristezas oprimió mi corazón.* Ambos ansiaban que las dichosas sorpresas de este bendito día llegaran cuanto antes. Pero Jesús necesitaba llevar además el beneficio de sus consolaciones a los que por su causa padecían las amarguras de la orfandad; y así salió de la presencia de la Virgen para continuar repartiendo sus mensajes de amor y reanimar a los abatidos; obras que constituyen las delicias más exquisitas de su sagrado corazón.

Después de la Virgen, ¿quién había de gozar las albricias de la resurrección sino Magdalena? ¿No era ella también la más atribulada entre todas las almas que amaban a Jesús, con la única excepción de su Madre bendita? María Magdalena le había acompañado mientras agonizaba en la cruz; había ayudado a su amortajamiento y sepultura; y, por fin, había permanecido a la entrada del sepulcro, llorando, cuando los demás se alejaban. Mientras pudo hacer algo en obsequio de Jesús, aun después de la muerte de Éste, su amor no descansó. Así la vemos acudir en la madrugada del primer día de la semana, en unión de las otras santas mujeres, para terminar el embalsamamiento del sagrado cuerpo. En el camino del sepulcro se acordaron de la enorme piedra que cerraba la entrada y no sabían cómo les sería dable penetrar en él. Pero no se detuvieron ante esta dificultad; y a su llegada hallaron quitada la piedra y abierta la gruta de par en par.

Sin esperar a inquirir la causa de tal novedad, Magdalena corrió desolada a comunicarla a Pedro y Juan, a los cuales dijo: *Se han llevado del sepulcro al Señor, y no sabemos dónde le han puesto.*

Entretanto las otras mujeres penetraron en la gruta y vieron un joven sentado al lado derecho, vestido de blanco ropaje, y quedaron pasmadas de terror.

Pero él les dijo: *No tenéis que temer: vosotras venís a buscar a Jesús Nazareno que fué crucificado: ya resucitó; no está aquí, mirad el lugar donde le pusieron. Pero id y anunciad a sus discípulos, especialmente a Pedro, que Él irá delante de vosotros a Galilea, y allí le veréis conforme os tiene dicho.*

Ellas salieron del sepulcro y, sobrecogidas de pavor y espanto, echaron a huir; y a nadie dijeron nada en el camino por impedírselo el miedo que llevaban. Corrieron luego presurosas a llevar la noticia a los discípulos.

¡Qué repetidos y gozosos apresuramientos los de esta feliz mañana! Pedro y Juan, luego que oyeron la relación de Magdalena, corrieron juntos a ver el sepulcro; y al llegar allí vieron volcada la piedra, y los lienzos y sudario de la mortaja puestos a un lado; pero no estaba ya allí el ángel que les explicara lo sucedido. Llenos de asombro y vacilaciones se volvieron a casa, mientras Magdalena, que se había quedado atrás, llegó al sepulcro y se puso a llorar desconsolada. Inclinóse, al poco rato, para mirar en el interior de la cueva, y vió dos ángeles vestidos de blanco que estaban sentados uno a la cabeza y otro a los pies del sitio en que estuvo el cuerpo de Jesús. Ellos le dijeron:

—*Mujer, ¿por qué lloras?*

Magdalena respondió:

—*Porque se han llevado a mi Señor, y no sé dónde le han puesto.*

Al acabar de decir estas palabras, sintiendo la presencia de alguien que estaba detrás, se volvió y vió a Jesús; pero no le conoció.

Éste le preguntó:

—*Mujer, ¿por qué lloras? ¿a quién buscas?*

Y ella, pensando que era el hortelano, le contestó:

—*Señor, si tú le has quitado de aquí, dime dónde le has puesto y yo le llevaré.*

Jesús le dijo entonces:

—*¡María!*

Ella, arrojándose a los pies del Salvador, exclamó:

—*¡Maestro!*

—*No me toques*—añadió luego el Redentor—*porque todavía no he subido a mi Padre; pero ve a decir a mis hermanos: "Subo a mi Padre y vuestro Padre, a mi Dios y vuestro Dios."*

María Magdalena fué y contó a los discípulos lo que había visto y oído. Encontrólos llorando, y les dijo:

—*He visto al Señor, y me ha dado este encargo para vosotros.*

Y ellos no quisieron creer que estuviera vivo, ni que Magdalena le hubiera visto.

Las dos compañeras de Magdalena se dirigían a Jerusalén, con objeto de comunicar a los apóstoles el mensaje de los ángeles, cuando Jesús les salió al encuentro diciéndoles:

—*Dios os guarde.*

Y acercándose ellas abrazaron sus pies y le adoraron.

Entonces Jesús les dijo:

—*No temáis: id y avisad a mis hermanos para que vayan a Galilea, que allí me verán.*

Mas ni el rostro de Magdalena, radiante de alegría y sus gozosas palabras: *He visto al Señor,* ni las seguridades que de haberle besado los pies dieron sus compañeras, fueron bastante poderosas a consolar y confortar a los discípulos. Sólo las mujeres le han visto—dijeron éstos:—¿cómo creer en tales patrañas?

Tan abrumados de tristeza se sintieron dos de los discípulos, que salieron de Jerusalén por la tarde y se dirigieron a una casita de campo llamada Emaús. Por el camino iban conversando sobre las cosas ocurridas desde el viernes, cuando hubieron de detenerse un momento al observar que un extraño se les había incorporado. Quién era aquel desconocido que sin previo saludo ni aviso se permitía mezclarse con ellos no pudieron descubrirlo por el pronto, *porque sus ojos estaban como deslumbrados para que no le reconocieran,* dice San Lucas.

Al verlos afligidos y desconcertados les dijo el forastero:

—*¿Qué conversación es ésa que llevabais por el camino y por qué estáis tan tristes?*

Uno de ellos, llamado Cleofás, contestó:

—*¿Tú solo eres tan extranjero en Jerusalén que no sabes lo que ha pasado allí estos días?*

—*¿Qué es ello?* —preguntó el desconocido.

Y ellos contestaron:

—*Lo de Jesús Nazareno, que fué un Profeta, poderoso en obras y en palabras a los ojos de Dios y de todo el pueblo. Y cómo los príncipes de los sacerdotes y nuestros jefes le entregaron a Pilatos para que fuera condenado a muerte, y le han crucificado; mas nosotros esperábamos que había de redimir a Israel, y, no obstante, después de todo esto, hoy es el tercer día desde que tales cosas han sido ejecutadas. Bien es verdad que algunas mujeres de entre nosotros nos han sobresaltado, porque antes de clarear por completo el día fueron al sepulcro y, no habiendo hallado su cuerpo, volvieron diciendo habérseles aparecido unos ángeles, los cuales les han asegurado que está vivo. Y otros de los nuestros fueron también allá y vieron ser cierto lo que las mujeres dijeron, pero a Jesús no le han encontrado.*

El forastero escuchó tranquilamente esta historia hasta el fin.

Luego dijo:

—*¡Oh necios y sordos de corazón para creer lo que anunciaron ya los profetas! Pues qué, ¿por ventura no era conveniente que el Cristo padeciese todas estas cosas y entrase así en su gloria?*

Y empezando por Moisés y discurriendo por todos los profetas les interpretó en todas las Escrituras los lugares que hablaban de Él, y cómo había de ser un Mesías de oprobios y dolores, no el fundador de un reino terreno conforme los judíos esperaban. Lejos, pues, de abatirse por lo ocurrido a su Maestro, debían al contrario felicitarse de ello, viendo cuán exactamente se habían cumplido en Él todas las profecías. Además, aun cuando los sufrimientos fueran el medio de que el Mesías debía valerse para redimir al mundo, empero no habían de durar siempre. Tanto para Él como para sus discípulos e imitadores la cruz conduciría siempre a las delicias y esplendores de la gloria.

Los discípulos le escuchaban extáticos. Una luz nueva venía a iluminar con resplandores de gloria los tormentos e ignominias del Calvario, que comenzaba a representárseles como lugar de regeneración, de esperanza y de triunfo.

La negra nube que envolvía su espíritu comenzó a disiparse. Sintieron que una misteriosa corriente de paz y de gozo, producida no ya por las palabras, sino por la presencia del desconocido, los invadía y penetraba. No acertaban ya a separarse del que tan íntimos consuelos les había prodigado.

En esto llegaron cerca de la aldea adonde iban, y el maravilloso personaje hizo ademán de pasar adelante. Mas ellos le detuvieron por fuerza diciendo:

—*Quédate con nosotros, porque la tarde está ya muy avanzada y el día a punto de expirar.*

Entró, pues, con ellos el peregrino. Y estando juntos a la mesa tomó el pan y lo bendijo, y habiéndolo partido se lo dió. Con lo cual se les abrieron los ojos y le conocieron; mas Él de repente desapareció de su vista.

Descubrióseles aquí el secreto de la dicha que aquella tarde habían experimentado. Y se decían el uno al otro:

—*¿No es verdad que sentíamos abrasarse nuestro corazón mientras nos hablaba por el camino y nos explicaba las Escrituras?*

Y, levantándose al punto, regresaron a Jerusalén, donde hallaron congregados a los once apóstoles y a otros de su séquito. Antes de que ellos pudieran decir una palabra, los de la reunión les gritaron a coro:

—*El Señor ha resucitado realmente y se ha aparecido a Simón.*

Los recién llegados echaron una mirada alrededor. ¡En qué diferente estado se hallaban las cosas en el Cenáculo de como ellos las habían dejado horas antes! La alegría brillaba en todos los rostros. El aspecto de

Pedro era de los que no se olvidan jamás una vez vistos: tan serena era la paz que en él se reflejaba, tan honda y cumplida su satisfacción. Ni una palabra se le escapó sobre lo ocurrido entre él y su Maestro, como si el secreto fuera cosa tan sagrada que el lenguaje hubiera de profanarlo; pero la certeza de la resurrección quedó tan profundamente arraigada en su ánimo, que los demás creyeron fiados en el testimonio de Pedro. *El Señor ha resucitado verdaderamente y se ha aparecido a Simón.* Éste comienza a confirmar a sus hermanos conforme a las palabras del Señor en la última cena.

Por fin, Cleofás y su compañero logran que se les oiga y refieren la historia de su maravilloso viaje de aquella tarde en el que habían tenido la dicha de caminar con Él, y cuentan cómo no le conocieron hasta el momento de partir el pan. Los que aún no habían visto al Señor se hacían todo oídos; creían, pero ¡oh, si les fuera dado a ellos verle también!

Súbita conmoción en los concurrentes, y un grito general de sorpresa. Allí estaba en medio de ellos el mismo, el mismísimo Jesús; aquel era su semblante, su mirada, su sonrisa; todos le conocían bien.

—*La paz sea con vosotros*—dijo.—*Yo soy, no temáis.*

Ellos, empero, atónitos y aterrorizados, se imaginaban ver algún espíritu.

Y Él les dijo:

—*¿De qué os asustáis? ¿por qué dais lugar en vuestro corazón a tales pensamientos? Mirad mis manos y mis pies; yo mismo soy: palpad y considerad que un espíritu no tiene huesos y carne como vosotros veis que yo tengo.*

Dicho esto mostróles las manos y los pies. Llenáronse ellos de alegría al ver al Señor; mas como no lo acabaran de creer, hallándose como fuera de sí, con el gozo y la admiración, les dijo:

—*¿Tenéis aquí algo que comer?*

Presentáronle entonces un trozo de pez asado y un

*Deger*

RESURRECCIÓN DE NUESTRO SEÑOR JESUCRISTO

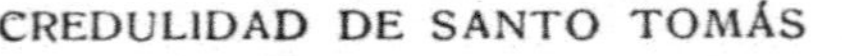

INCREDULIDAD DE SANTO TOMÁS *Guercino*

panal de miel. Y cuando hubo comido en su presencia tomó las sobras y se las dió. Díjoles entonces por segunda vez:

—*La paz sea con vosotros. Como mi Padre me ha enviado, así yo os envío.*

Después de esto echó sobre ellos el aliento y añadió:

—*Recibid el Espíritu Santo; quedan perdonados los pecados de aquellos a quienes los perdonareis, y retenidos a los que se los retuviereis.*

Aquí tenemos instituído en el Cenáculo el tercer sacramento, o sea, el de la Penitencia. En el mismo lugar había sido establecido el jueves precedente el de la Eucaristía, y, además, ordenados de sacerdotes los apóstoles, a quienes se confirió el inefable poder de consagrar. El Señor quiso reservar para la mañana de este dichoso día de Pascua, en que de sus labios había de salir una vez y otra la palabra *Paz,* la institución del sacramento del perdón y del consuelo, legándolo a su Iglesia para que perdurase en ella hasta la consumación de los siglos.

¡Cuán grande es la generosidad de nuestro Señor en esta primera entrevista con sus pobres discípulos! ¡Cuán completamente desvanece de los ánimos de éstos el recelo de que su deserción y huída vergonzosa en el momento del peligro hubiera disminuído el amor que les tenía! Quizá habrían pensado que de ser cierta la relación de las mujeres y de haber resucitado verdaderamente su Maestro, Éste buscaría otros discípulos más dignos de Él. Jesús conocía los pensamientos de sus discípulos, y por eso los confortó y aseguró de su amor por todos los modos posibles. Durante los tres años de predicación se preocupa más con los padecimientos de los apóstoles que con los suyos propios; y ahora, en su vida gloriosa, piensa menos en lo que a Él mismo se debe que en las tristezas y necesidades de sus apóstoles. Diríase que tenía que remunerarlos por lo que habían sufrido a causa de la adhesión a su Persona. Y así le vemos acudir apresuradamente aquí y allá, pasando de un grupo a otro, infundiendo en todos la alegría y la felicidad.

Antes de su pasión los llamaba "amigos"; ahora los designa con el nombre de "hermanos". El único pensamiento que parece dominarle en este día de Pascua es llevar la alegría a todos sus amadores. Ni siquiera la menor indicación de que sea preciso perdonar alguna cosa.

¡Oh, qué bellísimo carácter es el de nuestro adorable Redentor! En la última cena el amor inmenso de Jesús, enteramente olvidado de sí mismo, nos hace creer que ha llegado al último exceso. Mas, al volver el Salvador del sepulcro, descargado ya del peso que durante su vida entera había oprimido su sagrado corazón, se nos presenta con tales demostraciones de regocijada alegría y familiar gozo, apareciendo y desapareciendo, ora a unos, ora a otros, que no podemos menos de quedar sorprendidos al descubrir abismos de ternura enteramente nuevos y ni siquiera sospechados antes.

Uno solo de los once apóstoles, Tomás, se hallaba a la sazón atribulado a causa de su incredulidad. Estaba ausente al aparecerse Jesús en el Cenáculo. Cuando regresó los demás le dijeron gozosos:

—*Hemos visto al Señor.*

A lo que respondió Tomás:

—*Si no viere en sus manos la hendidura de los clavos y no metiere mi dedo en los agujeros que en ellas hicieron, y mi mano en la llaga de su costado, no lo creeré.*

¡Pobre Tomás! Pocos le aventajaban en amor a su Maestro, y sin duda la misma intensidad de su afecto era la causa de que vacilase en dar crédito a una noticia que parecía demasiado buena para ser cierta. Sus palabras dejan entrever, más bien que terquedad y orgulloso desprecio del testimonio de los otros apóstoles, hondo pesar de no haber sido testigo de la aparición de Jesús. ¿Por qué no había participado él también de tanta ventura? En ellas se nos revelan además algunas peculiaridades de su carácter, menos impulsivo y vehemente que el de Pedro y Juan: tardo en pasar de los principios a las consecuencias y dado a proceder con calmosa prudencia en sus resoluciones. La actitud en que ahora se colocó le aislaba de la alegría que los demás disfrutaban, haciéndola desgraciada y miserable carga para todos y para sí mismo. Sus compañeros consideraron lo mucho que sufría, y le trataron con benignidad y paciencia, orando por él interiormente. Este acto de caridad no tardó en recibir su recompensa. Verdad es que el incrédulo no tenía derecho alguno para señalar las condiciones en que daría fe a la resurrección de Jesús, ni menos para ponerse en un estado del que sólo un milagro pudiera sacarle; pero, si le faltaban la fe y la esperanza, quedábale aún la caridad; y esto bastó para que el Señor se apiadase de él, condescendiera con su genialidad y le diese las mismas pruebas que había exigido.

En efecto, ocho días después, estando los discípulos en el mismo lugar y Tomás en su compañía, presentóse Jesús en medio de ellos, sin que las puertas, perfectamente cerradas, necesitaran abrirse para dar entrada al cuerpo glorioso.

—*La paz sea con vosotros*—dijo el Salvador; y luego añadió, dirigiéndose a Tomás:

—*Mete aquí tu dedo y examina mis manos; trae la tuya y éntrala en mi costado; y no seas incrédulo, sino fiel.*

Respondió Tomás:

—*¡Señor mío y Dios mío!*

Replicóle Jesús:

—*Tú has creído, Tomás, porque me has visto: bienaventurados aquellos que, sin haberme visto, creyeron.*

Las apariciones del Señor después de la resurrección fueron sólo para sus amigos. Los que le habían perseguido hasta la muerte tenían pruebas abundantes de que había resucitado; pero no volvieron a verle. Para ellos habían terminado los días de gracia y la presencia visible del Redentor en la tierra. Ya les había dicho Él mismo, poco antes de su pasión, que si no creían en Moisés y en los profetas, tampoco creerían aunque vieran a uno resucitar de entre los muertos. Estas palabras se cumplieron ahora en aquellos en quienes ninguna mella habían hecho las terribles señales de la tarde del viernes y la mañana del sábado.

Cuando los guardias del sepulcro, aterrorizados con la presencia del ángel hasta quedar como muertos, volvieron en sí fueron a la ciudad y refirieron a los príncipes de los sacerdotes todo lo sucedido. Y habiéndose reunido éstos en consejo para deliberar, dieron una fuerte suma de dinero a los soldados con el fin de que cumplieran el siguiente encargo: *Decid que mientras dormíais por la noche vinieron sus discípulos y robaron el cuerpo. Y si la noticia* — añadieron — *llegase a oídos del gobernador, nosotros le persuadiremos y hablaremos para que no os castigue.* Y ellos, tomando el dinero, hicieron lo que se les había dicho; *y esta voz ha corrido entre los judíos hasta el día de hoy,* escribe San Mateo.

Que semejante especie fuera divulgada, bien puede ser; pero que se le diese crédito es lo que no cabe concebir. Era una invención demasiado ridícula para engañar a nadie, la de que los discípulos de Jesús, sencillos y tímidos hasta el punto de haber huído al ser apresado su Maestro, y de haber permanecido ocultos sin atreverse a mostrarse en público, pudieran haber intentado siquiera el robo del cuerpo con el objeto de dar todos más tarde su vida entre horribles tormentos, en defensa de la misma patraña por ellos ideada y preparada. Demasiado absurdo era también para ser aceptado por quien estuviera en su cabal juicio, que los soldados romanos, educados en la más severa disciplina militar y puestos de guardia la tarde anterior a la resurrección, se durmieran todos a la vez, y se durmieran tan profundamente y por tan largo tiempo, que no los despertara ni la operación de volcar la gran piedra del sepulcro ni la de sacar y conducir el sagrado cuerpo.

Pero los soldados, que nada tenían que perder, y sí mucho que ganar con esparcir la falsa noticia, lo hicieron conforme se les había dicho, sin preocuparse de que la gente se preguntara: "Si estaban dormidos, ¿cómo pudieron ver el robo del cuerpo de Jesús?; y si no pudieron verlo, ¿cómo habían de testificarlo?"

*El que está sentado en los cielos se reirá y burlará de*

*ellos,* dice la Escritura, hablando de las maquinaciones de los malvados. Espontáneamente acuden a la memoria las anteriores palabras, cuando vemos a los sacerdotes judíos sellar cuidadosamente la piedra y poner sus guardias a la entrada del sepulcro el sábado por la tarde. Precisamente esos guardias serían los primeros testigos de la resurrección, y el sello el emblema de su legalización oficial. Así lo dispuso el Señor para confirmar nuestra fe. Él sabía que todo lo concerniente a la divina personalidad de Jesús había de ser combatido por los impíos, y que llegaría tiempo en que el misterio, fundamento de nuestra fe en Jesucristo, sufriría terribles asaltos.

Esa época ha llegado. Porque los incrédulos no alcanzan a comprender *cómo* Cristo resucitó, dicen que esa resurrección es un imposible, y así tratan de probarlo en libros y publicaciones que en todos los países andan en manos de hombres, mujeres y niños, cualquiera que sea su religión.

Como hijos de la Iglesia Católica, nuestro deber es ponernos en guardia contra las insidias de la incredulidad contemporánea en sus distintas formas. Pero sobre todo debemos apartarnos con temor de lo que tiende a debilitar nuestra fe en la resurrección de Jesucristo. Si ésta falta, todo lo demás debe faltar. Si desaparece, no seremos cristianos ni un momento más, porque la fe en la resurrección es la que nos hace discípulos e imitadores de Cristo. No somos discípulos de un muerto, sino del Hombre-Dios, Jesucristo, vivo ayer, hoy y por toda la eternidad.

Creemos en este admirable misterio porque la Sagrada Escritura, que es la voz de Dios, así lo afirma, y porque la Iglesia, depositaria e intérprete de la Revelación, lo ha enseñado y creído desde sus comienzos. Mas no basta lo dicho; necesitamos además robustecer nuestra fe y salir al encuentro de las objeciones de los que tratan de arrancárnosla, considerando dos puntos referentes a la resurrección.

Hay quien sostiene hoy que Jesucristo no murió realmente en la cruz, y, de consiguiente, que no resucitó.

Ahora bien: los escritores paganos y judíos declaran que Jesús Nazareno fué condenado a muerte y ejecutado bajo el poder de Poncio Pilatos, en el reinado de Tiberio César. El hecho de desgarrar el costado de Jesús, llevado a cabo cuando los verdugos estuvieron ciertos de que la muerte del Nazareno los eximía de romperle las piernas, es una prueba terminante; y de igual modo lo son también las palabras del centurión a Pilatos y la concesión del cadáver hecha por este Presidente a José de Arimatea; mientras, por otra parte, las precauciones adoptadas por los sacerdotes ponen en evidencia meridiana ambos sucedidos, el de la muerte y el de la resurrección, por mucho que los adversarios se obstinen en cerrar sus ojos a la luz.

El maravilloso cambio que se operó en los apóstoles después de la resurrección de Jesús nos suministra además un nuevo argumento en favor de la misma. Ellos ni siquiera soñaban con volver a ver a su Maestro entre los vivos. Al ocurrir su muerte quedaron abatidos y sin esperanza; vivían ocultos y a puerta cerrada, y temían presentarse en público. Pocas semanas más tarde estos hombres cobardes proclamaban atrevidamente la resurrección, sin que ni el temor a las autoridades, ni el de los tormentos y la muerte fueran bastante poderosos a imponerles silencio.

—*Jesús de Nazaret, a quien vosotros crucificasteis y quitasteis la vida por mano de hombres perversos, este Jesús ha sido resucitado por Dios, de lo cual todos nosotros somos testigos* — dijo San Pedro en su primer sermón a los judíos.

Y un poco más tarde, habiendo comparecido ante Anás y Caifás para responder de su osadía en curar a un lisiado en nombre de Jesús, declaró el mismo apóstol:

—*Príncipes del pueblo y ancianos de Israel, escuchad. Séaos notorio a vosotros y a todos los israelitas que la curación se ha obrado en nombre de nuestro Señor Jesucristo Nazareno, a quien vosotros crucificasteis y Dios ha resucitado de entre los muertos. En virtud de tal nombre se presenta sano ese hombre a vuestros ojos.*

Contemplad a Pedro, al pobre y medroso Pedro, que

a las primeras palabras de una mozuela de servicio había negado a su Maestro, hablando ahora en tan confiado tono en presencia del temido Sanedrín. Ved cómo insiste en afirmar la resurrección, y cuán poco le importa lo que puedan hacer de su persona. Y, cuando a él y a Juan les fué intimado que de ningún modo ni por ningún título hablasen y enseñasen en el nombre de Jesús, la única respuesta que dieron al Concilio fué:

— *Juzgad vosotros mismos si en la presencia de Dios es justo el obedeceros a vosotros antes que al Rey y Señor del Universo.*

Por atestiguar esta verdad y predicar a todos los hombres la crucifixión y resurrección de Jesús, los apóstoles dieron de mano a su patria y amigos, abrazaron una vida de penalidades y sufrimientos, y, por último, se entregaron gozosos a la muerte. ¿Se concibe que lo hubieran hecho así en el caso de ser la resurrección una fábula urdida por ellos mismos?

Nuestra fe se basa en la resurrección, es decir, descansa sobre esta gran verdad, como un edificio sobre sus cimientos. Quitad éstos, y la obra se derrumbará necesariamente. Suprimid la fe en la resurrección, y la razón del asentimiento a los demás artículos del Credo se vendrá abajo. Creemos esos artículos por la palabra de Jesús; y creemos en Jesús a causa de la resurrección. El Evangelio es llamado frecuentemente "la predicación de la resurrección de Jesucristo". Este hecho es la gran prueba, dada a amigos y enemigos, de que Él era Dios. Ese prodigio fué también el que hizo los primeros cristianos, trayéndolos en multitudes al seno de la Iglesia el primer día de Pentecostés. Y precisamente, a fin de conmemorar la resurrección de Cristo de entre los muertos, los apóstoles designaron el primer día de la semana el domingo, o día del Señor, para ocupar el lugar del sábado judío.

Muchos son los que han obrado milagros en nombre de Jesús y resucitado muertos; pero jamás hombre alguno se resucitó a sí mismo. Esto Dios sólo pudo hacerlo. Jesucristo, Dios-Hombre, es el único individuo del linaje humano que pudo decir: *Tengo poder para entregar mi vida y también para tomarla otra vez.* Su resurrección, por tanto, demuestra concluyentemente que es Dios. Pero si Jesucristo es Dios, todo lo que ha enseñado es verdad. De consiguiente, nuestro deber es creer en Él y observar sus mandamientos.

No hay artículo del Credo que con mayor espíritu de triunfante regocijo debiéramos profesar que el siguiente: *El tercer día surgió otra vez vivo de entre los muertos.* Ni tampoco le hay capaz de sugerir y alentar más viva esperanza en el corazón del cristiano. Porque a causa de la resurrección de nuestra Cabeza, Jesús, nosotros, sus miembros, aspiramos fundadamente a tener la misma dicha y decimos:

—*Creo en la resurrección de la carne y en la vida perdurable. Amén.*

Volvamos ahora a las apariciones del Señor a sus discípulos, mediante las cuales robustecióles la fe en la realidad de este pasmoso milagro. Cuando por espacio de cuarenta días le vieron, palparon, oyeron y comieron con Él, ya no les fué posible abrigar la menor duda de la certeza de la resurrección. Era para ellos una persona tan de carne y hueso como Pedro y Juan; podían acudir a Él en cualquier momento y proponerle como antes sus dudas y dificultades.

Cerca de una semana después de la resurrección los once apóstoles emprendieron el camino de Galilea. Sentíanse felices de regresar a la región septentrional de Palestina. Jerusalén les ofrecía pocos recuerdos placenteros. Al fin y al cabo en ella había padecido y muerto el Señor, y en ella moraban sus encarnizados enemigos, más furiosos ahora que nunca por el contratiempo de la resurrección. La gente sencilla de Galilea era la que había seguido a Jesús en mayor número y con entusiasmo más ardiente. Allí, las montañas, los campos, los caminos, todo hablaba de Él. Pero de un modo especial el lago de Genesaret. En sus márgenes habían recibido el mandato de seguirle para llegar a ser con el tiempo pescadores de hombres. En las riberas y cercanías del mismo lago habían oído exponer las primeras parábolas y presenciado las admirables curaciones del Divino Maestro. Él había apaciguado la tempestuosa furia de su oleaje y caminado sobre sus aguas yendo en busca de ellos. ¡Cómo no habían de experimentar dulcísima satisfacción al encontrarse una vez más en las playas de su querido mar de Galilea!

Parece extraño que, después de aquella admirable Pascua, volvieran los apóstoles a pensar en las redes y aparejos de pesca; mas, como gente pobre que eran, veíanse precisados a vivir de su trabajo. Así que, cuando Pedro dijo una tarde: *Voy a pescar,* seis de los otros apóstoles respondieron: *También nosotros vamos contigo.*

Uno de éstos era Tomás. Conservaba, sin duda, fresco en su memoria el recuerdo de lo pasado, y no quería exponerse a perder la ocasión de ver a Jesús, separándose de sus compañeros.

Internáronse en el mar y trabajaron toda la noche, pero sin fruto. Salía el sol a la mañana siguiente, cuando por entre la bruma blanquecina vieron una figura humana que estaba de pie en la playa y oyeron una voz que les decía:

—*Muchachos, ¿tenéis algo que comer?*

Los infortunados pescadores respondieron:

—*No.*

—*Echad la red a la derecha del barco y encontraréis* —volvió a decir la voz.

Ellos obedecieron sin sospechar nada. Pero, cuando la red se hundió pesadamente, y apenas pudieron sacarla a causa de la muchedumbre de peces que contenía, Juan y Pedro exclamaron a una:

—*¡Es el Señor!*

En un instante saltó Pedro de la lancha y nadó con toda su fuerza en dirección a la playa. Los seis restantes llegaron en la barca poco después que Pedro, remolcando la red cargada de peces.

Así que desembarcaron vieron allí cerca unas brasas sobre las que había un pez y al lado un trozo de pan.

Y el Señor les dijo:

—*Traed acá de los peces que acabáis de coger.*

Subió al barco Simón Pedro y sacó a tierra la red, y vióse que contenía ciento cincuenta y tres peces grandes, siendo de maravillar cómo no se rompió con tan enorme peso.

Díjoles el Señor:

— *Vamos, almorzad.*

Cansados y hambrientos se tendieron los apóstoles en la playa. Y Jesús iba y venía de uno a otro repartiendo a todos pedazos del pez asado y pan. Ellos le contemplaban con silenciosa admiración, fijándose en las llagas de sus pies y manos; escuchaban sus palabras, recibían el alimento que les daba y sentían su contacto al pasar. Allí tenían, pues, a su Maestro sentado entre ellos, ni más ni menos que en días anteriores; como otras veces, veían sus cabellos agitados por la brisa de la mañana; en sus oídos penetraban los dulces acentos de su voz, para ellos inconfundible con ninguna otra: ¿qué más podían necesitar para convencerse de la verdad de sus palabras del día de la resurrección: *Soy yo mismo?*

San Juan, que se halló presente a la escena descrita, nos dice que *ninguno de los que allí estaban comiendo osó preguntarle: ¿Quién eres tú?, sabiendo bien que era el Señor.* Y prosigue luego refiriéndonos lo ocurrido después de esta temprana refección.

Cuando hubo terminado, Jesús dijo a Simón Pedro:

— *Simón, hijo de Juan, ¿me amas tú más que éstos?*

Respondió el interpelado:

— *Sí, Señor, tú sabes que te amo.*

Jesús repuso:

— *Apacienta mis corderos.*

Preguntóle por segunda vez:

— *Simón, hijo de Juan, ¿me amas?*

Respóndele Pedro:

— *Sí, Señor, tú sabes que te amo.*

A lo cual el Señor:

— *Apacienta mis corderos.*

Por tercera vez le interroga:

— *Simón, hijo de Juan, ¿me amas?*

Entristecióse Pedro al oir la repetición de la pregunta, y contestó:

—*Señor, tú sabes todas las cosas, y sabes y conoces bien que yo te amo.*

Díjole Jesús:

—*Apacienta mis ovejas.*

Jesucristo quiso de este modo dar a Pedro ocasión de reparar sus tres negaciones por medio de otras tantas profesiones de amor. Preguntóle además si le amaba más que los demás apóstoles, a causa del cargo superior que se le confería, cual era el de velar por todo el rebaño.

"Apacienta mis corderos", "apacienta mis ovejas": tales son las expresiones por las que el Señor confía a Pedro la guarda y custodia de la Iglesia, constituyéndole en Jefe y Cabeza de la misma. La gran promesa hecha al mencionado apóstol en Cesárea de Filipo, a raíz de su profesión de fe en la divinidad de Jesús, recibe aquí su cumplimiento.

La Iglesia, como recordaréis, consta de dos clases de miembros: maestros o directores, y discípulos o dirigidos. Éstos son los simples fieles, designados por el Señor con la palabra "corderos"; las "ovejas" que los crían con maternal amor son los obispos, los cuales forman la Iglesia docente. Sobre unos y otros está Pedro, nombrado por Jesús Pastor de su rebaño. Maestros y discípulos, obispos y sacerdotes o simples legos deben acudir a Pedro y a sus sucesores para recibir de ellos dirección y enseñanza. Al modo que los rebaños en Oriente se mantenían unidos con sólo seguir al pastor que caminaba delante conduciéndolos, así también el rebaño de Cristo se conservará unido obedeciendo a su pastor el Papa, que es el Sucesor de Pedro y el Vicario de Cristo.

—*Id a decir a sus discípulos y a Pedro,* dijo el ángel a las mujeres que habían ido al sepulcro. ¿Por qué "y a Pedro"? ¿No era también éste uno de los discípulos? Sí, pero el primero de todos, el que los tenía a su cargo, y debía confirmarlos en la fe. Así acaeció el mismo día de la resurrección. Y con éxito asombroso. Lo que no había pasado de la categoría de *conseja despreciable* mientras fué referido por las mujeres, se convirtió en verdad inconcusa cuando fué afirmado por Pedro: *El Señor ha resucitado verdaderamente y se ha aparecido a Simón.*

Sería erróneo creer que los Evangelios refieren todas las apariciones del Señor a los apóstoles después de haber resucitado. San Juan afirma expresamente que sólo ha sido registrada una mínima parte de las obras del Salvador: *Muchos otros signos hizo Jesús, los cuales no están escritos en este libro. Los en él referidos tienen por objeto que creáis que Jesús es el Cristo, el Hijo de Dios, a fin de que creyéndolo tengáis vida en su nombre.* San Lucas dice: *Se les mostró vivo después de su pasión con repetidas pruebas, apareciéndose a sus discípulos por espacio de cuarenta días y hablándoles del reino de Dios,* es decir, de la Iglesia, que el mismo Salvador designaba muchas veces con tal nombre.

En una de estas apariciones fué visto por más de quinientos discípulos a un tiempo. Tal sucedió con la ocurrida en lo alto de una montaña, la única cuyas circunstancias de tiempo y lugar fueron de antemano conocidas. Aquí el Señor se vió con sus amigos, habiéndolos citado previamente. De todas las partes de Palestina, Jerusalén, Judea, Galilea acudieron al sitio designado, llenos de regocijada esperanza. Y allí, en presencia de un gran número de fieles, confió a sus apóstoles la solemne misión de enseñar a todo el mundo.

Y Jesús, habiendo aparecido, les habló así:

—*A mí se me ha dado toda potestad en el cielo y en la tierra. Id, pues, y enseñad a todas las naciones el camino de la salud bautizándolas en el nombre del Padre, y del Hijo, y del Espíritu Santo, instruyéndolos además en la observancia de todo lo que os he mandado. Y estad ciertos que yo mismo estaré continuamente con vosotros hasta la consumación de los siglos.*

## XLI

## Este Jesús vendrá como le habéis visto subir al cielo

Cumplida quedaba ahora la misión del Salvador sobre la tierra, y llegado era ya el día de volver al Padre.

Los once apóstoles se encontraban de nuevo en Jerusalén, reunidos en el amplio salón santificado con tantos misterios. San Lucas nos refiere que Jesús se les apareció mientras estaban a la mesa. Y habiendo comido con ellos les mandó que no partiesen de Jerusalén, sino que aguardasen el cumplimiento de la promesa del Padre, *la cual* — les dijo — *habréis oído de mi propia boca; porque, a la verdad, Juan bautizó con agua, pero vosotros bautizaréis con la gracia del Espíritu Santo dentro de pocos días.*

Después los condujo afuera, camino de Betania.

Al seguirle por la falda arriba del Olivete vendríaseles a la memoria la noche de hacía seis semanas, en que los había guiado desde el Cenáculo por las calles de Jerusalén al huerto donde ocurrió la escena de su solitaria agonía, principio de su pasión. Al presente sus dolores e ignominias han terminado y asciende al Olivete para remontarse desde allí a su trono.

La comitiva pasa por Getsemaní. El sol de mediodía baña en sus ardientes resplandores las copas de los olivos, a cuya sombra oró el Salvador en aquella noche terrible. Aquí hallan la vereda que siguieron el domingo de ramos, cuando lloró la próxima ruina de la infeliz Jerusalén. Y continúan subiendo y subiendo, hasta que al cabo llegan a la cima.

Jesús tiende entonces la mirada a su alrededor. Al

norte está Galilea con Nazaret y el lago. Unos diez kilómetros al sur, Belén y la Gruta. A sus pies Jerusalén, y más allá el Calvario y el Sepulcro. La contemplación de estos lugares despertaría en el ánimo del Salvador el recuerdo de cuanto en su vida mortal de treinta y tres años había hecho por la gloria de su Padre y bien del linaje humano; y su corazón, al sentirlo, se llenaría de gozo. *Todo está cumplido* fué su última sentencia en el Calvario; y ella debió de ser también su postrer pensamiento en el Olivete.

Ha llegado la hora de dejar la tierra, y Jesús prolonga, retenido por el amor que le une a los hombres, sus hermanos, el momento de la partida. Junto a Él está su amadísima Madre, y apiñados a su alrededor, sus queridos discípulos, sintiéndose dichosos de conocerle y amarle al presente con mayor perfección y regocijándose de su triunfante subida a ocupar a la diestra del Padre el trono de Rey de los siglos. Para todos tiene una frase de despedida, la frase que más dice al corazón de cada uno, y mejor responde a sus necesidades, y sugiere mayor fe y sentimientos más encendidos de esperanza y amor perdurables.

Dirigiéndose, por último, a sus apóstoles, dijo:

—*Id por todo el mundo y predicad el Evangelio a todas las criaturas. El que creyere y se bautizare se salvará; pero el que no creyere será condenado. A los que creyeren acompañarán estos milagros: en mi nombre lanzarán los demonios; hablarán nuevas lenguas; cogerán impunemente en sus manos las serpientes, y si algún licor venenoso bebieren no les causará daño alguno; pondrán las manos sobre los enfermos y recobrarán éstos la salud.*

Acabadas de pronunciar tales palabras levantó las manos y los bendijo. Y mientras los bendecía se levantó de la tierra y subió, hasta que una nube le recibió dentro de sí, ocultándole a las miradas de los que estaban contemplándole.

Como continuaran aún los testigos de esta escena con sus rostros hacia lo alto, sin acertar a separar los ojos del sitio por donde había desaparecido Jesús, dos mensajeros, vestidos de blanco, se les presentaron y dijeron: *Varones de Galilea, ¿por qué estáis ahí mirando al cielo? Este Jesús que, separándose de vosotros, se ha subido al cielo vendrá de la misma suerte que le acabáis de ver subir allá.*

Postráronse en tierra los espectadores y, *habiendo adorado al Salvador, regresaron a Jerusalén con gran júbilo. Y saliendo después predicaron en todas partes, cooperando el Señor y confirmando su doctrina con los milagros que la acompañaban.*

Hemos comenzado esta historia de Jesús de Nazaret con la pregunta del perseguidor Saulo: *¿Quién eres tú, Señor?*, y la concluímos con la exclamación del centurión pagano al presenciar lleno de terror al pie de la cruz las espesas tinieblas que robaban la claridad del mediodía:

—*Verdaderamente este Hombre es el Hijo de Dios.*

Tal es el testimonio dado en favor de Jesucristo por el cielo, la tierra y el infierno. Por los ángeles que en las cercanías de Belén llenaron de celestiales armonías el cielo de la media noche. Por la estrella que condujo a los sabios a sus pies. Por la voz que le proclamó en su bautismo Hijo del Eterno Padre. Por los vientos y las olas del mar embravecido. Por las rocas que devolvieron sus muertos y temblaron estremecidas bajo su cruz. Tal es el testimonio que ofrecen los tipos que le prefiguran, los vaticinios que le describen; la doctrina que predicó, superior a todas las concepciones de la humana filosofía; los milagros que realizó mostrándose Dueño y Señor de la Naturaleza; su resurrección, su ascensión a los cielos, y hasta la belleza sobrenatural de su divino carácter. Tal es el testimonio de los que le odiaron de muerte, de los mismos espíritus infernales, así como el de los que en todos los tiempos le han amado y sacrificado gozosos sus vidas por Él. Tal es el testimonio de su Iglesia hasta el fin de los tiempos para todos los que tengan ojos para ver y oídos para oir:

—*Verdaderamente este Hombre es el Hijo de Dios.*

Escribiendo a los fieles de Éfeso, San Pablo les recomienda que se mantengan firmes en la fe recibida y se prevengan contra los falsos maestros que surgirían de entre ellos. Al modo que los soldados de aquella época se guardaban de las flechas enemigas por medio de un escudo que los cubría de pies a cabeza, así estos nuevos cristianos debían abroquelarse con la fe para librarse de los agudos dardos lanzados por el poder de las tinieblas.

También a vosotros, niños del siglo veinte, da el gran Apóstol este solemne encargo. Hay en nuestros días hombres empeñados en deshacer la obra de Jesucristo, los cuales niegan todos los hechos de su vida que no pueden comprender; y a los ignorantes les enseñan que son mitos y leyendas los milagros realizados por Jesús en testimonio de su divina misión y carácter, mitos y leyendas su resurrección y ascensión que la ciencia humana no sabe explicar. Crimen horrendo y cruel es el de robar a los pequeños y humildes la fe en Aquel que murió por salvarlos del pecado y del infierno.

No deis oídos a tales doctrinas. Quienquiera que sea el que os las proponga, hombre o mujer, amigo o enemigo, libros o impresos de cualquier otro género, oponedle el escudo de la fe con estas palabras: *Creo en Dios Padre Todopoderoso, Creador del cielo y de la tierra. Y en Jesucristo, su único Hijo, nuestro Señor.*

Asíos a Jesucristo de modo que nada ni nadie pueda separaros de Él. Sólo Jesucristo es bastante poderoso a lavar vuestras culpas con su preciosa sangre. Sólo Él puede consolaros en vuestra pobreza, enfermedad o desamparo. Sólo Él puede daros valor en la hora de la prueba, victoria en la tentación y ayuda en el trance terrible de la muerte. Cuando todos los demás os abandonen, Jesús estará a vuestro lado y os librará de todo mal, si habéis tenido la dicha de conservaros fieles y unidos toda vuestra vida a Él como a vuestro Salvador y Amigo.

Revestíos de la armadura de la fe cuando arrecien los ataques de la impiedad. Alegraos de que, en calidad de hijos de la Santa Iglesia Católica, tenéis quien os defienda de la ignorancia e incredulidad que tratan de arrojar a Jesucristo del corazón de la Humanidad, de la vida de las sociedades. Decidle entusiasmados y gozosos con Pedro y Marta:

*Tú eres Cristo, el Hijo de Dios vivo.*

Y no temáis profesar públicamente y con valor su fe.

¡Jesús es Dios! Si en la tierra
Su bendita fe decae,
Más tierno nuestro amor sea,
Nuestro loor más constante (1).

Practicad esa creencia salvadora, reverenciándole en el Santísimo Sacramento del altar, frecuentando la sagrada Comunión y observando los Mandamientos de Dios y de la Iglesia.

Y si en ocasiones os fuere costoso, y así ocurrirá indudablemente, el mostraros discípulos e imitadores de Jesucristo, mirad a lo por venir; acordaos del día en que Él a su vez os confesará a vosotros a la faz de todo el mundo. No olvidéis que este Jesús, que se separó de nosotros para subir al cielo, ha de venir otra vez. Mirad adelante y disponeos a salir gozosos al encuentro de Jesús en su segunda venida, para ser reconocidos y proclamados por Él adscritos al número de los suyos, conforme a su promesa: *A todo aquel que me reconociere y confesare por Mesías delante de los hombres, yo también le reconoceré y defenderé delante de mi Padre que está en los cielos.*

---

(1) Traducción casi literal de la estrofa de Faber:

Jesus is God! if on the earth
This blessed faith decays,
More tender must our love become,
More plentiful our praise.

FIN

# ÍNDICE

---

## GRABADOS

## OBRA DE LA MISMA AUTORA

**RECUERDO DEL COLEGIO. Lecturas amenas y edificantes, dedicadas a la juventud de los colegios católicos.** Publicado bajo la dirección del P. Thurston, de la Compañía de Jesús, y traducido del inglés por el P. Juan Mateos.

Las eximias dotes que distinguen a la Madre Loyola como autora de libros de lectura para los jóvenes brillan de un modo singular en la presente obra, hermana gemela de JESÚS DE NAZARET, HISTORIA DE SU VIDA CONTADA A LOS NIÑOS, y objeto a su vez de generales encomios. Por las reflexiones atinadas y oportunísimas sobre la influencia social de la mujer de nuestros días, sobre la formación del carácter y principios que deben informar el de la juventud cristiana, por las máximas, anécdotas, ejemplos y comparaciones que amenizan la doctrina, y por ese encanto peculiar que sabe comunicar a su estilo la ilustre escritora, el RECUERDO DEL COLEGIO es un verdadero **libro de oro,** llamado a producir excelentes frutos en la juventud estudiosa de nuestros planteles de educación..

www.ingramcontent.com/pod-product-compliance
Lightning Source LLC
Chambersburg PA
CBHW031231090426
42742CB00007B/159

* 9 7 8 1 6 4 0 5 1 1 0 2 6 *